资源类国有资产信托
法律问题研究

许冬琳 著

中国广播影视出版社

图书在版编目（CIP）数据

资源类国有资产信托法律问题研究 / 许冬琳著. —
北京：中国广播影视出版社，2023.1
ISBN 978-7-5043-8920-6

Ⅰ.①资… Ⅱ.①许… Ⅲ.①国有资产—信托法—研究—中国 Ⅳ.①D922.291.04

中国版本图书馆 CIP 数据核字（2022）第 186996 号

资源类国有资产信托法律问题研究
许冬琳　著

责任编辑　王　波
责任校对　龚　晨
装帧设计　中北传媒

出版发行　中国广播影视出版社
电　　话　010-86093580　010-86093583
社　　址　北京市西城区真武庙二条9号
邮政编码　100045
网　　址　www.crtp.com.cn
电子邮箱　crtp8@sina.com

经　　销　全国各地新华书店
印　　刷　艺通印刷（天津）有限公司

开　　本　710 毫米 × 1000 毫米　1/16
字　　数　250（千）字
印　　张　19.75
版　　次　2023 年 1 月第 1 版　2023 年 1 月第 1 次印刷

书　　号　978-7-5043-8920-6
定　　价　98.00 元

（版权所有　翻印必究·印装有误　负责调换）

目 录

导 论 ……………………………………………………………001

第一章 资源类国有资产现有运营体制以及信托运营方式的提出… 016
    第一节 资源类国有资产概述以及多样化经营的基本理论 …………017
    第二节 资源类国有资产现有运营体制分析 ………………………039
    第三节 信托与资源类国有资产运营的契合 ………………………044
    本章小结 ……………………………………………………………072

第二章 资源类国有资产信托运营的学理探析 ……………………074
    第一节 资源类国有资产信托的分类 ………………………………075
    第二节 资源类国有资产信托财产 …………………………………079
    第三节 资源类国有资产信托法律关系探析 ………………………094
    第四节 资源类国有资产信托的价值取向 …………………………103
    本章小结 ……………………………………………………………106

第三章 资源类国有资产信托运营的主体法律制度……107

第一节 资源类国有资产信托运营中的委托人主体资格及权利义务……108

第二节 资源类国有资产信托运营的受托人资格选择与责任承担……120

第三节 资源类国有资产信托运营的受益人的利益保护……161

第四节 资源类国有资产信托主体的法律责任体系……176

本章小结……188

第四章 资源类国有资产信托运营的实践与创新……189

第一节 资源类国有资产私益信托运营的实践及我国的模式选择……190

第二节 资源类国有资产公益信托运营的实践及我国的模式选择……222

第三节 资源类国有资产信托运营模式创新的基本原则……237

本章小结……239

第五章 资源类国有资产信托运营的法律监管……240

第一节 资源类国有资产监管体制存在的问题和模式选择……241

第二节 资源类国有资产信托运营监管存在的问题与完善……260

第三节 资源类国有资产信托的配套法律制度……283

本章小结……295

结 语……296

参考文献……299

内容摘要

信托是人类文明史上的一朵奇葩，在英美法系国家已盛行上百年。我国引入信托制度也有近百年的历史，曾数度起落却难成气候。自2004年"郎顾之争"以来，我国学者在探讨国有资产运营体制改革的同时，也致力于研究"国有资产信托"。其中，资源类国有资产信托正是"国有资产信托"的一个重要类别，在我国目前所发行的信托产品中已有尝试。不过，与其他国有资产信托经营不同的是，现有的资源类国有资产信托更多地是以融资为目的，客观上促进了资源类国有资产经营的拓展和资源类国有资产收益的增进。资源类国有资产折合股本后的股权信托、资源类国有资产公益信托的现有实践经验相当有限，但其创新空间极大，对我国资源类国有资产的保值增值，乃至社会整体福利的提高均有重大意义。

资源类国有资产与其他国有资产的差异，决定了资源类国有资产信托与其他国有资产信托存在较大的差异：从信托财产看，资源类国有资产所有权不可让与私人。因此，资源类国有资产信托的信托财产，只能是包括使用权、收益权在内的一系列资产权利；从信托的目的看，资源类国有资产信托相比其他国有资产信托，更增加了生态保护方面的信托目的。

借助信托工具实现我国资源类国有资产的保值和增值，乃至实现整体生态环境的保护，正是探讨资源类国有资产信托运营的价值所在。本书包括导论、正文和结语等三部分。其中，正文共分为五章：

第一章为"资源类国有资产现有运营体制以及信托运营方式的提出"。本章从资源类国有资产的概念、所有权制度和运营现状为出发点,阐释了资源类国有资产的多样化运营,是国家所有权实现方式多样化和创新化的具体表现,继而提出"资源类国有资产信托运营"的观点,并以理论联系实际的方法,探讨了资源类国有资产信托运营在理论上、立法中、实践中的可行性。最后,通过经济学的分析方法,比较分析了资源类国有资产信托运营与其他运营模式,总结了信托在资源类国有资产运营中的价值和功能优势。

第二章为"资源类国有资产信托运营的学理探析"。本章是从资源类国有资产信托产品的分类入手,提出了资源类国有资产私益信托和公益信托的分类运营模式,并细分了我国资源类国有资产信托的四类基本模式,即"资源类国有资产证券化和投资信托""资源类国有股权信托""资源类国有资产公益信托基金"和"资源类国有资产使用权公益信托"。在明确了资源类国有资产信托运营的基本类型的基础上,进一步阐述了资源类国有资产信托运营的信托财产的范畴、信托财产的所有权归属、信托财产的独立性、信托财产的估价等问题,进而提出了资源类国有资产信托运营的信托财产登记问题。本章的重点在于资源类国有资产信托法律关系的理论剖析,在定义了资源类国有资产信托法律关系的基础上,明确了资源类国有资产信托法律关系的经济法属性;通过对信托法律关系的阐释,分析了资源类国有资产信托法律关系的构成要素、资源类国有资产信托法律关系的运行过程。"资源类国有资产信托的价值取向"是资源类国有资产信托运营法律制度研究的价值所在,更是资源类国有资产信托运营法律制度所追求的价值目标。

第三章为"资源类国有资产信托运营的主体法律制度"。本章是对资源类国有资产信托法律关系构成要素之一的主体制度进行深入的考察。这一部分从资源类国有资产信托当事人(关系人)的主体资格入手,探讨委托人、受托人和受益人在资源类国有资产信托法律关系中的权利义务及其制衡,继而在分析《中华人民共和国信托法》和资源类国有资产相关立法中对资源类国有资产信托主体的法律责任的基础上,构建了资源类国有资产信托运营主体的法律责任体系。

第四章为"资源类国有资产信托运营的实践与创新"。本章着眼于资源类国有资产信托运营实践的实证分析,实际上是对国内外现有和曾经出现的自然资源(包括资源类国有资产)信托产品的(运作)运营过程、运营效果、适用法律的比较分析和评述,并探讨了我国资源类国有资产信托的资源类国有资产证券化和投资信托、资源类国有股权信托、资源类国有资产公益信托的创新路径和模式选择。

第五章为"资源类国有资产信托运营的法律监管"。本章从资源类国有资产运营监管的障碍和立法完善的角度,探讨了资源类国有资产信托运营的法律监管问题。本章先从资源类国有资产信托运营的监管体制的障碍和模式选择入手,在宏观上探讨了资源类国有资产信托运营的监管模式和监管机构,提出了金融信托业的监管模式,明确了资源类国有资产公益信托监管模式和机构;进而论述了资源类国有资产信托运作过程的法律监管,从资源类国有资产信托的准入到运营、退出的监管障碍和完善;最后,探讨了资源类国有资产信托运营监管的配套法律制度的构建和完善,包括税收制度、企业的社会责任体系的构建和完善。

导 论

一、选题的源起和实践意义

早在新中国成立之初,我国就成功地借助信托工具经营国有资产。20世纪60—70年代,我国在境外设立公司,如果写明出资者是国有企业或国家,国外会认定企业财产是国家所有的财产,由此产生的债务也要由国家承担。为了避免这一问题,我国允许以国有企业负责人的个人名义在境外设立公司。但以个人名义设立公司时,必须在国有企业或国家主管部门与该负责人之间订立合同,确认是信托关系,在海外设立公司的出资属于信托投资性质。① 改革开放以后,这种方式逐渐式微。

不过,自2004年"郎顾之争"以来,学者在探讨国有资产流失、国有资产运营的法律问题的同时,开始尝试探究"信托"与"国有资产运营"的耦合,试图让"信托"在我国国有资产体制改革中有所作为。作为国有资产重要组成部分的资源类国有资产,囿于资源类国有资产的所有权不能流通和交易,更囿于资源类国有资产特殊的生态价值,经常为研究"国有资产信托"的学者所忽视和回避。正如倪受彬先生在其博士学位论文《国有资本信托运营法律问题研究》中指出:"资源类资产具有与其他国有资产非常不同的特征。与经营性资产相比较,资源类资产具有比较强的公共属性,特别是与自

---

① 于海涌:《英美信托财产双重所有权在中国的本土化》,北京:中国政法大学出版社,2011年,序言。

然环境保护和生态保护密切相关，因此，资源类资产的国家所有和严格控制是各国的普遍实践，对资源类资产的管理和经营就不能照搬经营性资产的市场化经营模式。如果完全按照市场化方式运营资源类资产，必然会让资源类资产承担经营失败的风险。"①

资源类国有资产所有权不能像其他国有资产一样让与私人，这是资源类国有资产信托面临的首要问题，而信托财产所有权的归属、与所有权分离的其他资源类国有资产权利能否成为信托财产，是首先要解决的问题。西方经济理论在探讨自然资源的所有权、使用权制度对自然资源可持续利用、环境问题的影响时，建立了"公地悲剧""囚徒困境""集体行动的逻辑"的经济模型，解决之道唯有彻底私有化，或对绝大多数自然资源建立国家所有权。事实上，且不论其他国有企业、国有股份等国有资产，资源类国有资产的自然资源公共产品属性无可避免地排斥了大面积的私有化可能，即使在私人享有自然资源所有权的国家，也不得不保留公共和国家所有的自然资源。实行资源国有的国家，或如大陆法系的法、德、日等国，公园、河流、湖泊等自然资源是作为公物即公共物品来对待，是公众无须许可自由使用的资源，而非再生性的自然资源如（能源类）石油、天然气等，则是国家所有，禁止将资源的所有权转让与私人。私有经济由于其产权清晰、代理成本小、激励和约束的成本小、效用明显，经营绩效也明显优于公有经济。政府必须退出国有资产的直接经营，而归位于"公共产品的提供、法律和竞争秩序的维持"。②因此，我国赋予了自然资源使用等权利的市场流转的合法性，使用权等资产权利除了传统的转让、行政许可等方式流转外，"信托"可以成为权利流转的模式之一，也能促进资源类国有资产运营效率的提高，是选题的源起和要义。

---

① 倪受彬：《国有资本信托运营法律问题研究（博士学位论文）》，华东政法学院，2005年，第45页。
② 倪受彬：《国有资本信托运营法律问题研究（博士学位论文）》，华东政法学院，2005年，第5页。

回到现实，土地资源的短缺，与其说是绝对量不足，倒不如说是未被有效利用，土地所有权人未必有资金筹措能力、技术开发能力和开发后的经营能力，这一点在土地储备中已有表现。充分利用国有土地资源的思路，是在保留所有权的前提下如何高效利用土地。换句话说，国有土地所有权必须与使用权分离，传统的分离方式，如出租、承包经营、土地使用权出让等方式并不足以挖掘国有土地的经济价值。发达国家通过不动产证券化和投资信托实现对土地经济价值的充分利用，也值得我国国有土地资源借鉴。[①]由于林业资源的生产周期长、风险大等因素，银行贷款对于林业融资限制过多，使得林业资源从银行获取贷款的难度增加，怎样拓宽融资渠道，成为资源类国有资产经营中的一个亟待解决的问题。同时，我国上市公司的股权信托（托管）在我国上市公司中已有较多的实践经验，奠定了探讨资源类国有股权信托的基础，资源类国有资本折成股本后，将资源类国有股权进行信托，也值得深入探讨。因此，作为金融四大支柱之一的信托业，经过多次整顿后，在我国资源类国有资产经营中开拓新的信托产品、焕发新的生机，具有一定的理论和实践意义。

日本信托法学者中野正俊教授在参观完明十三陵后曾建议"十三陵应该搞公益信托，如果搞公益信托，参观的人肯定会比现在多，社会效益肯定也会比现在好"。[②]江平教授对此颇为认可，认为"如果徐悲鸿纪念馆能信托给中央美术学院，那它的社会效益肯定会好多了"。[③]这些历史遗迹作为公益信托的信托财产，在英国的"国民信托"中早有实践，全世界已有近30个国家或地区效仿这种公益信托模式，如美国、加拿大、澳大利亚和日本等，协助政府保护各类自然资源和历史古迹。根据英国"国民信托"的统计数据，该

[①] 关涛、樊静：《不动产证券化的民法原理》，《中国法学》，2002年，第5期，第94-101页。
[②] 于海涌：《英美信托财产双重所有权在中国的本土化》，北京：中国政法大学出版社，2011年，序言。
[③] 于海涌：《英美信托财产双重所有权在中国的本土化》，北京：中国政法大学出版社，2011年，序言。

组织所信托管理的各类景观、历史文化遗产等，每年接待参观访问的人数几乎与英国人口相当。[①] 我国在引入信托制度后，大多运用于商事领域，在民事领域鲜有一见。高凌云在其著作中一针见血地指出："我国引进英美信托制度的主要目的似乎是把信托作为一种金融产品，而非一种民事制度……一提信托就是金融创新，就是资产证券化。"[②]《中华人民共和国信托法》制定之肇始就引入了公益信托，而此后十多年我国慈善业高速发展，但公益信托成功的案例少之又少。"近十年来，我国的公益信托发展仍然处于尴尬的境地，该类信托屡屡出现'叫座不叫好'的局面。……公益性质和'类公益'性质的信托计划，其在国内仍屈指可数。"[③] 2016年《慈善法》颁布实施后，慈善信托（属于公益信托）在生态环境保护领域发挥了重要的作用。在自然资源丰富、历史文化古迹众多的中国，政府的经费投入难以稳定，也相当有限，加之我国自然资源和历史文化遗迹的破坏日益严重，传统意义上以政府为主导的治理与保护方式无法提供妥善保护。而尝试公益信托的模式，实现公益性的资源类国有资产保护和管理资金来源渠道的多样化、保护与开发相结合，通过多样化的旅游、养殖等开发经营活动，扩大信托财产的范畴和数额，也具有重要的意义。

从经济法学、环境法学、民法学等多角度，为这一重大问题提供的改革思路和策略，也是法学领域的探索者们研究该命题的题中之义。而法学界对资源类国有资产的探讨，往往隐没于环境与自然资源保护法的研究中。本书的研究目的在于探寻资源类国有资产保值与增值、经济效率与生态利益可持续发展的途径和有效监管。"信托最主要之特色为具有莫大之弹性。信托可用于实现法律上利益所难于达成之许诺目的，不但可用于家产之管理、遗产之

---

① *National Trust*, http://www.nationaltrust.org.uk/，2011年11月20日。
② 高凌云：《被误读的信托：信托法原论》，上海：复旦大学出版社，2010年，第292页。
③ 金岩：《国内公益信托难脱尴尬处境》，公益时报，2010年，第11—30页。

处分，又可用于许多日新月异的商事交易。"①信托作为一种独立的信用方式和金融工具，以极大的弹性、灵活性特质创造了多样化的财产管理模式以及灵活的融资模式，在资源类国有资产运营的财产管理方面，信托也一定能与人类的想象空间所媲美。

二、研究现状

（一）我国研究现状

长期以来，"资源类国有资产信托"并不为国内学者所关注，理论界对国有资产信托的研究更多地集中于经营性国有资产、国有资本和国有企业信托制度的探讨，并在这些领域涌现了大量的研究成果，包括但不限于：席月民的《国有资产信托法研究》②、华东政法大学倪受彬的博士学位论文《国有资本信托运营法律问题研究》③、重庆大学吴茂见的博士学位论文《国有控股公司治理法律问题研究》④、西南财经大学刘晋宜的硕士学位论文《国有资产信托管理制度安排研究》⑤、东北财经大学李冬霞的硕士学位论文《国有资产信托法律问题研究》⑥、西北大学刘瑜娜的硕士学位论文《国有资产信托运营法律制度研究》⑦、厦门大学潘瑜的硕士学位论文《经营性国有资产信托法律研究》⑧等。这些著作或论文从法学的角度分析了国有企业和国有资本的信托运

---

① 张淳：《信托法原论》，南京：南京大学出版社，1994年，第69页。
② 席月民：《国有资产信托法研究》，北京：中国法制出版社，2008年。
③ 倪受彬：《国有资本信托法律问题研究（博士学位论文）》，华东政法学院，2005年。
④ 吴茂见：《国有控股公司治理法律问题研究（博士学位论文）》，重庆大学，2007年。
⑤ 刘晋宜：《国有资产信托管理制度安排研究（硕士学位论文）》，西南财经大学，2004年。
⑥ 李冬霞：《国有资产信托法律问题研究（硕士学位论文）》，东北财经大学，2005年。
⑦ 刘瑜娜：《国有资产信托运营法律制度构建（硕士学位论文）》，西北大学，2007年。
⑧ 潘瑜：《经营性国有资产信托法律研究（硕士学位论文）》，厦门大学，2008年。

营，也提及资源类资产信托运营的可能性，如倪受彬在博士学位论文中提到"信托运营主要适用于国有资产中的经营性资产（资本），对资源类资产权利或衍生的权利类型也可以采用信托运营的方式，例如土地资产证券化或资源类使用权投资信托等"，[①] 但对此并无进一步的研究。

此外，还有一些研究自然资源和环保产业信托的某一专门问题的论文，但论述还有待进一步地深入和系统化，且以经济管理类的文章居多。其中，探讨自然资源托管的文章包括但不限于：张军建的《信托法视角下的"合作托管造林"》[②]、袁彩云的《我国城市土地资产证券化及突破模式探析》[③]、郑宏的《林业信托创新模式研究》[④]、岳意定和王琼的《我国农村土地信托流转模式的可行性研究及构建》[⑤]、文杰的《土地信托制度：农地承包经营权流转机制的创新》[⑥]、岳意定和刘志仁等的《国外农村土地信托：研究现状及借鉴》[⑦] 等。研究信托融资应用于自然资源生产经营的文章，如田晓红和刘淑花的《林业投融资创新途径探析》[⑧]、冯彦明和程都的《关于林业金融问题的

[①] 倪受彬：《国有资本信托法律问题研究（博士学位论文）》，华东政法学院，2005年，第55页。

[②] 张军建：《信托法视角下的"合作托管造林"》，《河南省政法管理干部学院学报》，2008年，第2期：第57-62页。

[③] 袁彩云：《我国城市土地资产证券化及突破模式探析》，《广东财经职业学院学报》，2005年，第5期：第40-44页。

[④] 郑宏：《林业信托创新模式研究》，《湖北大学成人教育学院学报》，2009年，第6期，第50-55页。

[⑤] 岳意定、王琼：《我国农村土地信托流转模式的可行性研究及构建》，《生态经济》，2008年，第1期：第31-34页。

[⑥] 文杰：《土地信托制度：农地承包经营权流转机制的创新》，《商业研究》，2009年，第7期，第11-15页。

[⑦] 岳意定、刘志仁、张璇：《国外农村土地信托：研究现状及借鉴》，《财经理论与实践》，2007年，第2期，第14-18页。

[⑧] 田晓红、刘淑花：《林业投融资创新途径探析》，《经济师》，2010年，第3期，第280-281页。

国内研究综述》[1]、范德林的《集体林权制度改革与林业投融资创新途径》[2]、薛艳的《资产证券化与林业融资》[3]等。从法学的角度探析信托制度在资源类资产运营中的文章比较少见,陈雪萍于2006年在《当代法学》发表的《环境保护信托——环保资本运营的新亮点》是能找到的少数文献之一。[4]

总体而言,国内学者对于国有资产信托的关注较多,但对资源类国有资产金融信托的研究投入较少,尤其是资源类国有资产信托的法律问题研究,在国内基本上处在起步阶段。现有的研究较少,且不深入,较为分散,系统性稍有不足。具体而言,不足之处体现为以下三点:

1. 细分化和深入化程度不够。研究国有资产或国有资本信托的学者,如倪受彬和席月民,都不排斥资源类国有资产权利(包括股权)作为信托财产或国有资产信托产品,但是在现有的专著或论文中,并未对这一领域展开深入的探讨,也并未与其他国有资产(资本)信托区分研究。

2. 缺乏系统性的研究。我国学者在资源类国有资产信托领域的研究,缺乏系统性的论著。从总体上看,并未对资源类国有资产的基础理论做出系统性的分析研究,对资源类国有资产信托的可行性、资源类国有资产信托当事人的权利义务、资源类国有资产信托的监管、资源类国有资产信托的税收等配套制度的构建,都没有做出系统的研究、建构出完整的框架。

3. 对资源类国有资产信托研究视角的局限性。学者对于资源类国有资产信托的关注有相当的局限性,如对资源类国有资产公益(慈善)信托的研究较少、对资源类国有资产使用权乃至股权的研究也甚少。研究资源类国有资

---

[1] 冯彦明、程都:《关于林业金融问题的国内研究综述》,《经济师》,2010年,第10期,第171-173页。

[2] 范德林:《集体林权制度改革与林业投融资创新途径》,《东北林业大学学报》,2009年,第8期:第90-94页。

[3] 薛艳:《资产证券化与林业融资》,《农场经济管理》,2006年,第3期:第59-60期。

[4] 陈雪萍:《环境保护信托—环保资本运营的新亮点》,《当代法学》,2006年,第2期,第16-22页。

产信托的学者，专注于私益信托的融资功能研究，如陈雪萍对环保产业融资信托的研究，文杰、张军建、袁彩云等对土地和林业资源的融资信托的研究，阐述了我国资源类国有资产融资信托的可行性和功能，也提出了制度构建和立法完善等建议，但是对于资源类国有资产公益信托的研究并未涉及。江平教授在为于海涌的专著[①]撰写的序言中简单提到了日本亚细亚大学的中野正俊教授提出的"十三陵应该搞公益信托"的建议；文杰等学者论证了农村集体土地资源信托（托管）的可行性，也对农村土地信托制度构建提出了建议，但是由于资源类国有资产作为信托财产可能面临的所有权困境，学者并未对资源类国有资产信托加以研究。

（二）国外研究现状

国外信托的立法实践已有 800 多年的历史，相关的信托法研究比较深入和透彻，有诸多可借鉴的内容。国外发达国家的自然资源的资产信托、不动产证券化、不动产和环保产业投资信托也应用甚广，尤其是环保组织通过自然资源公益信托实现对生态环境的保护。在这种背景下，也出现了许多研究这一问题的著作和文章。例如理查德·布鲁尔（Richard Brewer）撰写的 *Conservancy：the Land Trust Movement in America*[②] 一书，提出了通过土地信托保护土地资源和其他自然资源的观点，并论述了将信托运用于公共用地的保护的方案；艾丽莎·库克和费雷德里克·斯坦纳（Elisa Corcuera, Frederick Steiner）在撰写的 *Potential Use of Land Trust Mechanisms for Conservation on*

[①] 于海涌：《英美信托财产双重所有权在中国的本土化》，北京：中国政法大学出版社，2011 年，序言。
[②] Richard Brewer. : *Conservancy : the land trust movement in America*, London : Dartmouth College Press of England, 2003, 2（3），pp.230-232.

the Mexican-U.S. Border [①] 一书中指出，"在美国，土地信托基金是一个公认的保护农业用地、历史建筑、景致、轨迹、湿地和野生动物保护区的生物的有效方法"；安东尼·哈斯威尔和芭芭拉·莱文（Anthony Haswell，Barbara B.Levine）发表的题为 *Illinois Land Trust: A Fictional Best Seller* [②] 和詹姆斯·麦金罗普（James H. McKillop）发表的题为 *Illinois Land Trust in Florida* [③] 两篇论文，描述了伊利诺土地信托的典型模式，分析了受益人和受托人的权利义务，并探讨了土地信托模式的优势和不足；杰森·戈登和比尔·马库姆（G. Jason Goddard，Bill Marcum）撰写的 *Securitization of Real Estate Assets* [④] 一书，彼得·维斯海德（Peter Westerheide）发表的题为 *Cointegration of Real Estate Stocks and REITs with Common Stocks, Bonds and Consumer Price Inflation* [⑤]、阿肖克·巴丹尔、罗伯特·埃德尔斯坦和罗丝蒙德（Ashok Bardhan，Robert Edelstein，Desmond Tsang）发表的题为 *Global Financial Integration and Real Estate Security Returns* [⑥] 两篇论文，介绍了不动产证券化的概念和发展状况。威廉·凯利（William A. Kelley, J. R.）的 *Real Estate Investment Trusts*

---

① Corcuera Elisa., Steiner Frederick. : *Potential use of land trust mechanisms for conservation on the Mexican-U.S. Border*, Journal of Borderlands Studies, 2000, 15（2）: pp.1-23.

② Haswell Anthony, Levine Barbara B : *Illinois Land Trust : A Fictional Best Seller*, DePaul Law Review, 1983, 33 : pp.227-321.

③ Mckillop James H. : *Illinois Land Trust in Florida*, University of Florida Law Review, 1960, 13 : pp.173-200.

④ Goddard G Jason., Marcum Bill. : *Securitization of Real Estate Assets*, Berlin : Springer, 2012, pp.225-252.

⑤ Westerheinde Peter. : *Cointegration of Real Estate Stocks and REITs with Common Stocks, Bonds and Consumer Price Inflation*, http://ssrn.com/abstract=927712, 2012-5-13.

⑥ Ashok., Robert., Desmond. : *Global Financial Integration and Real Estate Security Returns*, Real Estate Economics, 2008, 36（2）: pp.285-311.

after Seven Years[①]、达雷特（A. Overton Durrett）的 *Real Estate Investment Trust: a New Medium for Investors*[②]、西奥多·林恩（Theodore. Lynn）的 *Real Estate Investment Trust: Problems and Prospects*[③]、约翰·麦克唐纳（John K.MacDonald）的 *Real Estate Investment Trusts under the Internal Revenue Code of 1954: Proposals for Revision*[④] 等论文均介绍了美国不动产投资信托的模式和操作。查尔斯·维姆（Charles E. Wem III）发表的 *The Stapled REIT on Ice*[⑤] 的论文介绍了美国的不动产投资信托立法的发展。菲利克斯·摩门和丹尼尔·赖谢尔（Felix. Mormannn，Dan. Reicher）发表的题为 *Smarter Finance for Cleaner Energy: Open Up Master Limited Partnerships and Real Estate Investment Trust to Renewable Energy Investment* 论文[⑥]，探讨了以传统不动产证券化的方式，构建清洁能源投资新渠道。米歇尔·诺尔（Michael S.Knoll）发表的题为 *Samuel Zell, the Chicago Tribune, and the Emergence of the S ESOP: Understanding the Tax Advantages and Disadvantages of S ESOPs* 的论文[⑦]，研究

---

① Kelley William A. : *Real Estate Investment Trusts after Seven Years*, The Business Lawyer, 1968, 23,（4）: pp.1001-1030.

② Durrett A., Overton. : *Real Estate Investment Trust : a New Medium for Investors*, William and Mary Law Review, 1961, 3（1）: pp.140-144.

③ Lynn Theodore. : *Real Estate Investment Trusts : Problems and Prospects*, FordhamLaw Review, 1962-1963, 31: pp.73-81.

④ Macdonald John K. : *Real Estate Investment Trusts under the Internal Revenue Code of 1954 : Proposals for Revision*, The George Washington Law Review, 1963, 32 : pp.808-814.

⑤ Wern Charles E. : *The Stapled REIT on Ice : Congress'1998 Freeze of the Grandfather Exception for Stapled REITs*, Capital University Law Review, 2000, 28（2）: pp.717-735.

⑥ Felix, Dan. : *Smarter Finance for Cleaner Energy : Open Up Master Limited Partnerships and Real Estate Investment Trust to Renewable Energy Investment*, http://ssrn.com/en, 2012-05-13.

⑦ Knoll Michael S: *Samuel Zell, the Chicago Tribune, and the Emergence of the S ESOP : Understanding the Tax Advantages and Disadvantages of S ESOPs*, http://scholarship.law.upenn.edu/faculty_scholarship/219/, 2012-05-13.

了"雇员股票拥有计划"这一管理型股权信托模式的税收问题。

实际上,从法学的角度专门探讨资源类国有资产和自然资源信托的外文著作和期刊较少见,经济学领域中针对这一问题的附带性的论述也有出现,如汉弗莱斯、杰弗里·萨克斯和约瑟夫·斯蒂格利茨(Macartan Humphreys, Jeffrey D. Sachs, Joseph Eugene Stiglitz)的著作 *The Resource Curse*[①] 中的第八部分即 *The Political Economy Natural Resource Funds* 中以政治经济学的视角,论述了自然资源信托基金的重要性和影响。此外,也有一些中文著作和期刊文章中介绍了国外的自然资源信托基金,如邱秋的《中国自然资源国家所有权制度研究》[②]、周建军和黄胤英的《社会分红制度的历史考察:阿拉斯加的经验》[③]、孙瑞灼的《向社会分红》[④]、付志华的《资源性财政极其预算稳定基金》[⑤]等。而国外不动产证券化和环保信托投资的案例较多,如前几年美国的次贷危机、英国泰晤士河污水治理信托投资案等,后续均有相关文章和评论出现。西方的信托业有很长的发展历史,有丰富的信托立法、执法和司法实践,相关的学术研究也较丰富,但专门研究自然资源信托的著作和文章并不多。

总体而言,国外学者对资源类国有资产乃至自然资源信托的研究都较为深入,尤其是对土地等不动产证券化的研究更为细化和深入,集中在信托财产的独立性,受托人权利义务、法律责任,证券化过程和法律服务等深层次问题进行探讨,也深入研究了公益信托对生态保护的巨大作用,提供了较多资源类国有资产和自然资源信托的成功案例。此外,学者也倾注了大量的热

[①] Humphreys Macartan., Sachs Jeffrey D., Stiglitz Joseph Eugene.: *Escaping the Resource Curse*, Columbia : Columbia University Press, 2007, pp. 440-569.

[②] 邱秋:《中国自然资源国家所有权制度研究》,北京:科学出版社,2010年,第220页。

[③] 周建军、黄胤英、周小庄:《社会分红制度的历史考察:阿拉斯加的经验》,经济社会体制比较,2006年,第3期,第23-24页。

[④] 孙瑞灼:《向社会分红》,经营管理者,2008年,第9期,第30-31页。

[⑤] 付志华:《资源性财政极其预算稳定基金》,财产研究,2005年,第9期,第45-47页。

情在信托的税收优惠政策上,深入分析了税收优惠对商业和公益信托,乃至证券化的推动力和促进作用。这些研究对于我国资源类国有资产信托法律制度的构建,有很好的借鉴意义和指导作用。

三、研究思路与研究内容

本书的研究以资源类国有资产信托法律关系为主线,通过对资源类国有资产经营管理现状的梳理,解读资源类国有资产信托法律制度的构建的方式和完善的方法。在具体研究框架的设置上,第一章主要分析资源类国有资产经营管理的现状,论证资源类国有资产信托在我国的可行性和必要性。资源类国有资产信托面临的一系列基本信托法问题;资源类国有资产信托的私益、公益性质,金融信托和管理型信托的分野;资源类国有资产信托财产的所有权制度安排;资源类国有资产信托财产的确定性和独立性;资源类国有资产信托所追求的价值目标,都是第二章需要论说和解决的基本法理问题,因此第二章围绕着信托法理展开分析,明确了奠定本书制度构建和完善的理论基础。在对资源类国有资产信托基本理论阐释的基础上,第三、四、五章是本书的核心部分,围绕着制度构建和完善而展开。第三章探讨了资源类国有资产法律关系主体资格、权利义务和具体行为模式。第四章通过比较分析了国内外资源类国有资产信托实践,兹以为为我国资源类国有资产信托模式的选择提供了可借鉴的经验,分析了资源类国有资产信托实践中的不足和缺憾,均涉及监管制度层面的问题,为第五章探讨我国现有的金融信托监管、资源类国有资产信托监管的重构和完善埋下了伏笔。资源类国有资产信托涉及"金融信托"与"资源类国有资产",二者具有强烈的国家调节(管制)和国家参与经济的经济法属性,决定了探讨资源类国有资产信托监管的必要性。因此,第五章要解决的即资源类国有资产信托的监管问题,围绕着资源类国有资产信托监管的监管体制、市场进入监管、业务活动监管和退出监管这一线索，从分析我国资源类国有资产信托监管的现状和障碍入手，在比较和借鉴了他国（地区）信托业监管制度的基础上，寻求资源类国有资产信托监管的合理化模式和路径。

四、研究方法

本书运用了比较分析方法、实证分析方法、经济分析方法等研究方法，结合历史与现实、理论与实践，系统地研究我国资源类国有资产信托运营的法律问题。

1. 比较分析方法

本书特别注意对英美法系和大陆法系的资源类国有资产信托的比较分析，通过对国外立法中关于受托人义务、受益人权利保护的立法分析，研究资源类国有资产信托法律关系主体的权利义务，乃至法律责任的制度安排和设置。在资源类国有资产信托的实践中，尤其注意对英美法系和大陆法系引入信托制度的日本、中国香港地区加以比较分析，探寻我国的信托模式选择。由于美国的金融监管体制往往是各国模仿和学习的范本，本书对资源类国有资产的金融信托监管，研究了美国的信托业监管模式，结合大陆法系金融发达国家日本的监管模式，提出了我国资源类国有资产信托监管制度构建的建议。

2. 实证分析方法

实证研究是本书的一个重点，如通过对国内外典型的不动产证券化、不动产投资信托、我国的林业和土地集合资金信托、环保投资信托等典型的金融信托产品的分析，探究借助信托，解决我国资源类国有资产经营中的融资问题，通过对国外"国民信托"等自然资源公益信托模式的分析，论证了我国资源类国有资产公益信托的实践意义和实践模式选择。

3. 经济分析方法

运用经济分析方法研究法律问题，是目前经济法研究的一大重要方法，在我国学界也创造了众多成果，本书试图用这样的方法对资源类国有资产信托的法律问题进行分析。在第一章中，引入交易成本、效率等概念，分析资源类国有资产信托的制度功能；在第五章中，则以制度经济学和"三三理论"①为理论支撑，分析资源类国有资产信托监管中的金融监管问题。

五、主要创新和不足

（一）主要创新

本书在分析国家所有权的形式与资源类国有资产运营管理模式转换的制度创新背景下，深入、系统、全面地研究资源类国有资产信托法律机制和各项监管法律制度。本书的创新点主要体现在：

其一，研究视角比较独特。本书选择"资源类国有资产信托"作为研究视角，并不等同于以往学者以国有企业、国有金融机构、不良资产等为信托财产的"国有资产信托"或"国有资本信托"，而是将资产权利作为信托财产，解决了资源类国有资产作为信托财产的困局。从金融信托和管理型非金融信托、公益信托和私益信托的角度，从经济价值和生态价值的角度分别探讨我国资源类国有资产信托的运营模式，有别于以往学者专注于国有资产的私益信托和经济价值。

---

① "三三理论"的主要内容是：在市场经济条件下，市场存在着障碍性、唯利性和滞后性三种主要缺陷，需要国家采取三种经济调节措施：以市场规制的措施来排除障碍维护公平竞争等秩序、以国家投资经营的措施来弥补市场主体投资经营的缺位、以宏观调控的措施对市场发展进行引导促进，相应对这些调节措施的立法形成市场规制法、国家投资经营法和宏观调控法三个构成部分，这三个部分的法构成现代经济法的主干。参见漆多俊：《经济法基础理论》，武汉：武汉大学出版社，2000年，第146页。

其二，构建了我国资源类国有资产信托运营法律制度的整体框架。我国资源类国有资产信托面临的法律障碍重重，以往的学者在探讨"国有资产信托"时，对国有资产信托法律制度的构建也有较深入、完整的探讨，但是由于资源类国有资产区别于其他国有资产的特殊性，资源类国有资产信托也有别于以往学者讨论的国有资产信托，尤其是资源类国有资产的生态和公益性质，使得资源类国有资产公益信托成为本书所探讨的一大特色，也可以填补国内对此研究的薄弱之处。本书从资源类国有资产和信托的基本法理出发，论证资源类国有资产借助信托工具运营的可行性，提出了资源类国有资产信托财产、主体资格和权利义务、信托运营模式的选择、监管体制等一系列法律制度的设想，从而弥补了国内对资源类国有资产信托相关法律问题的研究不足。

（二）不足之处

第一，资源类国有资产的范畴广泛，涉及的信托产品类型和范围都相当广泛，表现出千差万别、形式各异的特征，本书并未能周延地概括和总结某一类资源类国有资产适用何种信托模式，抑或除信托外的其他经营管理模式，这有待未来研究的继续深入。

第二，资源类国有资产信托运营是一个庞大的系统工程，其中涉及的法律问题也是庞杂多绪，本书关注也只能"选取一域"进行研究，未涵盖的内容肯定很多，已研究的内容还须继续深化。

第三，由于资源类国有资产所有权不能转让，关于信托财产的范畴未能深入探索，资源类国有资产信托产品的创新性也深受局限，未免有"骑墙"之嫌，实为本书的一大遗憾。

第四，因为笔者的学术功底以及知识结构的局限、掌握资料情况不甚完备等原因，本书在学术理论深入方面也稍有不足，需要进一步加强。

第一章 资源类国有资产现有运营体制以及信托运营方式的提出

　　自然资源（natural resources）是自然物质经过人类的发现，被输入生产过程，或直接进入消耗过程，变成有用途的，或能给人以舒适感，从而产生有价值的东西。自然资源的所有权制度是一个综合法律制度，不是一个单纯的民法范畴。我国自然资源国家所有权的主体、行使主体、实现方式，反映在经济领域中即为资源类国有资产的运营体制。可以说，国家所有权主体、内容和实行方式始终与经济运营制度、所有制联系在一起。因此，从全方位而不是单纯地从民法甚至法学角度探讨国家所有权及其实现方式是有必要的。资源类国有资产的现有运营体制，即资源类国有资产国家所有权的实现方式，是本书的逻辑起点。

第一节　资源类国有资产概述以及多样化经营的基本理论

一、资源类国有资产概述

（一）资产、财产、自然资源释义

1. 资产与财产

（1）资产与财产概念之辨析

我国《企业会计准则——基本准则》第二条将资产定义为：资产是企业拥有或控制的能以货币计量的经济资源，包括各种财产、债权和其他权利。1980年12月，美国财务会计准则委员会的《财务会计概念公告》第六条对资产的定义是"在过去的交易、事项中获得的，预期会给企业带来经济利益的经济资源"。[1] 综上可见，在会计定义中，财产是资产的一部分，是可以为人所支配、满足人们生活或生产需要的财物。在经济学领域，资产是具有增值功能的财产，作为生产要素投入生产经营的财产才是资产。因此，资产是一种财产，而财产并不一定是资产。[2]

在法学的视域中，许多学者认为，从经济学角度，将资产和财产相区别是有一定的必要的，资产更鲜明地表现了生产经营和增值的特性；但在法学

---

[1] 吴海涛、张晖明：《资源性国有资产的资产化管理》，《上海经济研究》，2009年，第6期，第28-35页。
[2] 王全兴：《经济法基础理论专题研究》，北京：中国检察出版社，2002年，第644页。

的视角下,资产与财产是同一概念,资产的法律含义即财产。[1]当然,也有学者从法经济学的角度认为资产与财产并非同一概念,资产是具有增值能力的财产,而在财产的含义中,一般并不含有增值的取向,只单纯地表明财产是产权的客体,并未说明增值与否。[2]

实际上,法学理论习惯以"财产"表述"资产"的法律含义。然而怎样诠释和界定"财产"的范围,观点却有所差异。大陆法系国家一般认为,财产包括物和物上的权利,如法国在1804年的《法国民法典》中的财产是物及物上权利、无形财产权、债权等。我国《法学大辞典》对"财产"的解释是:有货币价值的物权客体,即有体物;对物的所有权;具有货币价值的有体物和对财物权利的总和,这些权利包括所有权、他物权、知识产权等。[3]而英美法系对"财产"的诠释则不同,认为"财产"是一束权利,是与物有关的权利束,而物仅仅是权利的载体。[4]英国《牛津法律大辞典》则用"property"表示"财产权"的含义。[5]

(2)本书对资产概念的界定

法学对社会的描述以法律关系为基本出发点,以关系参与者的权利、义务为内容。法学视野中的财产,看重人对物的关系,任何物与人发生关系,为人所占有、使用、开发、改变、消耗、出售、转让、抵押后,才满足人的

---

[1] 持这一观点的学者包括但不限于——张璐:《论自然资源的国有资产属性及其立法规范》,南京大学法律评论,2009年,第1期,第256-267页;王全兴:《经济法基础理论专题研究》,北京:中国检察出版社,2002年,第644页;胡海涛:《国有资产管理法律实现机制若干理论问题研究》,北京:中国检察出版社,2006年,第18页。

[2] 杨文:《国有资产的法经济分析》,北京:知识产权出版社,2006年,第1页。

[3] 邹瑜、顾明:《法学大辞典》,北京:中国政法大学出版社,1991年,第763页。

[4] 罗伯特·考特,托马斯·尤伦:《法和经济学》,施少华、姜建强等译,上海:上海财经大学出版社,2002年,第66页。

[5] 沃克:《牛津法律大辞典》,李双元等译,北京:法律出版社,2009年,第729页。

需要，体现对人的价值。而这些人对物的行为与关系，正是权利所描述的关系，也是财产的本质。而物作为财产的客体，也无法将其排斥在财产的范围外。因此，财产的本质是权利，财产的内容则涵盖了物和权利。笔者认为，"财产"与"资产"的内涵，并无实质性的差异。

在经济法的视角中，"国家所有的财产"一般表述为"国有资产"，但与会计学意义中的资产有不同的含义。国有资产是指以国家名义拥有的一切财产，即国有财产；是能满足人的需要、产生经济价值或提高人类其他福利、具有稀缺性、可以为人所支配的有体物和无体物，无体物的表现形式主要是各类权利，包括物上权利和债权等；既包括有增值能力的经营性国有财产（资产），又包括不作为生产要素投入经营的非经营性国有财产（资产）。

2. 资产与资本

经济学意义上的资本，是用于生产的基本要素，包括资金、厂房、设备、原材料等物质资源。资本体现了投资者对企业的投入。[①] 在国有资产领域，国家投入企业经营的资产，即成为资本，是为国有资产的资本化。资本与资产的区别并非绝对的，而是动态的、相对的区分，如在资源类企业改制的过程中，资源类国有资产也作投资成为股本；非经营性的国有资产符合《预算法》的规定，也可以通过法定的程序，投入企业成为资本。此外，国有资本收益金再投资，也是资产资本化的又一表现。顾功耘教授在《国有经济法律制度构建的理论思考》一文中也曾指出，国有资本不同于国有资产，其中最大的不同就在于国有资本的增殖性。[②]

[①] 蔡律：《资源、资产、资金资本与资源配置》，http://www.chinavalue.net/finance/blog/2012-3-13/887000.aspx，2012年3月21日。

[②] 顾功耘：《国有经济法律制度构建的理论思考》，《毛泽东邓小平理论研究》，2005年，第4期，第56–60页。

(二)我国自然资源资产化

自然资源资产化的目的,是从资源的开发利用到资源的生产和再生产的全过程,按照经济规律进行投入产出管理,以确保资源所有者权益不受损害、自然资源保值增值,增加自然资源产权的可交易性。[1]我国对部分自然资源资产化的实践,主要对象是森林资源、矿产资源、海洋(海岸带)资源、土地资源等有经济价值的资源。

1. 我国对自然资源的定义

自然资源是自然生态的产物,而非人类劳动的成果,为人类生存提供维持生存的物质和能量。

无论从自然资源的经济定义还是法律定义来看,自然资源都是一个庞大的范畴,种类繁多。自然资源的外延包括:可再生资源,如气候、水、潮汐、地热等资源;可更新资源,这类资源可生长繁殖,其更新速度受自身繁殖能力和自然环境条件的制约,如生物资源;不可再生资源,包括地质资源和半地质资源,前者如金属矿、非金属矿、核燃料、化石燃料等成矿周期往往以数百万年计的资源,后者如土壤资源,其形成周期虽相对矿产资源较短,但与消费速度相比,也是十分缓慢的。[2]

我国立法采用了枚举式的方法定义自然资源。《中华人民共和国宪法》第九条、《中华人民共和国物权法》第四十六条和四十八条规定了矿藏、水流、森林、山岭、草原、荒地、滩涂等自然资源,都属于国家所有。如《中华人民共和国森林法》第四条,将森林分为防护林、用材林、经济林、薪炭林、特种用途林五类;《中华人民共和国水法》第二条规定:"本法所称水资源,包括地表水和地下水。"

---

[1] 姜文来:《关于自然资源资产化管理的几个问题》,《资源科学》,2000年,第1期,第13-17页。
[2] 李冬枫:《自然资源的国家所有权制度研究》,中国社会科学院研究生院,2012年,第6页。

自然资源一般具稀缺性和整体性的特点。由于自然资源大多是经过几世纪的自然产物,且大多具有不可再生性或再生过程缓慢,因此在数量上表现出递减的态势,有相当的稀缺性和有限性。因此,自然资源似乎总处于供小于求的状态,且这一趋势也会愈发凸显。[①] 自然资源的生态性决定了整体性的特征,每一类资源之间,乃至任何一种资源与整个生态圈都有不可分性,一类资源的破坏就是生态圈一个链条的断裂,可能导致整个生态圈失衡。

2. 我国自然资源的分类

(1) 公共自然资源

自然资源在参与市场经营的同时,还是公共产品,具有天然的非排他性和非竞争性,如环境优美的湖泊及湖岸地区,不能排斥他人观赏,也不能排斥他人垂钓。这部分自然资源,笔者定义为"公共自然资源"。

公共自然资源理念起源于罗马法。[②] 在大陆法系的法、德、日等国,公园、河流、湖泊等自然资源是作为公物来对待的,而且被认为是公众无须许可即可自由使用的公物。《瑞士民法典》第664条规定:无主物或公共物的支配权,属所在地的州。公共水域,无耕作价值的岩地、沙砾、雪原、冰河等以及由此发源的泉水,不得为私有财产。无主地的先占以及街道场地、水域及河床等公共物的共同使用,由州法规定。[③] 英美法系没有公法、私法的划分,因此也没有区分公产和私产,但英国和美国在自然资源所有权制度中引入了公共信托理论,即政府享有普通法上的所有权,对自然资源行使管理权能,全体公民是自然资源公共信托的委托人和受益人。[④] 无论是大陆法系的公物、公产

[①] 杨文:《国有资产的法经济分析》,北京:知识产权出版社,2006年,第8页。
[②] 黄风:《罗马私法导论》,北京:中国政法大学出版社,2003年,第170–172页。
[③] 中国民法典立法研究课题组:《中国民法典草案建议稿附理由一物权编》,北京:法律出版社,2004年,第70页。
[④] Martin Jill E., Hanbury Harold Greville. : *Hanbury and Martin : Modern Equity*, London : Sweet & Maxwell Ltd., 1997,p.3.

制度体系，还是英美法系的公共信托理论，都是由行政主体管理，管理目标指向保障公众对于自然资源的使用、维持自然资源的公益性。①

我国的学者对公共自然资源也做了较为深入的研究。例如，徐国栋教授认为，应区分公产（"一切人共有的物"）和私产，属于公产的自然资源（环境财产）如空气、流水（领海、内海、海湾、港口、锚地、江河、河床、顺天然水道奔流的其他水体，其他一切能满足公共用途的水体、海滩、海/岸、湖泊、湖底、岛屿、有考古价值的废墟和矿层等）、海洋、海滨、在公海和公海上方生活或迁徙的鸟类和其他野生动物，乃至捕鱼权、文化遗产等。②肖泽晟提出了"社会公共财产与国家私产分野"的观点，将直接服务于公共用途的自然资源列入社会公共财产的范畴，政府作为行政管理者，仲裁或协调使用者之间的利益冲突，维持使用秩序，这部分资产不得转让，不得为私人设立民法上的物权，也不得成为强制执行的标的；国家私产用于投入市场经营获得收入，具有排他性，是物权法上国家物权的客体，国家作为民事主体可以转让这部分财产，也必须受民法的调整。③高富平认为，按照客体物本身是否可交易，国有财产分为不可交易的财产和可交易的财产。自然资源也可以分为两类：可以交易、可以被商业化利用的自然资源，如土地、水源、矿产等；不可交易的自然资源，如沙漠、荒山、海洋等暂时难以利用或者暂时不具有经济价值的自然资源，适合永久性管理和维护。④

笔者认为，公共自然资源不单与生态属性有关，还关乎其公共物品的社会经济属性，因此，确定公共自然资源的标准必须考虑两个因素：其一，能

---

① 李冬枫：《自然资源的国家所有权制度研究（硕士论文）》，中国社会科学院研究生院，2012年，第8页。
② 徐国栋：《民法总论》，北京：高等教育出版社，2007年，第203-207页；徐国栋：《罗马私法要论——文本与分析》，北京：科学出版社，2007年，第124-153页。
③ 肖泽晟：《自然资源特别使用许可的规范与控制》，浙江学刊，2006年，第4期，第163-170页。
④ 高富平：《物权法原论》，北京：中国法制出版社，2001年，第301-303页。

否建立排他的私人所有权,从经济学的角度看,公共物品存在于社会、政治或经济成本大于收益的地方,自然资源的排他性和竞争性强,就需要采取共同所有的形式;其二,自然资源对公民的重要程度,某些自然资源虽然可以建立排他的私人所有权,但是在经济社会生活中极其重要,必须为公共服务,且传统上也是习惯使用、无须许可或债权使用的自然资源。例如,土地是一种可以私有化的自然资源,但具有生态价值的土地,或关系到每个公民生存所必不可少的土地,应直接为公众服务,成为公共自然资源。

目前,各国立法均对公共自然资源有所规定。例如,美国相关法律规定,公共自然资源包括部分或少量适航水域、河流、沙滩、湖泊、湖泊支流、海岸、含水层、沼泽、湿地、泉水、地下水、野生动植物等作为公共自然资源。加利福尼亚州税法规定家庭少量用水属于自由取得范畴,无须任何许可,其他用水则必须获得水资源控制委员会的许可。德国对于用水量太小或属于河川附近居民的用水,只要不妨碍他人使用,也不会明显减少水量或导致水的特性的不良反应,就无须政府许可;地下水如只为满足居民的家用、耕作、饲养家禽等生活用水,也无须政府许可。[1]我国立法也确认了公民的习惯和传统无偿取用资源类国有资产的合法性,如 2006 年颁布的《取水许可和水资源费征收管理条例》(国务院令第 460 号)第四条对无须许可的取水做出规定:"下列情形不需要申请领取取水许可证:(一)农村集体经济组织及其成员使用本集体经济组织的水塘、水库中的水;(二)家庭生活和饲养畜禽的少量用水;(三)保障矿井等地下工程施工安全和生产安全临时应急取水;(四)为消除对公共安全或公共利益的危害临时应急取水;(五)为农业抗旱和维护生态与环境临时应急取水的。"可见,我国在自然资源的利用制度上,区分了公共

---

[1] Kleinsasser Zachary C.: *Public and Private Property Rights: Regulatory and Physical Takings and the Public Trust Doctrine*, B. C. Envtl. Aff. L. Rev, 2005, 32 (2): pp.421–436.; Christry F. T.: *Property Rights in the World Ocean*, Natural Resources Journal, 1975, 15: pp.698–722.

自然资源与国家自然资源，公民为维持基本生计所必须和传统习俗上可以自由取用的基本自然资源，应属于公共自然资源。

综上，笔者认为，我国的公共自然资源应包括：用于满足公民基本生存需要的江河、湖泊或地下的水资源；现国有土地、国有海域、国有森林、草原、野生动植物等自然资源中用于满足公民基本生存需要的部分，如传统渔民的渔场、传统猎人的狩猎场等。

（2）国家所有的自然资源

国家所有的自然资源，是除了公共自然资源外的其他（立法中规定的）国有自然资源，包括土地、矿产资源、海域资源、野生动植物资源等。矿产资源不能作为公共自然资源，因为国家可以对它们进行排他性占有，主要用于为国家提供财政收入；也因为这类资源的不可再生性和耗竭性，它们无法持续地、无限制地供公共使用。此外，沙漠、冰川、荒野等暂无经济价值，以及重要的生态敏感区并不为公民的基本生存所必需，甚至无法有效开发利用，而对整体生态环境、代际间的公平都有重要的生态、科研和文化方面的意义，目前也都由国家和社会团体或科研机构占有管理，应纳入国家所有的自然资源范畴。

（3）集体所有的自然资源

根据《中华人民共和国宪法》第九条第一款的规定："矿藏、水流、森林、山岭、草原、荒地、滩涂等自然资源，都属于国家所有，即全民所有；由法律规定属于集体所有的森林和山岭、草原、荒地、滩涂除外。"该法第10条第2款规定："农村和城市郊区的土地，除由法律规定属于国家所有的以外，属于集体所有；宅基地和自留地、自留山，也属于集体所有。"因此，集体所有的自然资源是法律规定的属于集体所有的森林、山岭、草原、荒地、滩涂、农村和城市郊区的土地（包括宅基地、自留地和自留山等）。

3. 自然资源资产化的范畴

自然资源为人类提供生存的基本资料、生产和发展的基本要素，是人类生存、社会发展的基础。自然资源要转变为人类的资产需具备相应条件：为人类所拥有、控制和取得；具有稀缺性，稀缺通常指相对需求而言的供不应求，一些取之不尽的恒定资源，如空气、太阳能、风能等，不能纳入资产的范畴（太阳能、风能等经过转换而获得的能源，也需要支付转换和供能的费用）；投入生产经营产生经济效益或能够产生未来经济利益；可以为人类提供精神愉悦、舒适或其他服务；可用货币计量。[1] 有些自然资源从整体上可以划分为自然资源资产，但某些情况下并不能转化为自然资源资产，如水资源可以资产化，但不能将洪水包括在内，因为洪水不仅不能给人类带来效益，相反往往带来巨大损失。[2]

在这里，也有必要厘清环境容量资源的资产化问题。环境容量资源，是近年来新兴的自然资源种类。20世纪60年代，日本提出了污染物排放总量控制的议题，提出把一定区域内的大气或水体中的污染物的总量控制在一定的允许的限额中。此后，日本环境厅委托卫生工学小组提出《1975年环境容量计量化调查研究报告》，环境容量的应用逐渐推广，成为污染物治理的理论基础。[3] 1968年，美国经济学家约翰·戴尔斯首次提出了排污权交易的框架设计，并指出排污权是权利人在符合法律规定的条件下向环境排放污染物的权利。[4] 欧洲的学者一般用最大容许排污量、水体容许污染水平等来表述这

---

[1] 腾晓慧、姜言文：《资源性国有资产保护的法的价值取向》，《法学》，2006年，第6期，第52-55页。

[2] 漆多俊：《经济法学》，北京：高等教育出版社，2007年，第209页。

[3] 邓海峰：《环境容量的准物权化及其权利构成》，《中国法学》，2005年，第4期，第22-24页。

[4] Ellerman A., Denny.: *Market for Clean Air: The U.S Acid Rain Program*, Cambridge: Cambridge University Press, 2000, p.6.

一概念。①环境容量（environment capacity）是在人类生存和自然生态系统不受害的前提下，某一环境区域对人类活动所造成影响的最大容纳量；或一个生态系统在维持生命机体的再生能力、适应能力和更新能力的前提下，承受有机体数量的最大限度。环境容量包括绝对容量和年容量两个方面，前者是指某一环境所能容纳某种污染物的最大负荷量；后者是指某一环境在污染物的积累浓度不超过环境标准规定的最大容许值的情况下，每年所能容纳的某污染物的最大负荷量。②大气、水、土地、动植物等都有承受污染物的最高限值。环境容量资源的资产化，也具备了相应条件，即环境容量资源的有限容量，无疑是稀缺自然资源的一类，给人类带来效益，并可以用金钱衡量。

除了自然资源外，作为环境要素（自然因素）的自然遗迹和人文遗迹；也应纳入自然资源可以资产化的范畴。目前普遍认为文化遗产是一种资产。日本则称为有形文化财产和无形文化财产，包括具有历史、文化、具有艺术价值之古物、古迹、民族艺术、民俗及有关文物和自然文化景观等。园林、古迹等遗迹；历史文化遗产列为资源性国有资产加以保护，有其可行性和必要性：③第一，必要性。将自然、历史遗迹转变为资源类国有资产，将其作为一种人文景观从而带动各种旅游和相关第三产业的发展，同时也能作为一种特殊资产代表着一个国家的历史、文化等人文环境。第二，可行性。自然、历史遗迹具有稀缺性，可以为人类所掌控、利用，并可以为人类提供精神方面有价值的服务。

4. 我国自然资源资产的类别

作为财产或资产的自然资源，在民法学的视角中，则无可避免成为物权

---

① 邓海峰：《环境容量的准物权化及其权利构成》，《中国法学》，2005年，第4期，第22-24页。
② 王忠波：《基本环境质量与地方政府公共服务》，《环境科学与管理》，2012年，第7期，第10-15页。
③ 腾晓慧、姜言文：《资源性国有资产保护的法的价值取向》，《法学杂志》，2006年，第6期，第52-55页。

的客体；在经济学的角度，则势必探讨其产权。

（1）资源类国有资产

杨文曾将国有资产按照狭义与广义的角度来定义。广义上的国有资产包括三部分内容：经营性国有资产、不投入生产经营的非经营性资产、资源类国有资产；狭义的国有资产则是经营性国有资产，是为获取利润而作为生产要素投入生产经营的资产，包括投入生产经营过程中的资源。[①] 周林彬认为，应当分为资源性财产、经营性财产、行政性财产和公益性财产。[②] 屈茂辉的"二分法"认为，国有资产应分为经营性国有资产和非经营性国有资产。[③]

笔者认为，资源类国有资产要么投入市场经营，成为经营性国有资产；要么不投入市场经营，为国家公务和公益事业所占有使用，承担部分公共产品职能，成为非经营性国有资产。资源类国有资产用途是实现国家利益最大化，在国际政治中指民族国家的利益最大化，在国内政府利益和政府代表的全国性利益最大化，包括政权稳定和安全、生态安全等非经济利益；在经济上是获取收益国库收入最大化。因此，笔者认为我国资源类国有资产可以分为以下两类：

第一类为经营性资源类国有资产。我国经营性国有资产的总量约占国有资产总量的三分之二，资源类资产作为经营性资产的，作为生产要素投入生产，具有增值的功能，实际上成为资源类国有资本主要为企业占有。

第二类为非经营性资源类国有资产。非经营性资源类国有资产是指不投入生产经营的自然资源，包括国家机关和事业单位、社会团体、科研机构占用、使用和管护的、用于公务和公益事业的国有资源类资产，以及并未开发、

---

① 杨文：《国有资产的法经济分析》，北京：知识产权出版社，2006年，第25页。
② 周林彬、王烨：《论我国国家所有权立法及其模式选择——一种法和经济学分析的思路》，《政法论坛》，2002年，第3期，第46-55页。
③ 屈茂辉：《中国国有资产法研究》，北京：人民法院出版社，2002年，第6-8期。

尚未投入开发利用的自然资源。这部分自然资源主要由国家财政配置，为行政事业单位所占用。我国的国有企业承担的部分公益事务而占有的自然资源，也属于非经营性资产。非经营性资源类国有资产可以细分为两类：一类是行政事业性的资源类国有资产，是国家机关、事业单位、社会团体、科研机构用于公务用途占有、使用的资源类国有资产，并承担养护和保管的义务；另一类是公益性资源类国有资产，是用于科研等公益用途的资源类国有资产。

此外，笔者认为国家所有和权属不明的人文遗迹应纳入公益性资源类国有资产的范畴。[①] 如果把这类资产列为经营性资产，可能由于它的效益的不确定性和趋利性而产生失去被保护的可能；如果把它列为非经营性资源类国有资产中的行政事业性资产，财政拨款的限制可能使之失去维护的经费；而把它列为一种公益性资源类国有资产，可以获得公平、人文、科学的监管和保护，在获得广泛的资金、技术和人力投入的保护外，还可以为公益性的研究、为全民参与保护提供可能性，不论在立法、执法、司法上都更易于操作。[②]

（2）集体所有的资源类资产

集体所有的土地、森林、草原、山岭、荒地和滩涂等自然资源，均可以实现资产化，即集体所有的资源类资产。

[①] 由于历史和文化因素，文化遗产存在着国家所有、集体所有、个人所有、权属不明的情况。大多国家都将这类权属不明，或私人无力与怠于保护的历史文化遗产作为国有资产。主要基于两个原因：历史文化遗产所需的修缮、维护费用不菲是私人所有甚至集体所有权属情况下都难以做到的，难以为私人或社团组织所有；如果作为公共资源类资产，则不具有竞争性，不排斥任何人的使用或参观，更不利于文化遗产的保护。以法国为例，通过"文化遗产制度"规定居住者或经营者对历史悠久的建筑及其附属物，必须定期进行修缮维护，否则将予以重罚；不少法国的私人所有者或经营者承担不起庞大的修缮和维护费用，而转卖给国家，国家则将这些文化遗产资产交给地方政府管理。参见腾晓慧、姜言文：《资源性国有资产保护的法的价值取向》，《法学杂志》，2006年，第6期，第52-55页。

[②] 腾晓慧，姜言文：《资源性国有资产保护的法的价值取向》，法学杂志，2006年，第6期，第52-55期。

（3）公共资源类资产

从广义上看，公共自然资源除空气和太阳能外，其他均可成为自然资源资产，即公共自然资源资产，其所有人是全体公民。但在公共自然资源的使用中，可能导致资源的过度使用或低效使用，"公地悲剧"和"反公地悲剧"也可能同时上演，因此也必须以国家（或其代理人）管理和养护为基本前提，我国法律也因此并未将公共资源类资产与资源类国有资产加以严格和明确的区分。虽然在法律上由国家所有，但是公众可自由地使用而无须许可，这些资源不能成为国家所有权的客体。国家对这些自然资源履行管理职责，是一种公权力的行使，以确保公众的自由利用。[1] 公共自然资源的公共所有权的行使方式，也从传统的习惯取得，发展到当代习惯使用和"确认许可使用"并存的模式。

由于国家对于公共资源类资产并不享有排他性的民事权利，无权将其投入市场运营，也由于公共资源类资产的国家所有权内容具有强烈的"授权"属性，即全体公民将所有权授予国家，国家运用具有强制性的公权力对公共资源类资产进行保护和管理，以实现国民的公平、自由和可持续性使用，因此，国家无权推脱这一法定职责。公共资源类资产的管理和保护，并不具有信托的可行性，因此本书并不将公共资源类资产纳入资源类国有资产信托运营的探讨范畴。

---

[1] 李冬枫：《自然资源的国家所有权制度研究（硕士论文）》，中国社会科学院研究生院，2012年，第14页。

二、资源类国有资产多样化经营的基本理论

（一）自然资源国家所有的必要性

国家拥有部分自然资源的国家所有权，是目前世界各国的惯例，主要基于以下两个原因：其一，自然资源使用的外部性也在客观上导致了使用、享用的不完全竞争性或不完全排他性。例如，在湖泊中取水、围栏养殖，超过一定的量则可能影响湖水的水质、生态，对他人的垂钓、观赏造成不利和损害。再如，如果湖泊成为某一地区的水源地，则游泳等行为将被禁止，于是湖泊的使用开始具有一定的竞争性。这种特点使得国家不得不对公共自然资源以外的自然资源采用国家所有、垄断经营管理的模式，以防止自然资源的过度和低效，甚至无效使用，而导致整体生态环境的破坏。其二，自然资源如果全部归属于私人所有，私人追求个人利益最大化，自然资源势必被配置到所有权人最大利益的领域，在私人利益和公共利益的冲突中，被牺牲的往往是公共利益，从而造成自然资源的过度使用乃至枯竭，最终导致生态环境的恶化，"由于像大气及水这种一定的利益对全体市民来说是至关重要的，所以将其视为私有权的对象是不明智的"。[1]

实际上，在采取自然资源私人所有的国家，国有（政府代表国家所有）自然资源的数量也相当庞大。例如，美国 1/3 左右的土地归政府所有；部分欧洲国家，政府拥有所有地下矿产资源。[2]正如经济学者丹尼尔所说，"所有权结构对生态系统保护十分重要，在市场交易中，无法通过所有权来保护动植

---

[1] 宫本宪一：《环境经济学》，朴玉译，上海：生活・读书・新知三联书店，2004 年，第 66 页。黄军：《国家所有权行使论（博士学位论文）》，武汉大学，2005 年，第 15–16 页。

[2] 弗雷德里克・普赖尔：《美国资本主义的未来》，黄胜强等译，北京：中国社会科学出版社，2004年，第 370 页。

物的利益,只有依靠政府强行安排一定的制度才能保障他们的利益"。① 法学领域的学者也有类似的观点,如"在水、野生动物、空气等资源上定义和实施私人财产权的困难并不意味着这些资源是没有价值的,它仅仅表明它们最好不必被视为私人或个人财产权"。②

(二)资源类国有资产国家所有权实现方式多样化的理论基础

1. 国家的公法人格与私法人格的分离——国家所有权制度的理论前提

国家所有权的行使机关,在我国目前由国务院代表国家统一行使,地方各级政府经国务院授权可以行使国家所有权,类似于英美政府根据公共信托行使国家所有权。但笔者认为,有必要分离国家的公法人格与私法人格,厘清国家所有权与国家行政权的界限。③

国家所有权的行使主体,演绎的是国家的私法人格,享有排他性的民事权利。笔者认为有必要将国家所有权的行使主体加以区分:国务院、(经国务院授权的)地方人民政府行使非经营性国有资产的国家所有权;而经营性国有资产的国家所有权,应由国有资产监督管理委员会行使,其运营的核心目标即为追求经营性国有财产保值与增值的最大化。国家对资源类国有资产的使用进行监督管理则演绎了国家的公法人格,即国家作为行政主体,享有行政权力。④

2. 资源类国有资产的国家所有权能分割的理论创新

所有权是经济学概念中的所有制、产权在法律上的表现,资源类国有资

---

① 丹尼尔.W.布罗姆利:《经济利益与经济制度——公共政策的理论基础》,陈郁等译,上海:生活·读书·新知三联书店,上海人民出版社,1996年,第126页。

② Rose Carol M.: *A Dozen Propositions on Private Property, Public Rights, and the New Taking Legislation, Washington & Lee Law Review*, 1996, 53 : p.275.

③ 黄军:《国家所有权行使论(博士学位论文)》,武汉大学,2005年,第15-16页。

④ 黄军、李琛:《所有权立法模式之争及其整合》,《社会科学家》,2005年,第9期,第17-22页。

产的国家所有权是通过法定、强制征收、天然孳息和自然添附而取得的。根据传统民法理论，资源类国有资产的国家所有权应包括：占有权，对资源类国有资产实际掌握和控制的权能；使用权，按照资源类国有资产的性能和用途对其加以利用，以满足生活、生产需要的权能；收益权，收取由资源类国有资产产生的新增经济价值的权能；处分权，依法对资源类国有资产进行处置，从而决定资源类国有资产性状和权属变更或分离的权能。国家所有权具有完全性和恒久性的特征，也具有弹性空间，即自然资源占有、使用、收益、处分的四种权能，既可以与所有权同属一人，也可以与所有权相分离，而并不导致所有权的丧失。

而当代的所有权能分割理论，则有别于传统的模式：(1) 克里斯特曼在《财产的神话》中提出了所有权包括两组合法的权利，即控制所有权与收入所有权的理论。控制所有权包括使用、占有、管理、修改、让渡、销毁自己财产的权利，其功能主要是对所有物的物理形态保持的决策权；收入所有权是所有人从对所有物交易、出租、生产性使用中获取收入的权利，其功能主要是财产分配的决策权。[①]（2）剩余权理论则认为，不管从某物上分离出多少权利，所有权人都是某物的最终剩余权人，即经济学中的剩余控制权和剩余收益权。[②]在法学理论中，最终剩余权可以解释为最终支配权，即财产的分配决定权，所有权人可以对财产的状态与收益进行最终的分配。这一权利是所有权的本质，无法与所有权人分离。[③]正如王利明教授指出：从商品的二重性出发，可以对物的所有权分为商品实物形态所有权和价值形态所有权，不管实物形态如何和价值形态分离而发生变化，或者价值形态与实物形态分离发生

[①] 克里斯特曼、张绍宗:《财产的神话》，张绍宗译，桂林：广西师范大学出版社，2004年，第37页。
[②] Grossman, Sanford J., Hart Oliver D.: *The Costs and Benefits of Ownership: A Theory of Vertical and Lateral Integration*, Journal of Political Economy, 1986, 94（4）：pp.691-719.
[③] 王涌:《所有权概念分析》，《中外法学》，2000年，第5期，第69-71页。

何种变化,都不改变物的所有人对两者的统一所有。[①]

笔者赞同周林彬教授的观点,认为资源类国有资产的国家所有权与其他国家所有权一样,是国家对资源类资产享有的最终支配权,包括占有、使用、收益和处分等一系列可分离的权能。[②]

3. 我国资源类国有资产所有权多样化经营的基础概念——资源类国有资产使用权

自然资源使用权,又称为自然资源利用权、自然资源使用经营权,是自《中华人民共和国民法通则》施行以来,理论界和实务部门中为人们所广泛熟知并普遍使用的概念,以使用权来彰显以用益为目的、对物的利用而产生的权利。其内涵是使用人依法对土地等自然资源享有占有、使用、收益、有限处分权和排除他人干涉的权利,并负有管理、保护和合理利用的法定义务。例如,《中华人民共和国物权法》规定的宅基地使用权、建设用地使用权等。

本书所指的资源类国有资产使用权,包括以下内容和特性:(1)使用权的客体是国家所有的自然资源,是法律赋予的、排除了公共自然资源的国有自然资源。(2)在内容上,增加了使用权制度对自然资源的保护功能,强调权利人享有权利和承担义务的平衡。(3)资源类国有资产使用权的本质是私权,资源类国有资产的使用权是指使用权人的权利。我国目前是通过自然资源使用权许可、划拨,将自然资源使用权转移给民事主体。英、美、法通过信托制度,允许民事主体享有自然资源使用权。(4)资源类国有资产使用权包括:建设用地使用权、土地承包经营权、地役权、森林和林木使用权、水航运权、水能发电权、竹木流放权、海域使用权、养殖权、排污权、探矿权、取水权、用水权、排水权、林木采伐权、采矿权、捕捞权、动物狩猎权等。此外,租

[①] 王利明:《国家所有权研究》,北京:中国人民大学出版社,1991年,第170页。
[②] 周林彬:《所有权概念新探》,《贵州大学学报(社会科学版)》,2000年,第5期,第20-25页。

赁经营权和承包经营权也是使用权的表现形式。(5) 资源类国有资产的使用权又可以分为消耗性和非消耗性使用权。比如，土地的开发利用一般不存在消耗性，在用益权消灭后可以返还所有权人；但是矿产资源的开采则具有消耗性，用益权消灭后不能原物返还。[①] 而渔业权中的养殖权和定置捕捞权，从总量来讲，不仅不具有消耗性，甚至具有补偿性和增益性。[②] 从资源类国有资产的外观和储量上看，消耗性的资源类国有资产，特别是矿产资源的使用已经非常接近所有权。虽然资源类国有资产的使用权与所有权分离后，使用权消灭后已没有可以返还的标的，但是并不意味着所有权的最终控制权（支配权）的丧失；由于我国实行物权的登记生效制度，使用权人享有的是有限的处分权，可以改变所有权标的的外观和数量，但是不可能从本质上改变所有权标的的法律归属。[③]

如前所述，所有权的本质是对客体的最终支配权，而所有权的行使方式却可以多样化，所有人既可以在事实上占有、使用、收益和处分财产，也可依法将其所有权的部分或全部权能转移于他人。[④] 国家所有权的主体具有抽象性的特征，国家所有权与私人所有权也因此有明显的不同，国家所有权的行使与私人所有权的行使也不可能完全一致：在国家所有权的行使过程中，国家所有权的主体——国家是以一个抽象的民事法律人格，参与到民事关系中，行使其权利，这种抽象的主体势必需要具体化为一定的意思表示与执行机关——经国家授权的主体（通常是政府机构），在法律规定的范围内，对国有

---

① 倪受彬：《国有资源类资产租赁经营的法律问题研究》，《经济体制改革》，2008年，第2期，第1-8页。
② 黄军：《国家所有权行使论（博士学位论文）》，武汉大学，2005年，第18页。
③ 黄萍：《自然资源使用权制度研究（博士学位论文）》，复旦大学，2012年，第33页。黄军：《国家所有权行使论（博士学位论文）》，武汉大学，2005年，第132页。
④ 郑立、王作堂：《民法学》，北京：北京大学出版社，1995年，第194页。

资产进行与其社会和经济属性、自然属性相符的开发利用行为。[①]当然政府仅仅是权利的行使者和国家的代理人。

(三)资源类国有资产经营方式多样化的必要性

在财产权所有制度的发展中,所有权的权利结构经历了由单一式到多样化的过程。所有权早期是单一式的形态,即所有权权能在权利主体手中的合一。随着社会经济关系的发展,所有权的权利结构开始呈现出多样化,即权能的分离。如土地归土地主所有,由佃农耕作经营;机器归工厂主所有,由雇佣工人使用生产等。[②]

1. 国家所有权实现方式的多样化和创新赋予国有经济新的活力

国家所有权的发展过程,也同样演绎着单一式向多样化的权利实现的过程。由于政府机构并不能直接运营和使用国有资产,因此经营性国有资产也必然需要引入第三人占有处分和收益的模式,以充分发挥经营性国有资产的使用效益,经营方式则应依据资产分布和运营的地点、时间、市场、外部环境等变量而灵活选择。[③]我国国家所有权多样化的行使方式在当代可进一步细分为:"授予式"(权能的分离借助行政关系的设置,或称为行政授权、划拨式)、"让渡式"(权能的分离借助债权关系的设置,也可称为债权式)、"出资式"(通过以资产出资的方式,将国家所有权转化为股权或出资权)。[④]

厉以宁先生在《论新公有制企业》一文中指出,在经营层次上,所有制的实现形式可以更加多样化,所有制之间不可能采用统一的实现形式,尤其

[①] 黄军:《国家所有权行使论(博士学位论文)》,武汉大学,2005年,第18页。
[②] 郑立、王作堂:《民法学》,北京:北京大学出版社,1995年,第195页。
[③] 倪受彬:《国有资本信托运营法律问题研究(博士学位论文)》,华东政法学院,2005年,第10页。
[④] 李胜兰:《国家所有权行使的经济分析》,《中山大学学报(社会科学版)》,2001年,第1期,第1—9页。

是对于处在探索社会主义道路上的具有不完全性的公有制来说，完全可能采取多样化的且其他所有制通用的实现形式。① 因此，对国家所有权实现方式的创新，是在新型国有资产管理体制之下，促进国家所有权有效实现，发挥国有经济的主导作用，优化国有资产结构，实现国有资产保值增值，促进国民经济发展的动力和源泉。②

2. 资源类国有资产多样化运营——国家所有权实现形式多样化的效率优势

与经营性资产相比，资源类资产具有比较强的公共属性，特别是与自然环境保护和生态保护密切相关，但是资源类资产与市场经营又具有天然的联系，特别是其他市场主体的经营必然要依赖于资源类资产的参与和投入，如土地资源、水资源是生产所不可或缺的。从这个角度讲，资源类资产的使用价值决定了其进入市场的必然性。③

但是由于资源类资产的"公益性"和开发经营中的外部性问题，国家不能转让资源类资产的所有权。④ 在自然资源的有效率的使用上引入市场因素是必要的，但是不意味着应该选择市场原教旨主义。⑤ 资源类国有股权完全私有化并不一定能带来市场的高效运营。反观苏联和东欧国家的"民营化"进程，试图通过国有资产"民营化"实现市场经济、提高整体经济活力，却在制度建设方面缺乏社会保障体制、缺乏自我交易的禁止性立法，国有资产公平出售和定价所需要的法律体系也并未付诸实施，在民营化改革过程中导致国有资产大量流失。民营化的一段时间内，企业微观效益大幅度降低，民族经济几乎崩溃，紧接着是资本外流，导致国内市场和资金的空洞化，这种"休克

---

① 厉以宁：《论新公有制企业》，《经济学动态》，2004年，第1期，第17—20页。
② 席月民：《国有资产信托法研究》，北京：中国法制出版社，2008年，第35页。
③ 倪受彬：《国有资本信托运营法律问题研究（博士学位论文）》，华东政法学院，2005年，第20页。
④ 倪受彬：《国有资本信托运营法律问题研究（博士学位论文）》，华东政法学院，2005年，第20页。
⑤ 安东尼·吉登斯：《第三条道路——社会民主主义的复兴》，郑戈译，北京：北京大学出版社，2003年，第134页。

疗法"导致了大量的社会问题。① 在苏联解体后，叶利钦政府暴风骤雨式地将国有资产私有化，希望仓促间能把低效的国有企业变成像美国一样的大众持股公司，而导致资本和资产向少数人手中集中。

英国经济学者查林（Challen）提出的制度科层概念模型，将与产权相关的权利赋予不同的实体，可以使资源管理的交易成本最小化，取得最大产权效率。② 以水资源为例，我国水资源的产权、所有权是国家所有，国家通过流域规划对水资源进行初次分配，对水功能做出初步划分，如饮用、灌溉、养殖、航运、生态、景观、工业和发电等；并将水资源产权分解为所有权、收益权、开发权、利用权、经营权等，将部分权利即开发权、利用权、经营权有偿转让给私人，成为私人产权。当然，分解后的所有权和部分开发利用权仍然留在国家手中。这样的分层，可以实现水资源国有产权制度下无法实现的潜在能源和利益，提高了水资源的配置效率和利用率。由于我国的小水能资源主要集中分布在人口密度较低的山林地区，这些地区经济发展水平相对落后，由于信息缺乏，国家开发利用的交易成本相对高，很难做到有效开发。而私人在这一方面比较有优势，了解哪些地点可以开发小水能、可开发点的大小等信息。通过资产权利的分解，让国家拥有水资源的所有权和收益权，村镇政府拥有收益权，私人拥有开发使用和经营权，追求水资源的有效开发利用。而国家的所有权和收益权也从有偿转让中得以实现：基于水体能量资源中的堤址高度差资源的产权收益——开发权有偿出让金，基于水体水量的产权收益——水资源费。③

---

① Black Bernard, Kraakman Renier, Tarassova Anna : *Russian Privatization and Corporate Governance : What Went Wrong?*, Stanford Law Review, 2000, 52（6）: pp.1731-1808.

② Challen, Ray : *Institutions, Transaction Costs and Environmental Policy : Institutional Reform for Water Resources*, Cheltenham : Edward Elgar Publishing Inc., 2000, p.76.

③ 高登奎、沈满洪：《水能资源产权租金的必然分解形式：开发出让金和水资源费》，《云南社会科学》，2010年，第1期，第74-79页。

3. 资源类国有资产的市场运作是政府的市场机能扩张的需要

20世纪以来，不同国家都以不同的方式在不同程度上改变了不介入经济生活与市场活动的做法，更多地注意发挥国家干预经济的调节作用。①

在国家与市场关系的问题上，作为国家的代理人的政府权力的边界是所有经济学家和法学家都一直在严肃思考的问题。②自由主义经济学派强调政府和市场的此消彼长的关系，主张政府的守夜人角色，其代表人物有马歇尔、弗里德曼和哈耶克。混合经济论源于重商主义的国家社会主义的观点，主张加强政府对经济的干预和管理，包括国有经济控制或参与市场经济，其代表人物有凯恩斯、马克思。无论是自由主义经济论抑或是国家控制经济论，都没有辩证地看待这一问题，迄今为止，也没有一个国家完全采用了其中的一种经济思想。即使是英、美等传统自由市场经济国家，国有经济的绝对总量也是巨大的。③

因此，政府和市场并非非此即彼的关系，而是相互裨益的。斯蒂格利茨认为，政府应该通过国有资本市场化运营的方式引导民营经济。国有资本的市场化运营，是通过国家投资，将国有资本参与到对经济或社会发展具有重大影响的项目而形成的国有经济，是指政府将市场机制引入政府干预的一种方式。④政府通过这种市场化的行为完成其公共政策性目标。

在资源类国有资产信托运营中，信托的设立在一定程度上体现了国家干预经济生活的特征，而且这种干预以间接手段为主。资源类国有资产信托与其他信托产品一样，链接货币市场、资本市场和产业市场，具有经济活化作用和多种社会功能。⑤

---

① 徐孟洲：《略论宏观经济调控法》，《法学家》，1994年，第4期，第17-24页。
② 同上。
③ 何新：《思考：新国家主义的经济观》，北京：时事出版社，2001年，第63页。
④ 王全兴、管斌：《市场化政府经济行为的法律规制》，《中国法学》，2004年，第1期，第52-58页。
⑤ 席月民：《国有资产信托法研究》，北京：中国法制出版社，2008年，第70-71页。

第二节 资源类国有资产现有运营体制分析

一、资源类国有资产的现有运营体制

资源类国有资产的运营是指资源类国有资产所有者通过对国有资产的处分和收益，实现国有资产的保值增值目标，进而实现国家的政治、经济、社会等目标。[1]

（一）资源类国有资产的资产运营体制

1. 债权经营

债权经营模式，又称债权使用和合同（使用）经营，是依合同取得自然资源的使用权。例如，《中华人民共和国渔业法》第十一条第二款规定："全民所有的由农业集体经济组织使用的水域、滩涂，可以由个人或集体承包，从事养殖生产"；《中华人民共和国民法通则》第八十条也规定了国有土地、森林、山岭、草原、荒地、滩涂、水面的承包经营权。此外，日本和韩国的"租矿权"、日本的"入渔权"也是债权经营的一种。

我国有学者提出，在区分国家的公法人格和私法人格基础上，债权经营主要是指通过合同来形成自然资源的所有者（或其代理人）与使用人之间的法律关系。[2]债权经营人通过债权合同从国家手中获得使用权，向所有者支付报酬，如使用权出让和转让、租赁经营、承包经营等，即债权经营，又称

---

[1] 杨文：《国有资产的法经济分析》，北京：知识产权出版社，2006年，第15页。
[2] 倪受彬：《资源类国有资产租赁经营法律问题研究》，《经济体制改革》，2008年，第2期，第35–39页。

"合同经营""租赁经营"。①

(1) 使用权出让

使用权出让,目前应用最广的是国有土地使用权出让。改革开放后,我国开始推行国有土地使用权的有偿出让制度。国有土地使用权出让,是指土地使用者向国家交付土地使用权出让费用,国家将土地使用权在一定的年限内让予土地使用者的行为,土地使用权取得的是一定期限内的国有土地使用权。②根据《中华人民共和国城市房地产管理法》(2007年修订)第13条规定,土地使用权出让,可以采取拍卖、招标或者双方协议的方式。这一制度,在很大程度上克服和避免了传统计划经济体制下国有土地使用制度的弊端。

(2) 租赁

根据国务院于1998年颁布的《中华人民共和国土地管理法实施条例》(2011年修订)第二十九条规定,国有土地的有偿使用方式包括:国有土地使用权出让、国有土地租赁、国有土地使用权作价出资或者入股。但《中华人民共和国民法通则》第八十一条规定,国家所有的矿产、水流、林地、山岭、草原、荒地、滩涂不得出租、抵押。租赁经营模式中,国家作为出租人将自己所拥有的资源类国有资产交与承租人使用,但该资源类国有资产的所有权仍保留在国家手中,承租人由此获得在一段时期内使用承租的资源类国有资产的使用权利,承租人为其所获得的使用权须向国家支付一定的费用(即租金)。

(3) 出资

以资源类国有资产为实物投资、资源类资产投资入股,在我国许多资源类企业改制上市中已有实践,如许多国有矿山、土地被折合成股份投入

---

① 崔建远:《准物权研究》,北京:法律出版社,2003年,第19页。
② 黄军:《国家所有权行使论(博士学位论文)》,武汉大学,2005年,第19页。

上市公司中。① 股东以土地使用权出资入股的，应当经过法定程序进行评估作价。②

（4）设置承包经营权

在国有土地、荒地、林地等自然资源上可以设置承包经营权，承包经营人按照约定的用途合理开发经营自然资源，并按照约定分配收益。③

2. 许可经营

许可（使用）经营是当事人依行政许可取得自然资源使用权，区别于"债权经营"这种依照私法获得使用权的方式，许可经营是依照公法获得使用权。许可经营又分为普通许可与特许经营，前者包括《中华人民共和国水法》规定的向水体排污权、河道采砂权等，后者包括探矿权、采矿权、取水权、海域航线使用权等。

（1）划拨

计划经济时期，我国的自然资源主要通过行政划拨的方式实行分配。使用者向主管机关提出申请，国家通过行政审批程序，将自然资源无偿地交给使用者使用，使用者从而取得土地使用权，无须向国家交付费用。④ 在资源类国有资产的分类中，适用划拨方式的资产，一般是非经营性资源类国有资产，如国家建设项目用地以及国家行政事业性用地。企业用地，目前主要实行有偿使用的原则。不过，大部分的国有企业在计划经济时代经由划拨取得的土地使用权，目前仍无偿使用。

（2）开发利用许可

开发利用许可是指单位和个人依法通过开发利用活动取得相应自然资源

---

① 倪受彬：《国有资本信托运营法律问题研究（博士学位论文）》，华东政法学院，2005年，第20页。
② 参见《中华人民共和国公司法》第27条的规定。
③ 黄军：《国家所有权行使论（博士学位论文）》，武汉大学，2005年，第89页。
④ 黄军：《国家所有权行使论（博士学位论文）》，武汉大学，2005年，第89页。

的使用权，目前一般是有偿取得，如许可单位和个人矿产资源开采、取水、野生动物驯养繁殖等。

（二）我国国有资源类资产的权利流转

资源类国有资产的权利流转，主要是资源类国有资产的使用权，包括租赁经营权、承包经营权等，还包括资源类国有资本的出资人权利、股权的变更和终止，是指自然资源使用权和租赁经营权的主体或内容所发生的变化。其变更的主要原因通常有：因主体的合并或分立而变更；因信托而变更；因破产、抵债而变更；因合同内容变更而变更等。

终止是指由于某种原因或法律事实的出现而使自然资源使用权人丧失使用权、租赁经营权，出资人抽离资本的情况。引起终止的原因：因自然原因而终止；因开发自用而终止；因期限届满而终止；因闲置或弃置抛荒而终止；因非法使用或转让而被强制终止；因主体消灭而终止等。[①]

二、资源类国有资产现有经营体制的困境

（一）所有者与监管者身份的混同——偏重资源类资产的行政管理，忽视市场化运营

综观我国目前的相关立法，无论是《中华人民共和国宪法》，还是其他自然资源和环境保护立法，乃至《中华人民共和国民法通则》等，都明确规定了特定自然资源的国家所有权。然而，长期以来，国家和政府在我国国有经济立法中是混同的，我国现行的自然资源立法及自然资源运营体制和实践都从监管者的角度为国家定位。国家作为自然资源管理者、运营监管者的角色

---

① 林红平：《国家经营性财产所有权行使论（硕士学位论文）》，华中科技大学，2009年，第29页。

根深蒂固，偏重资源类资产的行政监管，而作为资产所有者权利并未真正实现。国有资源的所有权、行政监管权、经营权混淆，以行政权经营权管理代替所有权管理，由此导致了一系列问题，包括：资源类资产闲置和浪费现象严重，造成国有资源市场化程度低，国有资源对国民经济的贡献率较低；行政主管部门对部分市场化资产运营的干预和监督过度；寻租者违规操作国有资源类资产使用权的经营等。

(二) 资源类国有资产流失

资源类国有资产流失与其他国有资产流失不同，表现为：国有自然资源资产被无价或低价使用，资源所有者没有因资产的付出而获得足够的收益；生产的外部不经济性使资源类国有资产在数量上或在质量上的下降；不能有效地配置，造成资源类国有资产的闲置与浪费。

目前，我国大约有资源性国有资产 128 万亿元，每年以各种形式流失。例如，由于乱采乱挖造成矿产资源被严重破坏，仅 10 余万采金大军，每年导致数十万两黄金流失，我国矿产资源回收率仅有 30%，小型煤炭回收率仅有 10%～15%；工业用水是发达国家的 2.25 倍，重复利用率仅为 50%～60%，而发达国家达到 75% 以上，国有自然资源资产流失最终导致资源所有者所有权的损害和资产的低效利用。[①]

资源类国有资产的无偿使用或资源使用费极低，导致国家对矿产资源的所有者权益得不到充分的补偿、保护和恢复自然资源的资金短缺，也造成资源的严重浪费、生态环境恶化等问题。从理论上说，资源类国有资产的有偿使用，是国家实现资源类资产权利的基本途径之一，如国外的自然资源税费和红利。然而，目前大量具有投资、增值功能的资源类国有资产被隔离在生

---

① 王建波：《浅议工业用水重复利用率》，《中国市场》，2010 年，第 26 期，第 130-131 页。

产要素之外，资产闲置或开发不足（如岛屿、荒山）；还有一部分资源类资产作为资本投入企业中，但却以低价注入；一部分国有控股上市公司长期无偿使用国家的资源资产（如土地的无偿划拨）；实践中，向其他投资主体转让资源类国家股份的控制权时，许多国有企业违反程序而回避资源类资产费用补交，或者压低补交金额，从而导致国有资产的流失；再如矿产资源，相比国外矿产资源普遍征收的红利，我国的矿产资源税费在维护国家财产权益上力度明显偏弱，矿产资源作为资本投入生产经营后，相当于国家让渡了资本所有权的部分权益。①

我国非经营性资源类国有资产的主要部分是公益性的自然资源，这部分自然资源的管护、修护和再生的经费主要源于国家和地方财政的拨款，而经费投入有限导致不少资源的修复和再生工程无法进行，不少历史文化遗迹长久失修、毁坏，甚至濒于消失。

第三节　信托与资源类国有资产运营的契合

信托制度延续百年，随着信托观念的扩张，完成了其仅仅作为工具的使命，发展至今，给全球经济带来波澜壮阔的变化。信托与民法上的委托、代理等并列为财产管理制度，同银行、证券、保险并列为金融领域的四大工具。19世纪初，信托作为一项营利性事业在欧美各国相继兴起，成为一种重要的财产管理产业。从最初消极、无偿的传统信托转变为积极、有偿的现代信托，受托人也从个人衍变，发展成接受财产委托获得报酬或利润的法人组织——信托公司。财产转移功能与财产管理功能紧密结合，并且日益突出其中的财

---

① 邱秋：《中国自然资源国家所有权制度研究》，北京：科学出版社，2010年，第177页。

产管理功能，正代表着现代信托业的发展趋势。① 现代信托业在继续深化其财务管理职能的基础上，有效地实现了职能扩张，使信托成为一种高度专业化的融资工具。信托的金融化和营业化，成为现代信托的两大典型特征。② 信托的融资和投资职能，更提供了全新的金融形式，弥补了传统金融的不足，一些建设周期长但收益稳定的项目，银行不愿意贷款，一般的投资公司也因回报周期太长而放弃，但信托投资则比较适合，如国外油田、天然气的开采很多都利用信托资金。

信托是英国法律的创造，但时至今日，大陆法系国家也建立了信托或准信托制度。仅以亚洲为例，日本、韩国、新加坡、中国香港等国家或地区都是较早引进了信托制度，制定了信托立法，并且还不断改造、不断创新。虽然都偏离了英美法系信托的灵活性要素，但这些国家和地区的经济崛起与信托制度的引进和信托法制的健全不可分离。与此同时，两大法系国家关于信托立法合作的探索也在一直进行中。为了解决各国的信托法律冲突，1985年各国正式签订了《关于信托的法律适用及其承认公约》(简称《海牙信托公约》)。截至2007年底，包括意大利、摩洛哥、瑞士等在内的6个国家和地区签订并实施该公约。实践表明，信托制度恰好构成了两大法系相互融合、两类法理不断完善、趋同的契合点。

自《中华人民共和国信托法》颁布以来，我国不少学者开始关注"国有资产信托"的理论和实践可行性，提出了经营性资产、国有企业采用信托经营的方式，由国家或者其代表与受托人签订信托合同；通过信托实现了国有资产产权的人格化，而非所有权的完整转移；通过信托制度，国家作为委托人将国有资产委托给经营主体，经营主体按委托人意愿，为受益人的利益对

---

① 徐孟洲:《信托法学》，北京：中国金融出版社，2004年，第49页。
② 徐孟洲:《信托法学》，北京：中国金融出版社，2004年，第52页。

国有资产进行管理、使用、处分,全体人民作为受益人等观点。[①]而且,资源类国有资产信托运营也有相当的可行性。

一、资源类国有资产信托的可行性分析

在市场经济的条件下,我国所有权的实现方式也应多样化,其价值也并不在于直接占有和控制,而在于效用的实现和最大化。

(一)资产权利由不同主体分工行使,提高资产的运营效率

对资产权利的各项权能分解,适应了社会化生产的需要,分工意味着效率,有利于提供高资产权利的运营效率。

信托的本质在于分割财产的管理属性和收益属性。这种属性决定了信托不但可以管理私人财产,还可以管理国有资产。社会主义市场经济体制,要求所有制实现多样化的要求,国有资产也必须通过市场化经营,国家作为国有资产的权利主体,并不能像计划经济体制中以行政手段安排国有资产的经营管理,也无法像私人所有者那样在市场上亲自运作国有资产。国家必须通过有效的转换机制,实现管理属性和收益属性的分离,而信托恰好是其中可供选择的一种重要机制。

尤其是越来越多的国有企业选择公司制度后,对公司治理结构的外部行政干预也被认为是一种不应推广的行为。实际上,我国相关立法规定"国有资产管理委员会"履行出资人的职责,参与企业和公司的运作,也未免有"政府管制企业"而非"政府参与经济"之嫌。因此,国家作为国有资产的所有人不能像以往那样在内部通过行政手段安排国有资产的管理,也不能像私

[①] 探讨这一问题的学者有但不限于——席月民:《国有资产法研究》,北京:法制出版社,2008年;倪受彬:《国有资本信托运营法律问题研究(博士学位论文)》,华东政法学院,2005年,第10期。

有财产主体那样在市场上亲自运作国有资产的管理。相反，国家必须通过有效的外部机制对国有资产进行管理和运用，而信托正是其中可供选择的一种重要机制。①

（二）资源类国有资产的国家股权、出资人权利、使用权作为信托财产的可行性

《中华人民共和国信托法》第七条规定："信托财产必须是委托人合法所有的财产。……包括合法的财产权利"；第十四条规定："受托人因承诺信托而取得的财产是信托财产。受托人因信托财产的管理运用、处分或者其他情形而取得的财产，也归入信托财产。法律、行政法规限制流通的财产，依法经有关主管部门批准后，可以作为信托财产。"如今，现金等实体财产，其他可以用金钱计算的权利，自然资源权利，资源类国有资产的用益物权、租赁权等，如地上权、土地租赁权、渔业权、矿业权，以及资源类国有股权，都可以成为资源类国有资产信托运营中的信托财产。

值得一提的是资源类国有股权成为信托财产的可行性。国有股权作为股东权利的一种特殊形式，主体是享有公权力和民事权利的"国家"，其实质上与个人股权和（非国家）法人股权的法律性质都是相同的，也是一种民事权利，只是所产生的收益最终的归属不同。笔者认为，股权是所有权，在公司与股东的关系中，公司对股东出资形成的法人财产享有完全独立的所有权，股东对公司享有股权。股东在公司存续经营期间能从公司的收益中获得经济利益，只要公司一直存续并盈利，股东的收益就一直不断；但法人财产权受股权支配，公司不能以所有者身份对抗股东全体的共同意志，如股东会为减少资本而做出转让部分公司资产的决议时，公司不得以资产所有者的身份拒

---

① 张振华：《国有股权信托制度研究（硕士学位论文）》，西南政法大学，2011年，第52页。

绝转让。这种收益权和处分权凸显了股东权中的所有权要素,所以股权所有权说确有其合理性。公司解散后,公司财产若在清偿债务以后有剩余的,最终要返还给股东,从而使所有权权能完全复归于股东。所以股权并未丧失所有权的特性,其性质属于所有权。[1] 股权包括共益权和自益权,前者是作为股东有参与公司治理的权利,包括表决权、发表意见权、出席社团会议的权利等;后者是国家追求国有财产的保值增值的目的以及公司的逐利本性,决定了国家当然享有直接从其所投资的公司获取经济利益的财产性权利。[2] 但是,正如前文所述,资源类国有股权是因资源类国有资产使用权折合股本而产生,股权的流转,无论是信托还是转让,仅是资源类国有资产使用权的流转,并不涉及资源类国有资产所有权,因此,资源类国有股权并不等同于资源类国有资产所有权,以资源类国有股权为信托财产,具有可行性。我国《信托公司管理办法》第十六条的规定:"信托公司可以申请经营下列部分或者全部本外币业务:……(三)不动产信托;(四)有价证券信托;(五)其他财产或财产权信托。"股权也可以依法作为信托财产。《中华人民共和国公司法》并没有规定"无表决权股"。因此,设立股东对股份所有权进行信托的广义表决权信托也没有法律障碍。国家股及其股权虽然是限制流通的财产,但经过"国有资产监督管理委员会"和证监会的依法批准,可以转让,也可以作为信托财产。根据我国财政部2003年颁布的《企业国有产权转让管理暂行办法》第二十一条的规定:"其中转让企业国有产权涉及国有划拨土地使用权转让和由国家出资形成的探矿权、采矿权转让的,应当按照国家有关规定另行办理相关手续。"可见,资源类国有股权可以转让和信托,同时必须办理土地使用权、采矿权等权属的变更登记。

---

[1] 郑显芳、陈云霞、倪弘:《中国公司法律制度研究》,重庆:西南财经大学出版社,2008年,第1页。
[2] 谢怀栻:《民法总则讲要》,北京:北京大学出版社,2007年,第67页;徐国栋:《民法总论》,北京:高等教育出版社,2007年,第168页。

（三）信托财产独立性防止资源类国有资产的流失

信托财产在信托成立后，信托财产具有独立性，具体表现在以下四方面：其一，与信托关系人未设立信托的财产、自有财产相区别；信托财产与委托人未设立信托的其他财产相区别；信托财产与属于受托人所有的财产相区别，不能把自有财产和信托财产混同，保持信托财产独立的可辨性，受托人死亡或者依法解散、被依法撤销、被宣告破产而终止，信托财产不属于其遗产或者清算财产。其二，与信托关系人的债权人相独立，在信托运营期间，除信托运营中发生的债权债务关系外，信托关系人的债权人不得追及信托财产；受托人因处理信托事务所支出的费用、对第三人所负债务，以信托财产承担，不得以委托人、受托人及受益人的个人财产求偿（受托人未尽管理人义务的除外）。其三，信托财产禁止被用于抵消受托人的个人债务，受托人管理运用、处分信托财产所产生的债权，不得与其固有财产产生的债务相抵销；受托人管理运用、处分不同委托人的信托财产所产生的债权债务，不得相互抵销。破产隔离机制在信托财产与受托人之间建立破产、债权追索的屏障，防止受托人财务状况恶化、破产对资源类国有资产的消极影响。[1] 其四，限制信托财产的混同，信托财产如果是所有权以外的权利，受托人以固有财产和个人名义获得该权利标的物的所有权时，根据民法的法理，物权应该因混同而消灭，但是在信托法律关系中，"混同"的适用受到限制，信托财产并不因混同而消灭。由于资源类国有资产的所有权不可转让，资源类国有资产信托也不涉及混同问题，在此不再细述。[2]

在我国现行法下，信托独特的制度设计及其功能、信托独有的破产隔离

---

[1] 佚名：《金融法律——信托法》，http://blog.sina.com.cn/s/blog_548ffabf0100e6m0.html，2011-03-20.
[2] 《中华人民共和国信托法》并未规定混同的限制，日本《信托法》第18条和韩国《信托法》第23条对此有所规定。本书第二章中将详细阐述这一问题。

机制避免了采用代理制度存在的问题,即一旦被代理代理人有债权人或破产,债权人即可查封拍卖其被代理的财产。对此,正如有学者所指出:"信托法的最重要的功能在于其促进了资产分割,将资产进行不同的区分,便利了不同种类债权人对资产独立的请求。尤为重要的是使得信托财产免受受托人个人债权人的请求。"[1]可见,信托机制在极大程度上实现了资源类国有资产作为信托财产的保值,防止财产的流失。

(四)受托人、受益人、委托人的权利义务的制衡机制足以保障国家所有权的实现

受托人为受益人的利益处分和管理财产,履行忠实和谨慎等义务,如约向受益人支付信托收益。受益人享有信托收益的权利,还享有监督权、撤销权和追及权等。信托赋予了职业受托人更多的自由裁量权,信托的"代理成本"也有增加的可能,信托规则因此也赋予了受益人"追踪权",一旦资源类国有资产信托的受托人将信托财产另作他用,受益人可以追及至该资产和资金;可见,受益人对信托财产的追及力是极为强大的,信托财产受到严格独立性的保障而自成运作体系,受益人对于信托财产利益的实现也受到强大的追踪权的额外保障,信托法制在受益人与第三人间平衡点极为倾向受益人。从某种意义上,反映了信托制度期望由第三人承担受托人违反信托义务的代理成本的意图。相比之下,代理制度对被代理人的保护显得较为薄弱,代理人没有破产时,其违反委托书处分财产,被代理人可以要求损害赔偿或终止代理关系,一旦代理人破产,代理人的自有财产与代理财产混合,被代理人仅仅是代理人的债权人之一,债权也难于实现。国家通过自益信托,享有受益权,由此保障了国家对资源类国有资产收益权的实现。

---

[1] Hansmann Henry, Mattei UGO:*The Functions of Trust Law:A Comparative Legal and Economic Analysis*, New York University Law Review, 1998, 73:pp.430–455.

（五）法律体系的支撑

我国信托立法体例采取了分别立法的模式，包括信托法和信托业法，信托法一般而言是私法领域的财产法、商法范畴，而信托业法则是强制法属性的行政管理法范畴。信托法律体系的建立与完善为资源类国有资产的信托运营提供了良好的法律环境。我国目前的信托立法主要包括：2001年《中华人民共和国信托法》颁布后，相继颁布了一系列信托相关规范性文件，形成了信托业法律法规体系；此后的2007年中国银行业监督管理委员会（以下简称中国银行会）颁布的《信托公司管理办法》和《信托公司集合资金信托计划管理办法》取代了2002年颁布的《信托投资公司管理办法》和《信托投资公司资金信托管理暂行办法》，形成了目前的"一法两规"为基础和核心的信托法律体系，包括2007年中国银行业监督管理委员会颁布的《信托公司治理指引》、2005年中国人民银行和中国银行业监督管理委员会颁布的《信贷资产证券试点管理办法》等规范资产证券化业务的相关法规和规章、2008年中国银行保险监督管理委员会等颁布的《关于鼓励信托公司开展公益信托业务支持灾后重建工作的通知》。

对公益信托的立法，我国《中华人民共和国信托法》制定伊始，就已在相关条款中围绕公益信托问题进行规定。例如，《中华人民共和国信托法》第六十二条明确规定："公益信托的设立和确定其受托人，应当经有关公益事业的管理机构批准。未经公益事业管理机构批准，不得以公益信托的名义进行活动。公益事业管理机构对于公益信托活动应当给予支持。"确立了我国公益信托的"批准设立"原则，较一般信托的"合意设立"原则要严格得多。而《中华人民共和国信托法》第六十四条、第六十五条、第六十六条、第六十七条规定，则要求"公益信托的受托人未经公益事业管理机构批准，不得辞任"，不允许任意更改公益信托的受托人，同时要求公益信托应当设置信托监察人，以保障信托活动公益目的的实现；确定公益事业管理机构为公益信托的监察机构，以实现政府机关对公益信托的监管作用。[①] 对公益信托活动的开展，我国《信托公司管理办法》第十七条有关"信托公司可以根据《中华人民共和国信托法》等法律法规的有关规定开展公益信托活动"的规定，明确了信托公司能够从事公益信托活动。2008年四川汶川地震之后，中国银行业监督管理委员会办公厅为鼓励发展灾后公益信托事业，紧急发布《关于鼓励信托公司开展公益信托业务支持灾后重建工作的通知》，明确了信托公司作为公益信托受托人。[②]《中华人民共和国慈善法》第四十四条明确了慈善信托属于公益信托，"是指委托人基于慈善目的，依法将其财产委托给受托人，由受托人按照委托人意愿以受托人名义进行管理和处分，开展慈善活动的行为。"并明确了慈善信托的受托人是信托公司或慈善组织。

我国的上述信托法律体系，从立法内容看，形成了规范信托事务管理流程和相对完善的法律体系：其一，信托财产独立性制度的确立，确立了包括财产损益的独立性、偿债方面的对立性、继承方面的独立性、抵消方面的独立性、混同方面的独立性；及由其衍生的营业信托的破产隔离功能，为设立国家出资人权利、股权信托并最终实现经营性国有财产的保值增值奠定了法律基础。其二，对信托财产是否真实转移的会计处理做出了明确规定，委托人设立信托时，信托财产从委托人资产负债表中转出，即为终止确认信托财产，对非终止确认信托财产、终止确认信托财产均做出了会计处理的操作守则和规定，对破产隔离、改善公司的资产负债结构等有所裨益。其三，信托融资可以用资金需求方的整体信用作为保证进行融资，并通过信托的风险隔离功能，使得信托财产脱离原有企业的整体资信和破产风险而独立存在，融

---

① 胡卫萍、杨海林：《我国公益信托法律制度的完善》，《江西社会科学》，2012年，第7期，第175-180页。

② 同上。

资风险具有可控性，信息不对称程度大大下降，融资成本相对降低。其四，在能够有效履行受托人义务的情况下，遵循了诚实、信用、勤勉、尽责的原则，信托公司无须承担投资损失或其他风险，对信托公司的资本结构并无影响。其五，《信托公司管理办法》等为受托人的资格及其权利义务提供了量化的标准；《国有资产评估管理办法》等为资源类国有资产信托的信托财产评估管理提供了准则等。

（六）我国资产证券化、集合资金信托等工具已应用于资源类国有资产经营的融资

我国土地（林地）、林业资源有偿使用等相关制度以及不动产产权主体可以自由使用、处分等不动产产权制度为证券化创造了前提条件。

目前，我国银行是金融体系的主体，可以使储蓄参与货币市场的循环周转，但是并不能把储蓄变为资本并直接投资实业（我国银行目前的混业经营，向保险、证券、工商企业投资持股渐有规模，然而这些经营行为均是通过"特批"进行的，我国法律禁止混业经营的行为模式）。[①]信托业在满足微观投资需求的同时，还能为我国基础产业的发展、公共设施建设，乃至能源产业、自然资源开发利用、环保产业的发展提供长期融资渠道。相比银行间接融资和资本市场的直接融资，信托是直接融资和间接融资的混合运用，适合基础建设工程和能源开发项目等大型项目的长期融资需求。

近年来，我国资产证券化、房地产信托投资基金等产品的开发，使得信托在金融市场的应用愈发广泛，证券投资公司、商业银行、保险资产管理公

---

① 银行承担着我国全部居民的储蓄存款、企事业单位存款以及证券经纪业务和基金业务、信托业务、保险业务、理财业务等的资金托管业务，是我国金融系统的基础。参见罗志华：《信托业在我国金融分业体制下的定位研究》，重庆：西南财经大学出版社，2011年，第103页；肖永洁：《混业趋势下的我国信托业发展研究（硕士学位论文）》，上海社会科学院，2009年，第7页。

司等都运用信托机制开展金融业务，如商业银行可以经营委托存贷款和基金资产的托管业务，证券公司可以经营投资基金业务，信托也展现出与银行、证券、保险等金融机构融合的优势。2008年12月，中国人民银行正式发布公告，允许信托机构在全国银行间债券市场开立信托专用债券账户，运用信托财产在全国银行间债券市场进行债券交易。2009年初，中国银行业监督管理委员会《关于调整部分信贷监管政策促进经济稳健发展的通知》关于信托业的政策推动了信托公司产品种类的丰富，扩大了产品投资范围；此后也在房地产投资信托产品中，适当放宽信托公司对开发商资质、资本金比例等监管要求的规定，从而拓宽了银信合作、房地产信托的发展空间。符合一定要求的信托公司，可以从事私募股权投资业务，投资上限为净资产的20%。近年来，信托资金运用领域扩大，其中，集合信托产品发行规模也迅速扩大，2008年单一类信托的银信合作产品公开发行规模7426亿元，预计实际发行规模约达10500亿元；证券投资基金从20世纪90年代初发展至今已有20多年的历史，规模也不断扩大。[①] 国家也大力支持信托这一金融创新手段，北京在2008年奥运工程项目就用不动产证券化的方式来进行融资。目前，我国资源类国有资产证券化和投资信托的实践，包括国有土地使用权、国有林业资源所有权的证券化、集合资金信托在资源类国有资产领域的运用，在很大程度上缓解了相关领域经营的资金缺口和政府财政压力，也为社会公众提供了更多且相对稳定的投资渠道。

（七）移植公益信托法律制度的社会基础

从市场需求来看，随着高收入群体不断扩大，我国热心于公益事业的群体逐步形成。近年来，我国志愿者群体也愈发庞大，环保志愿者和相关公益

[①] 数据根据WIND资料整理得出，转引自肖永洁：《混业趋势下的我国信托业发展研究（硕士学位论文）》，上海社会科学院，2009年，第46页。

组织、公益活动也日益发展壮大。

  同时，我国的公益信托已进行了有益尝试。中融国际信托投资有限公司在2005年推出的"中华慈善公益信托"，由中华慈善总会作为信托监察人，代表受益人行使对信托财产管理和使用的监察职能；光大银行作为信托财产的保管银行，负责安全保管公益信托资金，该产品是我国第一例以推广社会公益事业为目的的公益信托计划。2004年，云南国际信托投资公司推出的"爱心成就未来——稳健收益型集合资金信托"计划、北京国投的"同心慈善1号新股申购集合资金信托计划"、宁波金港信托支援地震灾区的公益信托计划等，都具有了明显的公益信托性质。中国银行保险监督管理委员会《关于鼓励信托公司开展公益信托业务支持灾后重建工作的通知》发布后，信托公司参与公益慈善事业的实践有了较快突破，2008年6月6日"西安信托5·12抗震救灾公益信托计划"成立，6月26日举行了"5·12抗震救灾公益信托计划"向陕西灾区捐赠启动仪式。2008年10月16日，百瑞信托携手郑州慈善总会推出了"百瑞信托郑州慈善（四川灾区及贫困地区教育援助）公益信托计划"。这些都为我国社会慈善公益事业开出了一条新的路径。西安国投"5·12抗震救灾公益信托"，是一项信托期限为3年、信托规模为1000万元人民币的慈善公益信托，受托人为西安国际信托有限公司，西安希格玛有限责任会计师事务所为信托监察人，信托主要目的是陕西地震灾区的希望小学建设及校舍修复工程。在该公益信托存续期间，受托人可以通过运用以国债为代表的，经过中国中国银行业监督管理委员会允许的一系列流动性充分且风险较低的金融方式实现信托财产的安全和保值增值。在信托资金运营中，由信托监察人信托监察和陕西省民政厅行政监管的双重模式进行公益信托资金监管。①而"百瑞信托郑州慈善公益信托",是由郑州慈善总会和百瑞托有限责任公司共同推出的一项为期10年的公益信托计划。该信托主要针对的是我国四川灾区及我国贫困地区的教育援助,特别是针对适龄儿童返校继续学业的计划。②该公益信托采取以百瑞信托为发起人向社会公开募集的开放式方式,将参与该项慈善信托的资金起点设定在100元人民币,极大地增加了该公益信托的民众参与度,且在该公益信托的监管方面,信托监察人由郑州慈善总会担任,郑州市民政局成为监督管理机构,形成自我监督和政府监督并行的局面。③

二、资源类国有资产信托的必要性分析——信托制度的功能和优势

(一)减少资源类国有资产经营的交易成本

"交易成本"是现代制度经济学的核心,科斯认为:为了进行市场交易,有必要发现谁希望进行交易,有必要告诉人们交易的愿望和方式,以及通过讨价还价的谈判缔结交易,督促契约条款的履行等,以上工作所花费的成本即交易成本。④资源类国有资产信托,通过信托制度所特有的信赖(信义)关系来减少和控制交易成本。⑤

信托法中受托人的谨慎义务和忠实义务,为信托当事人提供了一套标准

---

① 张丽娜:《教育事业公益信托的尝试与意义———记西安信托的"5·12抗震救灾灾区学校重建公益信托计划"》,《陕西教育:高教版》,2009年,第4期,第117页;赵俐:《完善我国公益信托制度的法制环境》,《中共中央党校学报》,2012年,第8期,第23-30页。

② 宋家祥:《百瑞信托喜迁新址30万巨款添力郑州慈善》,《经济视点报》,2010年1月21日。

③ 赵宝爱:《从慈善角度看跨国民营企业的"柔性"国际化战略》,《学术论坛》,2010年,第4期,第138-141页。

④ Wlilianson Oliver E. : *The Econmoc Institution of Capitalism*, New York : The Free Press, 1985, p.19.; 科斯:《企业、市场和法律》,盛洪、陈郁等译,上海:生活·读书·新知三联书店,1990年,第91页。

⑤ 陈雪萍:《环境保护信托——环保资本运营的新亮点》,当代法学,2006年,第3期,第16-22页。

化的规则，减少了委托人和受托人之间的谈判成本，以及受益人监督的成本。同时，根据信托法的基本原理和规则，受益人有强制受托人履行义务的权利，英美法系国家的信托法一直规定：在信托有效设立时强制执行权就产生，信托不存在则此功能就不存在。在资源类国有资产信托中，受益人的收益风险取决于受托人是否能使信托财产保值、增值以及是否能够诚实、合理配置受益人的收益，受托人必须对其受益人所负有的履行忠实和谨慎义务；同时，受益人有权要求受托人解释他们的行为，要求受托人履行披露相应信托文件的义务，大大减少了受益人监督受托人的成本。[1]

此外，信托法最突出的贡献就是委托人、受托人和受益人与他们的债权人之间的关系安排，为信托法律关系的主体分离出各自独立的财产提供了规则，自动排除了受托人的债权人对信托财产的求偿权，避免了受托人与每一交易当事人约定不得对信托财产求偿，也避免了委托人约定受托人履行该义务，减少了交易成本。[2]

（二）融资和投资增值功能

1. 实现资源类国有资产融资和经营、金融资本和产业资本的优势互补

产业资本与金融资本的结合，是几乎所有发达国家的企业集团发展壮大的共同经验，这一现代经济结构形成和优化的规律性特征贯穿于市场经济国家发展的始终。[3] 信托机构[4] 利用自身优势为其管理的资产和资金提供增值服务，实现信托金融机构与产业资本的优势互补。信托机构的融资功能相比银

---

[1] 陈雪萍：《环境保护信托——环保资本运营的新亮点》，《当代法学》，2006年，第3期，第16-22页。

[2] Ribstein Larry. : *The Structure of the Fiduciary Relationship*, http://illinoislawreview.org/wp-content/ilr-content/articles/2005/1/Ribstein.pdf, 2014-2-14.

[3] 陶绪峰：《国有资产信托经营问题研究》，《商业研究》，2002年，第9期，第39-40页。

[4] 这里的信托机构并不单指信托公司，还包括所有获得金融许可证、从事营业信托的受托机构。

行有其比较优势:不受信贷规模限制;融资期限均为中长期;融资方式多样化。[①] 在我国现有的实践中,信托公司利用其强大的资金优势和多样化的融资渠道,很好地解决所管理的资源类资产在利用、改良、转化过程中所需的资金。

2. 扩大融资渠道、降低融资的交易成本

资源类国有资产运营中的融资问题在一定程度上是自然资源开发利用的瓶颈,传统的融资渠道主要是银行贷款等间接融资方式,增加融资成本,降低了效率。而自然资源开发培育到加工生产的周期较长,如林木培育,银行能批准的贷款数额往往较少。同时,我国的民间资本和闲散资金相当雄厚,但是相对分散,通常不动产的价值较高,巨额的投资使中小投资者望而却步,中小投资者的资金无法进入不动产投资领域,社会闲散资金得不到合理和有效的利用,全社会巨大的金融投资需求和极其有限的投资渠道之间的矛盾会给经济发展带来许多不稳定因素。无论是资本市场炒作,还是非法金融活动的盛行,都能从中找到根源。资源类国有资产证券化和投资信托对于广大投资者来说,开辟了一条宽广的投资渠道,通过证券化将大额、不易流通的资源类国有资产拆分成小额的具有较高信用级别的、可流通的股权或者受益权,从而不仅达到融资的目的,又能使经济实力不强的小额投资者可以通过购买受益凭证(受益证券)的形式投资于资源类国有资产,扩大了投资者的范围,并由间接融资变为直接融资,减少了融资的交易成本,提高了效率。

3. 分散投资风险、增强资源类国有资产的流动性

一方面,由于资源类国有资产本身的价值非常大而且不易移动其位置,所以开发经营者承担巨大的经营风险,将资源类国有资产上存在的权利转换成小额债权后,原权利人的风险就分散给了单个的持有受益凭证(受益证券)的人,即把价值较高的资产物权通过证券的形式转化为价值较低并且可以流

---

① 倪受彬:《国有资本信托运营法律问题研究(博士学位论文)》,华东政法学院,2005年,第33页。

通的有价证券，众多的投资者用不同的投资额参与投资，特别是中小投资者数量众多，这样就分散了投资的风险，从最终的结果上降低了投资的总体风险。[①]另一方面，受益证券发行人通常都会采用信用增级来增加其信用，包括附有担保和保险等保障措施来保障其收益，因此投资风险也相应降低。

资源类国有资产的经营状况，通过信息披露机制公开披露给投资者，投资者可以根据自己的风险承受能力做出投资或不投资的决定。受益凭证（证券）上市交易后，透明度也将更高，与其他上市交易的证券和上市公司同样遵守严格的信息披露制度，投资环境更加完备。

4. 环保产业的投资信托缓解了污染治理的财政压力

污染物的排放可能由于事故或其他自然灾害或生产的短期效益而导致过量排放，超过了环境自我循环更新的容量，因此也必须加以治理。我国目前对污染治理的经费来源主要依赖政府的投入，费用也相对庞大。仅2010年江苏无锡的污染土壤修复工程，由当时的环境保护部、财政部、无锡市环保局以及企业所在地滨湖区政府共同投资实施修复，项目总投资890万元，[②]从中可见对污染治理的财政支出的庞大程度。基于环保产业所产生的清洁自然资源和能源，能实现稳定的预期收益，通过环保产业投资信托的融资模式，在金融市场上募集污染物治理的资金，可以在很大程度上缓解政府的财政压力。

（三）明晰所有权实现所有权收益，实现公权力与私权利的分离

明晰的产权关系、出资人的明确界定，是资源类国有资产经营的效用最大化的前提，也是保持权力制衡、防治腐败的重要渠道。

---

① 陈雪萍：《环境保护信托——环保资本运营的新亮点》，《当代法学》，2006年，第3期，第16-22页。

② 闫艳、高杰：《被污染土壤修复有多难？》，http://gongyi.sina.com.cn/greenlife/2012-04-27/110034032_2.html. 2012-04-28。

1. 防止国有产权运营中"搭便车"现象，实现有效激励，提升运营效率

从实践来看，公有产权的效率远不如私人产权，学者对国有企业效率低下、流失现象多有诟病。国有产权企业的经营者没有剩余索取权，国有产权代表身份不清、产权内容不清、责任不清、收益主体不清以及缺乏像自然人所有者对利润的关切度，没有关心收益的自然人，资产的收益绩效不能根本好转。[①]

除了土地使用权出让金外，我国自然资源使用费（税）极度低廉，相比资源类国有资产作为生产要素的高产出效能，正反映了所有者缺位导致的资源流失浪费。土地使用权出让金则导致政府直接参与资源类国有资本市场，由此引发的"寻租"现象也并不容乐观。在我国目前的国有企业中，不少土地等资源类国有资产均是国家无偿划拨使用，客观上减少了国有企业的负担，但是资源类国有资产的价值无从体现，也在一定程度上造成了资源的浪费。

资源类国有资产信托的设立，在资产运营中必须有一个明确、具体且人格化的受托人——所有权代表：委托人和受益人代表国家享有所有权的出资人权利、监督权、收益权；受托人以自己的名义行使资源类国有股权。由此，实现了国家所有者人格化的目标。

2. 信托可以有效防止资源类国有资产运营中的行政化倾向

受托人是独立的市场主体，国家将资源类国有资产相关权利交付信托，通过受托人作为中介，在国家和市场之间构筑了"防火墙"，有效限制了政府直接介入自然资源市场经营（如城市土地使用权流转、资源类国有企业运营等），并解决了政府作为负有监管和服务职能的行政主体（公权力主体）与国

[①] 斯道延·坦尼夫、张春霖、路·白瑞福特：《中国的公司治理与企业改革：建立现代市场制度》，张军扩译，北京：中国财政经济出版社，2002年，第180页；杨文：《国有资产的法经济分析》，北京：知识产权出版社．2006年，第391-392页。

有资产所有者（私权利主体）混同的困局。[1] 信托设立后，委托人不能干预对信托财产的管理，虽然大陆法系国家多赋予了委托人的调整、撤销权，但是日本、韩国，则要求委托人必须向法院主张该项权利，由法院裁决能否变更和调整信托财产的管理方法，委托人不能径自决定，也体现了信托执行中的"情势变更"原则。《中华人民共和国信托法》第二十一条、第二十二条虽然赋予委托人信托财产管理方法调整请求权，但该权力并未绝对化，只有当发生因设立信托时未能预见的特别事由，信托财产的管理方式不利于实现信托目的或者不符合受益人的利益时，委托人才可以直接要求受托人调整该信托财产的管理方法。委托人违反信托目的处分信托财产或者因违背管理职责、处理信托事务不当致使信托财产受托人损失的，委托人要申请法院撤销该处分信托。当然，在委托人调整权规定方面，我国信托法也存在一定的弊端。

　　管理型股权信托对促进企业建立现代企业制度、防止国有资产流失有重要作用。资源类国有资产（管理型）股权信托通过股权登记，有利于加强对国有资产的管理，有效杜绝私下交易、黑市交易等不规范行为，通过股份证明和查询股权信息，也有利于股权信息披露，减少不对称信息，减少国有资产管理和融资风险。[2] 此外，我国国资委对国有独资公司有权任免董事长、副董事长、董事、监事会主席和监事（监事会成员由国资委委派）；对国有资本控股公司、参股公司履行出资人职责，有权向股东会、股东大会提出董事、监事人选，并参与表决。行政官员对企业的直接参与，无疑增加了寻租的可能性，信托设立后，信托财产由受托人所有，受托人受信托目的的约束，为受益人的利益而运

---

[1] 中国人民大学信托与基金研究所：《中国信托业发展报告（1979–2003）》，北京：中国经济出版社，2004年，第83页。

[2] 刘丹冰：《论国有资产信托及法律调整》，中国法学，2002年，第5期，第29–34页；于海涌：《英美信托财产双重所有权在中国的本土化》，北京：中国政法大学出版社，2011年，第129页。

用管理信托财产，有效防止了行政官员和经营者滥用权力。①

(四)公益(慈善)信托的制度功能

《中华人民共和国信托法》参考了日本的公益信托制度，对公益信托的适用范围、设立程序、基本规则、监管机构权限和信托监察人设置进行了规定。但由于立法缺乏明确、有效的规定和指引，公益信托在我国的实践中面临设立等方面的困境，也较少运用于实践。2016年《中华人民共和国慈善法》(以下简称《慈善法》)则借鉴了英美法系的慈善信托制度，明确慈善信托属于公益信托，通过较完善的顶层立法设计和简便的设立原则，使得慈善信托在实践中不断发展壮大。这一特殊的、造福于社会公众的法律制度在发达国家已成功运行百年，我国目前社会福利、生态保护遭遇的资金短缺瓶颈，许多公益(慈善)基金会面向社会独立筹资的能力有限，以现有的制度已难以突破，移植公益(慈善)信托模式不失为"恰逢其时"的选择。

从国外公益信托的发展看，公益(慈善)信托机制在管理基金会资产、激发社会公众的公益意识等方面，能起到不可忽视的积极作用。同时，公益信托作为新型的金融产品和财产管理工具，在为公益信托业务的创新和发展同时，也为公益基金会带来了良好的发展机遇。②

1. 促进环保事业的发展

生态环境的日益恶化，以及能源危机和自然资源供给瓶颈的出现，催生了生态和环境保护事业的发展，而环保事业的发展需要雄厚的财力支持，发挥民间力量的作用就显得尤为重要，国外实践证明了公益信托的有效实施是对政府职能的必要补充。

---

① 席月民：《国有资产信托法研究》，北京：中国法制出版社，2008年，第120页。
② 赵俐：《完善我国公益信托制度的法制环境》，《中共中央党校学报》，2012年，第26期。

2. 公益（慈善）信托设立简便、灵活性强，扩大了公益事业的社会参与面

公益事业在我国的推行，目前普遍以"基金会"作为载体，基金会属于财团法人的一种，其设立有最低原始基金额的限制。根据《基金会管理条例》第八条的规定，全国性公募基金会的原始基金不低于 800 万元人民币，地方性公募基金会的原始基金不低于 400 万元人民币，非公募基金会的原始基金不低于 200 万元人民币，原始基金必须为到账货币基金。而设立公益信托对于信托财产并无最低限额的限制，规模可大可小，由捐赠人自主掌握，为公益事业的广泛参与提供了可能。[①] 此外，基金会作为财团法人，是一种独立的法律实体，只适用于从事长期或永久性的公益活动，并不适宜短期公益活动，而公益信托适用于长期和短期的公益事业。[②] 慈善信托相比"基金会"等慈善组织则更具明显优势，不但没有原始基金的限制，委托人数目、财产金额均不受限制，且允许追加信托财产、增加委托人。在设立程序上，慈善信托经民政部门备案即可设立，流程简便。

资源类国有资产公益信托，根据信托财产的不同、公益目的的不同，可能有长期或永久性的生态价值保护，也可能出现短期的灾害救济，因此，公益（慈善）信托也更适于发挥作用。

3. 对受托人的资格与义务要求较高，监督体系科学、合理，有利于公益目的的实现

一方面，《中华人民共和国信托法》规定公益信托受托人负有非常具体、详细、高度的谨慎、忠实义务，较之基金会工作人员的善良管理义务要求高出许多。另一方面，在我国的公益组织并不发达的阶段，公益（慈善）信托的受托人还可以选择具有丰富信托经营经验的信托公司。根据《信托公司管

[①] 赵磊；崔利宏：《基金会与公益信托关系探析——兼论公益事业组织形式的选择》，《西南民族大学学报：人文社会科学版》，2008 年，第 9 期，第 22—30 期。
[②] 周小明：《财产权的革新——信托法论》，贵阳：贵州人民出版社，1995 年，第 135 页。

理办法》第十七条的规定，信托公司可以担任公益信托的受托人。虽然《中华人民共和国信托法》的公益信托中并未赋予受益人监督权，但《慈善法》赋予了慈善信托监察人对受托人行为监督的权利，受托人违反信托义务或难以履行职责的情形下，监察人有权向法院提起诉讼。此外，公益信托受益人亦享有监督受托人的权利，只是受益人在顺利接受信托收益时，这一权利是潜在的，没有表面化。只是受益人众多，难于保护自己的利益，受益人的权利也转移到信托监察人名下，但并不表示受益人丧失了监督权。因此，来自公益信托的委托人、信托监察人、受益人等信托法律关系当事人的监督，以及公益事业管理机构对公益信托在登记、运行以及终止阶段的外部监督，为公益信托的良好运行提供了保障。

4. 公益信托的近似原则有效减低了公益信托的交易成本

公益（慈善）信托的近似原则是英美信托法关于公益信托的一个重要原则，法院通过近似原则，对无法执行的信托或信托目的无法实现，信托终止，信托收益和信托财产原物用于法院认为适当的、可以实现委托人一般公益的目的。[①]

《中华人民共和国信托法》第六十九条和第七十二条、《慈善法》第二十九条和《慈善信托管理办法》第四十三条都承认了公益信托的近似原则。因此，资源类国有资产公益信托终止后，信托财产原物及其收益可以用于其他类似的公益目的，减少了信托终止后的权利转移、重新设立信托等交易成本。

---

① Posnr Richard A. : *Econmic Analysis of Law*, New York : Aspen Law & Business, 2002, p.556.

5.资源类国有资产收益的公益(慈善)信托,有利于提高社会福利,缓解资源类国有资产开发利用中的社会矛盾

资源类国有资产,尤其是能源类和稀有金属类的资产,带来的高额收益,使得目前我国偷采、违章开采、非法用工等现象屡禁不止,由此引发的社会矛盾和问题也愈发激烈。笔者认为,通过资源类国有资产收益的公益(慈善)信托,将部分矿产资源收入,[①]信托给"公益信托基金",通过受托人的运营实现信托财产的保值增值,将矿区和附近地区的居民作为受益人,以现金或投入基础设施建设等多种形式,让受益人获取矿产收益。由此,在提高社会福利的同时,矿区及附近居民成为非法采矿工的意愿降低、为了维护自己的信托收益更倾向于举报和制止非法采矿,从而有效缓解日益尖锐的社会矛盾。

三、资源类国有资产信托运营与相关运营方式的辨析和比较优势

(一)资源类国有资产使用权信托与传统债权经营方式的辨析和比较优势

我国资源类国有资产传统的"债权经营"模式,如使用权出让和转让、租赁经营、承包经营等,是行政相对人通过债权合同从国家手中获得的具有他物权性质的用益权。[②]资源类国有资产使用权信托经营与"债权经营",都以资源类国有资产的用益权为标的,此为二者相近之处。资源类资产债权经营中,相对人通过债权合同从国家手中获得的具有他物权性质的用益权;而信托运营中,受托人从委托人(国家、自然人或企业组织等)手中获得的可以是用益权,也可以是用益权中的某一个或某些权利。但两者差别还是非常明显:

第一,法律关系主体不同。在资源类资产的债权经营法律关系中,只有

---

① 我国目前的这部分收入主要是:矿产资源补偿费、探矿权采矿权使用费和探矿权采矿权价款收入。参见《财政部、国土资源部关于将矿产资源专项收入统筹安排使用的通知》的规定。

② 崔建远:《准物权研究》,北京:法律出版社,2003年,第19页。

双方当事人。而在信托运营中，除了委托人和受托人外，还有受益人这一重要的信托主体。资源类资产债权经营中一般由国土资源和其他自然资源主管部门代表国家行使所有者权利。而在信托运营中，委托人一般是由资源类国有资产管理委员会代表国家行使出资人权利。明确和统一的资源类国有资产管理委员会，避免了各行政主体履行国家所有权（出资人权利）的公权力推诿、争夺等冲突和矛盾，有效区分了国家所有权的民事主体与政府公权力的行政主体。

第二，长期性和稳定性不同。资源类资产债权经营中，作为出租人的国家一般可以基于公共利益的需要收回资源类资产的使用权，缺乏稳定性，客观上并不利于经营周期长的资源类国有资产经营。而在信托运营中，委托人在信托合同期间届满前，除非约定解除的事由或特定的其他事由的发生，委托人不得撤销信托，即使信托期间届满，信托也并不当然解除和终止，如资源类国有资产公益信托还可以用于近似的公益目的。而债权经营人不得对抗合同双方当事人的债权人。同时，在资源类国有资产信托运营期间，信托财产具有独立性，委托人、受益人和信托人的债权人不得追及信托财产，除非是因为信托运营中基于信托财产本身发生的债务负担。[①] 相比之下，信托适合资源类国有资产（生态）经营周期长的稳定经营需求。

第三，标的物（权利）的独立性差异。资源类资产债权经营中，国有资源类资产的使用权人获得的权利不得对抗合同双方当事人的债权人。而在信托运营中，信托财产具有独立性，除信托债务外，委托人、受益人和信托人的债权人不得追及信托财产。

第四，交易成本不同。资源类国有资产信托通过信托同时完成了所有权分离、国家获得信托收益、财产管理、融资等职能。而资源类国有资产债权

---

① 倪受彬：《国有资本信托运营法律问题研究（博士学位论文）》，华东政法学院，2005 年，第 35 页。

经营则不同，在完成了所有权分离、国家获得所有权收益、债权经营人财产管理等职能后，融资则需要通过传统的银行贷款等融资方式进行，资源类国有资产经营的长期性使得贷款的难度也日益加大。相比之下，资源类国有资产信托则具有融资和经营结合的高效性，节约了资源类国有资产经营中的交易成本。

第五，使用权实现方式的多样化程度不同。资源类国有资产使用权信托可以是私益信托和公益信托，借助信托这一工具，资源类国有资产使用权实现方式和目的，均可以灵活多样。而资源类国有资产债权经营，则只是以营利为目的，即使有公益目的只能在生产经营中附带实现，使用权的实现方式和目的都相对单一。

（二）资源类国有资产信托与委托代理方式的辨析和比较优势

在现代社会的发展中，为实现财产的有效利用而分割所有权，且往往只有在产权能分割的情况下，财产的各种要素才能得到最有效的利用。[1]分割了所有权中的收益权和（占有使用）处分权的委托代理制度和信托制度，适用资源类国有资产的经营，也都可以发挥相似的作用。例如，利用代理人的专业技能从事经营活动，提高效率，并降低了交易成本，在资源类国有资产的运营中实现"政企分开"。委托代理也是一个经济学概念，被用于处理公司股东和公司经理之间的关系，激励一方当事人为另一方当事人的最大利益行事。[2]委托代理由公司法等法律规范调整，即成为一个法学概念，旨在实现所有权和经营权分离的有效运营，同时也被广泛用于解释信赖关系。有学者认

---

[1] 覃有土、陈雪萍：《知识产权信托：知识产权运作机制》，法学论坛，2006年，第1期，第40–46页。
[2] Frankel Tarmar.: *Fiduciary Law, Califonia Law Review*, 1983, 71（3）: pp.34–89; Glacha M ichel., Brousseau Eric.: *The Economics of Contracts: Theories and Applications*, New York: Cambridge University Press, 2002, p.11.

为，国有资产管理机构通过委托代理制度，将国有资产委托给经营机构，经营机构通过不同形式，将国有资产使用权、经营权委托人给基层国有资产经营单位，基层经营单位作为代理人，即基层经营单位为代理人，国有资产管理机构为被代理人。持有这种观点的学者提出，我国国有资产管理体制的改革目标模式应为市场型的委托代理制。[①]正如我国近十年来不断发展的国有企业，包括资源类国有企业的"股权托管"方式一样，正是引入了"委托代理"这一工具，实现"国有股转让"的过渡和委托管理。这一托管制度适用《中华人民共和国民法通则》和《中华人民共和国合同法》关于委托代理的相关规定，在法律关系主体上，只有代理人（托管人）和被代理人（委托人）两个主体，表现为双边信用关系。

在英美法系中，委托代理关系通常也被认为是一种信赖关系。代理人和信托关系中的受托人一样，代理人在信赖义务的责任下，也负有具体的信赖义务。正如《美国代理法重述》中写道："代理人在所有与其代理相关的事务中，对本人负有仅为其利益行事的义务。"[②]然而，代理制度也有其不足和缺陷，如代理环节过多，代理成本过高等。[③]在这一点上，资源类国有资产的信托运营相比委托代理制度也有一定的优势，并让两者区分开来：

第一，两者的法律关系主体不同。正如前文所述，在委托代理法律关系中，仅出现了两个法律关系主体；而信托法律关系则有三方主体，即委托人、受托人和受益人。这对于资源类国有股权的行使而言，相当重要，受托人的

---

① 向晓梅：《国有资产产权代理制研究》，成都：四川大学出版社，1997年，第89页；孙伯良：《市场契约论》，上海：生活·读书·新知三联书店，2002年，第232页；屈茂辉：《中国国有资产法研究》，北京：人民法院出版社，2002年，第112页。

② Smith D., Gordon. : *The Critical Resource Theory of Fiduciary Duty*, Vanderbilt Law Review, 2002, 55 (2): pp.1399–1526.

③ Jensen Michael C., Meckling William H. : *Theory of the Firm: Managerial Behavior, Agency Cost and Ownership Structure*, The Journal of Financial Economics, 1976, 3 (4): pp.305–360.

出现，解决了在委托代理理论中一直困扰的"主体缺位"问题，名义上的所有者无法人格化，难以真正关心国有资产的运营；信托受托人的出现，让资源类国有资产所有者即委托人从"无能"的局面中摆脱出来，由"财政部门"担任的受益人，专注于资源类国有股权的收益，专业化、人格化，顺利厘清、解决了代理制度无法解决的问题。①

第二，受信任者对财产的控制权限不同。代理制度中，授权委托书需载明代理人的姓名或者名称、代理事项、权限和期限，并有委托人签名或者盖章；委托书授权不明的，被代理人应当向第三人承担民事责任，代理人负有连带责任。②信托受托人遵守信托文件的规定、按照信托目的，享有充分的自由裁量权，委托人也可以赋予受托人在法定权利以外的权利。受托人因此比代理人享有更多的自由裁量权，信托制度也为受托人提供了更多的弹性空间，受托人相对于代理人，更好地实现摆脱行政干预，也更灵活地应对资源类国有资本运营中的自然和生态风险（如自然灾害等）、市场风险以及政策风险等复杂环境。正因如此，信托机制相较代理制度，也更好地阻止政府和国家权力机构干预资源类国有股权的行使。

第三，两者的财产所有权归属和独立性不同。委托代理中，财产所有权由被代理人掌握；而信托财产的所有权由受托人所有。因此，代理的财产权利与利益均归属被代理人，代理行为的法律效果也归属被代理人，被代理人的债权人可以对该财产主张权利而导致代理的目的无法实现。而信托财产的独立性及破产隔离机制更利于实现信托目的，可以在受托人与各自的债权人之间建立破产、债权追索的屏障，防止受托人财务状况恶化、破产对资源类国有资产的消极影响。此外，资源类国有资产信托的受托人，

---

① 席月民：《国有资产信托法研究》，北京：中国法制出版社，2008年，第138-139页。
② 张军建：《信托法视角下的"合作托管造林"》，《河南省政法管理干部学院学报》，2008年，第2期，第55-62页。

以自己的名义从事管理经营活动,权限广泛并承担法律后果。[1]

第四,信托受益人和被代理人的救济权不同。信托制度中的受益人享有追踪权,更好地保障了受益人的利益。信托赋予了职业受托人更多的自由裁量权,信托的"代理成本"也有增加的可能,即受益人权益被侵害的可能性也随之提高。但是信托在可以受托人义务的同时,更赋予了受益人"追踪权",即一旦资源类国有资产信托的受托人将信托财产另作他用,受益人可以追及至该资产和资金。[2] 在代理制度中,代理人没有破产时,其违反委托书处分财产,被代理人可以要求损害赔偿或终止代理关系;一旦代理人破产,代理人的自有财产与代理财产混合,被代理人仅仅是代理人的债权人之一,债权也难于实现。可见,受益人对信托财产的追及力是极为强大的,信托财产受到严格的独立性保障而自成运作体系,受益人对于信托财产利益的实现也受到强大的追踪权的额外保障,信托法制在受益人与第三人间平衡点极为倾向受益人。因相比委托代理制度,信托制度更有利于受益人利益的保护和实现。

第五,两者的功能不同。委托人代理中,扩张功能是基本价值所在,通过代理人的经营管理扩张被代理人从事民事活动的范围,使被代理人借助代理人的活动范围、专业技能等更好地实现自己的权利。而信托除了与代理人相近的扩张和财产管理功能外,许多功能是代理所不具备的,融资将产业资本与金融资本结合的功能,就是在信托原始的财产管理功能中衍生出来的,对于资源类国有资产而言,信托的这种功能,比委托代理制度有更大的作用和发挥空间。

第六,两者的稳定性和连续性不同。我国现有上市公司中的"股权托管"

---

[1] 张军建:《信托法视角下的"合作托管造林"》,《河南省政法管理干部学院学报》,2008年,第2期,第55-62页。

[2] 覃有土、陈雪萍:《知识产权信托:知识产权运作机制》,《法学论坛》,2006年,第1期,第40-46页。

大多发生在国有企业中,以国有资产管理委员会或财政部门作为委托人,且大多作为国有股权转让的过渡手段。这一托管行为巧妙地基于"委托代理"制度而产生,却因为"委托代理"制度本身的局限性,"转让"的目的与"将国家作为受益人利益而管理"的手段相背离,使得我国的国家股权托管制度存在"短期行为"的问题。以"股权转让"为目的的托管人也源于国家股权转让协议获得批准的不确定性,可能怠于形式股东权利、也可能攫取"短期利益",如恶意重组、转移、掏空上市公司资产。[①] 在 PT 闽闽东的股权托管案例中,托管人掏空公司、掠夺中小股东权益的结果,足以警醒股权托管的企业。[②]

如前所述,信托制度作为长期管理财产的一种制度工具,不因政府部门职能、领导人及受托人的更迭而影响资源类国有股权信托的存续。管理型的股权信托,以受益人利益为管理和处分股权的出发点和目的,并受到受托人谨慎、忠实,乃至信托合同所约定的其他义务的严格约束。受托人以自己的名义持有国家股权,也受到《中华人民共和国公司法》等法律规范的约束和制约,均有利于股权信托目的的实现和国家利益的实现。应该说,管理型的资源类国有股权信托,恰好满足了更看重长期收益的国家股权行使的需要,作为财产管理制度的信托具有的连续性和长期性更适用于资源类国有股权的行使。[③]

---

① 慕丹:《国家股权信托制度研究(硕士学位论文)》,中国政法大学,2008 年,第 9-10 页;刘东辉:《我国上市公司股权托管于公司控制研究》,北京:中国金融出版社,2009 年,第 135-143 页。

② 2001 年 PT 闽闽东将国家股托管给福建德亚集团,托管期间,德亚"托而不管",关联交易不予披露,通过各种手段将国有资产转移到德亚的关联方手中,从而掏空国有资产。国有股东缺位导致的内部人控制,是这一"掏空"行为的根源。资料来源于朱中伟:《政府参与:PT 闽闽东死而复生》,《证券时报》,2002 年 6 月 28 日;刘东辉:《我国上市公司股权托管与公司控制研究》,北京:中国金融出版社,2009 年,第 135-137 页。

③ 慕丹:《国家股权信托制度研究(硕士学位论文)》,中国政法大学,2008 年,第 20 页。

（三）资源类国有资产信托与其他运营方式的协调发展

资源类国有资产信托运营是资源类国有资产经营管理中的一种经营方式，尽管信托可以广泛运用于经营性和非经营性的国有资产，但是并不意味着传统的债权经营、有偿许可取得，甚至委托代理等制度就不能适用。例如，经营性的国有资产中，有一部分是不具有竞争性的资产，如水资源等。这部分资产是国家出于垄断和优化产业结构等目的，出资兴办国有企业所投入生产的资源类国有资本。这些资本虽然在经营中会增值、虽然也服从市场规律和规则，但是增值并非根本目的，政府对其具有更强的约束力，是政府参与经济、调解产业结构的调节器，属于公权力管制经济的范畴，在其性质上可以适用委托代理制度解决经营者的授权问题，保证公权力对这部分资源类国有资产的有效控制和产业政策的实现。[①] 此外，市场化程度较低、市场运营规模小的如野生动植物资源等经营，目前运营良好，也可以继续适用目前的债权经营或许可经营模式。

本章小结

由于我国实行自然资源国家所有制，因此资源类国有资产的数量庞大。立足于我国的社会经济实践，谨慎创新显得尤为重要。改革开放以前，我国对资源类国有资产实行统一划拨调配，并不通过市场运营，市场化程度相当低。改革开放以后，实现了资源类国有资产经营方式的多样化，如土地使用权出让、林地承包租赁经营等控制所有权与收入所有权分离的模式，实现了控制所有权的市场化经营。但是，由于资源类国有资产经营体制的历史沿革、

---

① 席月民：《国有资产信托法研究》，北京：中国法制出版社，2008年，第148-149页。

行政权力介入、竞争文化因素、体制因素等原因而表现出市场化程度不高。加之我国长期以来受传统观念的影响，忽略了自然资源的价值，不少土地等自然资源无偿划拨给国有企业，客观上造成了资源类国有资产的浪费和流失，国家从资源类国有资产市场经营中获取的所有权收益也无法兑现。而且，由于资源类国有资产的公共产品和准公共产品属性，关乎环境和生态的平衡和稳定，使得资源类国有资产在市场运作中束手束脚、难以放开步伐。资源类国有资产在我国的国民经济、社会和生态环境中具有举足轻重的作用，但其活力发挥得还不够充分。资源类国有资产通过市场运营实现其公共产品和准公共产品的属性，是国家公益事业和福利事业探讨的题中要义。

资源类国有资产是否适合信托运营，这是一个颇值得商榷的问题。由于自然资源作为信托财产，在信托财产所有权问题上怎样维持国家所有权，如何做出制度性安排。笔者认为，实际上资源类国有资产的使用权等控制所有权的市场化早已实践多年，控制所有权的私人享有并不否认国家对资源类国有资产的所有权，且自然人和法人组织获取自然资源使用权，实际也获取了自然资源占有、使用、有限处分的权利，经营过程中的短期性，不妨通过行政监管和司法救济予以规制。

资源类国有资产的市场化运营、经营模式的多样化，是我国公有制实现形式多样化的必然选择，也是公有制获取强大的市场竞争力和活力的必要途径。资源类国有资产是生产要素之一，盈利是其存在的根本价值体现。资源类国有资产又是社会的公共产品和准公共产品，社会公益和整体福利水平是其追求的重要价值目标之一。通过信托机制的设计，谋求资源类国有资产市场经营、公益服务效用的最大化，是资源类国有资产信托运营制度建立的根本目的和价值追求。此外，资源类国有资产的信托运营，并不会危及国家所有权及生态环境的保护。

第二章 资源类国有资产信托运营的学理探析

在世界范围内盛行的商业信托（金融信托），正得益于信托的制度性特征，包括宽松的法律调整环境、受托人的信赖义务以及所有权制度。[1]传统大陆法系国家的法律体系中没有信托法律制度，不少经济和金融发达的大陆法系国家在相当长的时间里试图从现有的法律体系中选择其他法律概念，或通过司法解释移植或创设类似信托的法律关系，但几乎所有的模式都不能取代信托法律关系的独到之处。[2]于是许多大陆法系的国家或地区陆续引进信托制度，因为对于专业投资基金法律形态的需求。[3]本章将在我国现有的信托法理基础上、法理制度框架内找到合适的支点，进行详细分析和论述资源类国有资产信托的类型、资源类国有资产信托的信托财产、资源类国有资产信托法律关系。

---

[1] Flannigan Rober: *Business Applications of the Express Trust*, Alberta Law Review, 1998, 26（7）: pp.630–655.
[2] 王文宇:《民商法理论与经济分析》，北京：中国政法大学出版社，2004年，第215页。
[3] 谢哲胜:《财产法专题研究（三）》，北京：中国人民大学出版社，2004年，第93页。

第一节 资源类国有资产信托的分类

在大陆法系信托法理中,根据信托产生的原因、设定的目的、管理的方法、委托人和受益人的不同,信托可以有多种分类标准,如:根据信托设立方式不同,可以分为合同信托和遗嘱信托;根据信托目的不同,可以分为公益信托和私益信托;根据信托利益归属不同,可以分为他益信托和自益信托;根据信托财产管理方法不同,可以分为管理信托和处分信托等。笔者将资源类国有资产信托,基于信托目的是为特定受益人,还是为了不特定社会公众利益的不同目的,分类为资源类国有资产私益信托和资源类国有资产公益信托。

一、资源类国有资产私益信托

私益信托是指为了某个或某些特定个人的利益而设立的信托。资源类国有资产信托中,信托的目的是国家利益的,换句话说,是国家作为民事主体的利益,是资源类国有资产私益信托;信托目的是投资者的投资收益,投资对象是资源类国有资产开发利用,也是资源类国有资产私益信托。因此,资源类国有资产私益信托中,包括资源类国有资产证券化和投资信托[①]及资源类

---

① 值得一提的是,资源类国有资产证券化和投资信托并非只有信托一种模式,特殊目的的公司,甚至合伙,都可以成为证券化的管道,但是笔者认为仅仅引入了信托机制的经验,在资源类国有资产证券化和投资信托的初始阶段,基于信托机制特有的风险隔离和灵活性功能,相比公司制更易于操作,也利于减少立法成本,譬如避免影响公司法制的契合。此外,信托也是国际上实现资产证券化应用最广泛的典型模式。当然,我国资产证券化业务中也由证券公司担任 SPT,引入特殊目的的公司作为管道。在资源类国有资产证券化和投资信托发展的成熟阶段,公司制,甚至合伙,都可能成为有价值的管道。

国有股权信托。

资源类国有资产私益信托可分为自益信托和他益信托：自益信托是信托的委托人即受益人的情形；而他益信托则指受益人并非委托人，而是委托人指定的他人。资源类国有资产证券化和投资信托中，投资者既是委托人又是受益人的，是为私益信托中的自益信托。资源类国有股权信托的受益人和委托人都是国家，是自益信托。而委托人是国家、受益人是投资者的，是为他益信托。

此外，根据信托标的物（即信托财产）的不同，也可以分类为金融类信托（信托融资）、非金融类资产信托。以资金、国债、证券、社保基金等货币符号表示的信托财产为标的的是金融类信托。而以有形实体为信托财产的是非金融类信托。资源类国有资产投资信托是金融类信托；资源类国有资产证券化、资源类国有股权信托则是非金融类信托。

目前，《中华人民共和国信托法》对营业信托并未做出明确的界定。结合各国对营业信托的立法成例及法理观点，笔者认为，判断营业信托（或称商事信托）的标准不外乎以下三种：标准一，以受托人的身份进行判断，即以受托人是否为专业的信托经营机构为标准，确定其从事的信托事务是否为营业信托；标准二，以是否具有盈利目的进行判断，即凡是旨在收取报酬的信托，皆属于营业信托；标准三，以是否以信托为业进行判断。[1] 笔者倾向于第二种标准，即"旨在收取报酬"进行判断。因此资源类国有资产私益信托中，无论是特殊目的的信托、信托公司、国有资产经营管理公司、信托基金组织作为受托人，还是其他企业、法人组织作为受托人的，只要受托人收取信托报酬的，都应视为营业信托。

---

[1] Schwaecz Steve L.: *Commercial Trusts as Business Organizations Unraveling the Mystery*, *The Business Lawyer*, 2003, 58（2）: pp.559–585.

二、资源类国有资产公益（慈善）信托

公益信托是为了公共利益目的，使整个社会或社会公众的一个显著重要部分受益而设立的信托。具体而言，是为了救济穷人或救助老弱病残，发展科技教育、文化艺术、医疗卫生、环境保护等社会公益事业，依法设立的信托。公益信托通常由委托人捐献或提供一定的财产设立，由受托人管理并将信托财产用于信托文件指定的公益目的。[①] 目前各国的公益（慈善）信托主要有以下两类：1.根据信托财产的运营方式不同，有的公益信托允许动用信托财产的本金和收益，有的则要求维持本金，只能运用信托财产的收益。2.按照信托的目的不同，一般公益信托的信托目的是一般性的公益、慈善；特定公益信托的信托目的限于某一项或者某些特定的公益目的。

资源类国有资产公益信托，是以非经营性资源类国有资产中的公益性资源类国有资产的使用权、经营性国有资产收益作为信托财产，为公共利益的目的设立信托，而形成资源类国有资产公益信托。根据信托财产的不同，资源类国有资产公益信托还可以分为资源类国有资产公益信托基金和资源类国有资产使用权公益信托。

资源类国有资产公益信托基金是金融信托，以经营性资源类国有资产的收益为信托财产。信托财产的运用可以由委托人自行约定，可以允许运用信托财产的本金和收益，或维持本金，只能运用信托财产的收益。其公益信托目的是特定的公益目的，主要是环境资源治理修复、环境难民的扶助、特定自然灾害救济、社会福利的改善等。

资源类国有资产使用权公益信托属于非金融类信托，以资源类国有资产的使用权为信托财产。信托财产的运营方式，是保留资源类国有资产的

---

① 何宝玉：《信托法原理研究》，北京：中国政法大学出版社，2005年，第319页。

生态原貌和使用权归属，只能运用信托财产的收益。[①] 其公益信托的信托目的，是对生态环境和历史文化遗址原貌的保持、恢复。资源类国有资产使用权公益信托，实际上是国内一些学者所定义的"环境信托"，即委托人将特定的环境资源信托给具有环境生态保护能力的受托人，由其进行经营管理，产生的利益归不特定的社会公众共同享有。[②] 本书所讨论的"资源类国有资产使用权公益信托"并不同等于自然资源公共信托，自然资源公共信托的概念源于萨克斯教授1970年的论文《自然资源法中的公共信托理论：有效的司法干预》，是指将自然资源作为信托财产、以全体美国人为委托人和受益人、以美国政府为受托人、以环境资源的可持续利用为目的设立的一种信托。[③] 二者的区别主要体现在：公共信托的委托人和受益人都是全体公民，而资源类国有资产公益信托的委托人是国家，受益人是不特定的社会公众。

三、资源类国有资产信托业务和产品的创新

信托实务应用上的一个显著特点就是具有高度的灵活性，体现在信托目的和产品的多样化上，如何充分发挥信托制度的财产管理和融资的功能优势，为各类信托目的在货币、资本、产业市场之间演绎借鸡生蛋的"神话"，关键在于资源类国有资产信托业务的不断创新。因此，上述资源类国有资产私益信托、公益信托、金融信托、管理型股权信托等，并不能囊括未来资源类国有资产信托的所有类型。当然，他们也并非长久的并列关系，通过巧妙

[①] 包括给予受益人精神和生态方面的收益，如参观、游览等；也包括利用信托财产经营的收益，如开办纪念品商店、收取旅游参观门票的收入。

[②] 吴宜蓁、谢汉钦：《谈环境信托对环境与社会公共利益的保护》，《林业研究专讯》，2011年，第4期，第25页；文杰：《信托法专题研究》，北京：中国社会科学出版社，2012年，第139页。

[③] Sax Joseph L.: *The Public Trust Doctrine in Natural Resource Law: Effective Judicial Intervention*, *Michigan Law Review*, 1970, 68（3）: pp.417–566.

的设计，资源类国有资产信托产品和业务的融合，甚至资源类国有资产信托与其他资源类资产信托的融合[①]也值得期待。

第二节　资源类国有资产信托财产

大陆法系移植信托制度的过程中，最难以驾驭的无疑是信托财产双重所有权制度。《中华人民共和国信托法》关于信托财产的规定中，在条文的言辞上尽量回避有关信托财产所有权的归属问题，信托财产归属的悬置也在一定程度上消解了信托功能的发挥。[②]

一、资源类国有资产信托的信托财产的范畴

（一）资源类国有资产使用权

资源类国有资产使用权，包括经营性资源类国有资产、非经营性资源类国有资产中的公益性资源类国有资产的使用权。值得一提的是，非经营性资源类国有资产中的行政事业性资产的使用权，并不适于作为信托财产，因为这类资产有强烈的政府利益和排他性权利，不投入市场运营，在直接意义上也不具有公益用途，如政府大楼所占用的国有土地资源。

---

① 笔者所指，系资源类国有资产证券化与投资信托中资产重组过程中的资产多样化，可以包括资源类国有资产和资源类私有资产、资源类集体所有资产的组合。

② 盛学军：《中国信托立法缺陷及其对信托功能的消解》，王保树主编：《中国商法年刊第三卷（2003）》，西南财经大学出版社，2004年，第471页。

（二）资源类国有股权

国有股是指国家股是以国有资产向有限公司投资形成的股权，也包含国有企业向股份有限公司形式改制变更时，现有国有资产折成的股份。目前在我国许多企业（尤其是经营资源类国有资产及其相关产品的企业）的改制上市中，也以资源类国有资产开采、使用权进行出资参股，如许多国有矿山、土地被折合成股份投入上市公司中。

国有股包括国家股和国家法人股，国家股是有权代表国家进行投资的机构或部门以国有资产进行投资所形成的股份，国有法人股是国有企业以其所合法拥有的法人财产进行投资所形成的股份。[1] 本书所研究的国有股主要是指国家股，即资源类国有资产监督管理委员会作为出资人以资源类国有资产进行直接投资而形成的公司股份。原因有二：首先，由于国家股占据了国有股份很大的比例，并且多以上市公司股份的形式存在。其次，国有股的股权的行使不同于国家法人股权的行使，国有股的持有人即国家虽具有民事权利，但是不以具体的形态而存在，具有抽象性、间接性。现代企业经营中，政府作为国家的代理人行使国有股权，却可能引发政企不分、内部人控制等弊端。因此，国有股的股权行使更有必要借助信托工具（目前国有股的股权行使主要是由国资委向国有控股公司委任董事、指派监事以及选任总经理等高管的方式参与国有控股公司的管理）。[2]

国有股的股东权利简称为国有股权，实际上是国家所享有的出资人权利的一种。根据《中华人民共和国公司法》第四条的规定，股东享有从公司获取经济利益的权利、参与公司重大决策的权利、选择公司管理者的权利等三

---

[1] 具体而言，国有法人股是指具有法人资格的国有企业、事业及其他单位以其依法占用的法人资产，向独立于自己的股份公司出资形成的或依法定程序取得的股份。它也是国有股权的一个组成部分。

[2] 慕丹：《国家股权信托制度研究（硕士学位论文）》，中国政法大学，2008年，第3页。

项基本权利。因此，国有股权也就是指国家依法享有的获取资产收益和参与所投资公司治理的权利。①

实际上，我国现有的国有股权托管和股权信托中，不少是以"股权转让"的过渡阶段而引入的委托代理制度和信托制度，这种手段和目的背离的做法，只是国有资产或国有股权运作管理过程中的一个短期性的行为，并不能体现"资源类国有股权信托"的制度功能和价值，因此，本书着重研究"纯管理型"的股权信托，不涉及股权转让问题。

笔者认为，受托人以自己的名义行使股东权利，也可以享有其中的剩余索取权等财产性权利，但是受托人是为受益人的利益行使股东权利，受托人来收取相应的红利和其他收益后，必须如实入账，并定期分配给受益人；倘若委托人只信托股权中的表决权给受托人，那么委托人则继续持有资源类国有股权的财产性权利。

（三）资源类国有资产经营收益

资源类国有资产经营收益包括政府获取的资源类国有资产的所有权收益、（私营和国有从事资源类国有资产经营）企业经营利润。政府常以行政拨款的形式实现其社会公益的目的，如民政部门对灾害救济的拨款等，笔者认为，尝试以公益信托的形式，为实现政府的社会公益和社会福利目的找到了一个新的支点。

（四）信托财产的孳息和信托期间的收益

根据信托法原理，信托财产所产生的孳息、收益等也作为信托财产的一部分。因此，在资源类国有资产信托中，除非信托文件另有规定，信托财产

---

① 刘俊海：《股东权法律保护概论》，北京：人民法院出版社，1995年，第14页。

所产生的金钱收益、土地上的建筑物、林地上的培育林木、动物、其他植物和果实等均属于信托财产范畴，根据信托文件的规定，可以将信托财产的收益、孳息重新投入运营获取利润。

此外，资金也是资源类国有资产信托的信托财产之一，当然，正如前文所述，资源类国有资产信托的生命力，正在于其灵活性和创新性，因此，资源类国有资产信托财产的范畴，也会在市场运营中推陈出新，上述这些资产权利作为信托财产，并非绝对和一成不变的。

二、资源类国有资产信托的信托财产的所有权

通常认为，信托财产的双重所有权是英美法系信托制度的基石。[1] 基于普通法和衡平法双重管辖而催生的两种不同所有权，即，受托人享有普通法上的所有权，受益人享有衡平法上的所有权。[2] 国外学者研究指出，信托的典型特征并不在于普通法所有权与衡平法所有权的分野，而在于财产控制与收益的分离。[3] 但是大陆法系国家在移植信托法时，对信托财产所有权的界定，就相当困难。在大陆法系的物权观念中，无法解释"一物双权"，也无法用大陆法系的传统法律概念解释信托财产的所有权及其属性，正如霍菲尔德所指出："关于信托法的一些基本属性，如所有权等几乎承载着意想不到的含义，往往偏离严格的定义"，"用于讨论信托法的语言具有误导性"。[4] 因此，《中华人民共和国信托法》对信托财产仍旧持模糊的态度。事实上，在法国、南非等大

---

[1] Underhill, Haytion: *The Law Relating to Trusts and Trustees*, London: Butterworths, 1995, p.37.

[2] 于海涌：《英美信托财产双重所有权在中国的本土化》，北京：中国政法大学出版社，2011年，第10页。

[3] Hayton David J., Verhagen H. L. E.: *Principles of European Trust Law*, Dordrecht Kluwer Law International, 1999, pp.505-548.

[4] Hohfeld Wesley N.: *The Relationship between Equity and Law*, Michigan Law Review, 1913, 9（1）: pp.537-570.

陆法系国家的信托和立法,并没有区分双重所有权,而是将受托人或受益人作为信托财产的所有权。[①]

我国学者在借鉴各国信托立法的基础上,对"信托财产所有权"归属问题的解决,提供了多种路径选择:1.受托人享有所有权,受益权则是债权。德国、日本、韩国的立法,均采取这一做法。[②] 2.受益人享有信托财产所有权。在引入信托制度较为成功的南非,将所有权安排给受益人,信托财产由受托人管理。[③] 但是在有共同且顺位享有受益权的受益人的信托中,这一制度安排就陷入了难于适用的局面。[④] 3.信托财产所有权权能分割,委托人、受托人、受益人享有所有权中各自应有的部分。[⑤] 受托人享有占有、使用、收益和根据信托文件(信托目的)的有限处分权;受益人享有信托财产的受益权,即受托人在获取收益后,必须将收益支付给受益人,不得自己享用;信托财产一经转移,委托人与财产便没有直接关系,只有特定情形下的撤销权。三者都没有取得信托财产完整意义的所有权。受托人、受益人和委托人对信托财产是共同共有的关系,这种共同共有与民法的共同共有有实质上的区别,表现在:共有人之一的受托人,不享有实际利益,信托财产的收益归受益人

[①] 如法国贝奥尼法院认为,受托人享有信托财产所有权,虽然受益人的利益受到保护,但并不享有所有者权益。参见:Jaeger Forbes., Stormann E. : *The Trust in Switzerland-Revisted*, Journal of International Trust and Corporate Planning, 2000, 8 (3): pp.141-158.

[②] 魏曾勋、姚得璐、干春满:《信托投资总论》,重庆:西南财经大学出版社,1993年,第508页。

[③] 温世扬、冯兴俊:《论信托财产所有权——兼论我国相关立法的完善》,武汉大学学报:哲学社会科学版,2005年,第3期,第203-209页。

[④] 于海涌:《英美信托财产双重所有权在中国的本土化》,北京:中国政法大学出版社,2011年,第73页。

[⑤] 周玉华:《信托法学》,北京:中国政法大学出版社,2001年,第136页;胡光志、陈晴:《权能分割:论我国〈信托法〉之信托财产所有权》,《郑州大学学报:哲学社会科学版》,2006年,第11期,第84-88页。

所有。[①]这一路径有相当的合理性，因为英美法系的普通法所有权和衡平法所有权，都不是大陆法系理论意义上的所有权，仅仅只是具有了大陆法系语境下所有权的某些性质，在严格的罗马法的所有权意义上，受托人和受益人都不对信托财产拥有所有权，只是个人对该财产享有不同的权益。[②]然而在奉行"一物一权"的大陆法系国家，共有物尽管为二个以上民事主体所共有，但其所有权仍为完整的一个，按份共有的份额（应有部分）是就所有权予以"量"之分割的结果，此种分割不是所有权权能的分割，应有部分抽象地存在于共有物之任何微小部分上，要么按份共有，要么共同共有。而这种所谓的权能分割，并不能融入大陆法系的所有权制度中。4.信托财产作为独立主体。[③]根据加拿大魁北克省1994年《民法典》[④]的规定，有学者将信托界定为一个能独立享有权利和承担义务的法人，信托财产的所有权归信托本身。[⑤]但是将信托财产认为是法人财产的理论，也具有一定的片面性，具体表现在：委托人、受益人的地位和权利与设立法人的股东不同，股东享有剩余索取权、控制公司的经营管理活动的权利，而受益人和委托人均无法享有完整的股东权利；而受益人所享有的追击权、强制受托人履行信义义务等权利，又是股东所无

---

① 何宝玉：《信托法原理研究》，北京：中国政法大学出版社，2005年，第145页；陈雪萍、豆景俊：《信托关系中受托人权利与衡平机制研究》，北京：法律出版社，2008年，第239-240页。

② F. H. 劳森、B. 拉登：《财产法》，施天涛、梅慎实、孔祥俊译，北京：中国大百科全书出版社，1998年，第100页。

③ 持这一观点的学者有，柳经纬：《信托法》，厦门：厦门大学出版社，2004年，第46-47页；徐孟洲：《信托法学》，北京：中国金融出版社.2004年，第98-99页。

④ 加拿大魁北克省保留了法国法的大陆法系传统。

⑤ 加拿大魁北克省《民法典（1260-1261）》第1261条规定，信托财团由转移于信托的财产组成，构成具有目的的、独立的并与信托人、受托人或受益人的财产相区分的财产，上述人对此等财产不享有任何物权。第1278条规定，受托人对财产享有的既不是所有权亦不是某些一般的民事权利，而在本质上是一些权力，即他对信托财产拥有管理的权力。参见孙建江、郭站红、朱亚芬译：《魁北克民法典》，北京：中国人民大学出版社，2005年，第160页。

法享有的；此外，信托的设立十分灵活，契约、遗嘱、宣言等都可以成立信托，信托设立后，增加信托财产、改变经营方式都很灵活机动；而作为独立法人，其设立需要符合一定的条件，还要具备登记等程序要件，因此，一旦将信托视为法人，信托的灵活性也随之丧失。①

笔者认为，信托财产的所有权应归属受托人。究其原因，主要有以下三点：其一，受托人享有了信托财产所有权的实质内容，受托人对信托财产的占有权、使用权、处分权的享有是毋庸置疑的，所有权中的受益权，也是由受益人享有。受托人享有收取信托财产孳息的权利，并享有向交易相对人追讨收益的诉权，但他在取得利益后，必须将信托收益支付给受益人。受益人享有信托受益权，而受托人享有信托财产的受益权，二者的区别，在资源类国有资产信托中也能找到佐证。例如，以资源类国有资产使用权信托，用于出租，受托人收取了租金（即收益），但是由于扣除了相关成本后，没有盈余，受益人因此也没有得到信托受益。可见，信托财产有收益且为受托人所有，但受益人却没有获得信托受益，尽管其享有受益权。其二，受托人享有所有权，则不动产办理的财产登记和公示状态与实际权利状态相符，有利于维护交易秩序安全。其三，受托人享有所有权，有利于发挥信托的灵活性弹性，更有利于受托人独立管理和运作资源类国有资产，实现"政企分开"。②但是，信托这一移植来的制度，要在法理上实现与大陆法系的融合，就不得不革新和创新传统的民法法理，因此信托法应作为民事特别法，民法体系中的所有权规定在有所变通、做出例外规定后才能适应信托法的信托财产所有权需要，其中最重要的就是信托财产的独立性的规定。此外，还可以借鉴传

---

① 于海涌：《英美信托财产双重所有权在中国的本土化》，北京：中国政法大学出版社，2011年，第77-78页。

② 于海涌：《英美信托财产双重所有权在中国的本土化》，北京：中国政法大学出版社，2011年，第254-255页。

统英美信托法原理中的"反永久规则",抵制个人将财产无限期信托,以增强财产的流动性,为金融企业提供更多的资金来源。[①]

资源类国有资产信托运营中,以使用权和出资人权利(股权)等资产权利(包括衍生权利)为信托财产的,并不涉及资源类国有资产所有权的转移,仅涉及资金(金钱)、资源类国有资产使用权、出资人权利(股权)的转移。但是,信托财产的所有权不明,并不利于受托人的法律地位的确立,受托人没有"以自己名义、根据信托目的或信托文件的规定,独立处分信托财产"的法律依据。笔者认为,委托人在设立信托后就丧失了对信托财产的全部物权性权利,除了特定情形下的撤销权或信托文件的另行规定,委托人也不得保留对信托财产的控制和处分权,委托人应将其对财产的全部权利(除收益权外),转移给受托人,包括:使用权中对资源类国有资产占有、使用和有限处分的权利;资源类国有股东的依法享有对国有资产参与重大决策和选聘经营管理者、监督经营者等权利;受益人享有使用权和出资人权利的收益。

三、资源类国有资产信托的信托财产的独立性

无论采取哪种信托财产所有权模式,大陆法系国家和地区的信托立法都从多个方面对信托财产的独立性作了具体规定。[②]

信托财产独立性主要是指信托财产为信托目的的实现而独立存在,与信托法律关系的参与人(当事人)自有财产相分离,并隔离与当事人的债权人。[③]信托财产应独立于受托人自有财产,是适用"破产隔离原则"的前提,目的在于保护受益人的受益权和财产的安全,同时也保障受托人在合法运营

---

① Perpetuities and Accumulations Act (1964). Section3\4\5. See Gary Watt, Briefcase on Equity & Trusts [M].武汉:武汉大学出版社,2004.114.

② 何宝玉:《信托法原理研究》,北京:中国政法大学出版社,2005年,第160页。

③ Pettit Philip H.: *Equity and the Law of Trust*, London: Butterworths, 1993, p.2.

信托所发生债权债务的担保。① 正如海顿所说："在一个没有普通法财产权利益和衡平法财产权利益之区别的司法制度中，正是因为有独立财产的概念并通过该概念的运作，使独立财产中具有特殊利益的人得到了保护，从而在债权人利益和受益人利益之间保持了平衡。"② 资源类国有资产信托财产的独立性具体表现在：

信托一旦合法设立，信托财产与委托人未设立信托的其他财产相区别，也与受托人的固有财产相区别。

（一）信托财产与委托人未设立信托的其他财产相区别

资源类国有资产信托设立后，信托财产从委托人的财产中分离出来，所有权也转移到受托人手中。《中华人民共和国信托法》第十五条即阐明了信托财产与委托人未设立信托的其他财产相区别。

（二）信托财产与受托人的固有财产和其他信托财产相区别

信托财产虽然是受托人所有，但是必须和受托人的固有财产、其他信托财产相区别，由于信托财产的管理和处分，必须受信托目的的制约，受托人不能像处分自己的固有财产一样自主管理和处分。

1. 受托人破产时不列入清算财产

资源类国有资产信托财产不能列入受托人的破产财产，受托人的个人债务，与信托目的无关，不能以信托财产清偿。对此，韩国《信托法》第22条规定"除属于受托人的自有财产外，信托财产不构成受托人的破产财团"。《中华人民共和国信托法》第十六条第二款也规定"受托人被宣告破产而终止

---

① 倪受彬：《国有资本信托运营法律问题研究（博士学位论文）》，华东政法学院，2005年，第79页。
② Hayton David. : *Modern International Developments in Trust Law*, Boston : Wolters Kluwer Law & Business, 1999, p.234.

的，信托财产不属于其遗产或者清算财产。"

2. 独立于强制执行的财产

《中华人民共和国信托法》第十七条明确规定："除因下列情形之一外，信托财产不得强制执行：（一）设立信托前债权人已对该信托财产享有优先受偿的权利，并依法行使该权利的；（二）受托人处理信托事务所产生债务，债权人要求清偿该债务的；（三）信托财产本身应担负的税款；（四）法律规定的其他情形。对于违反前款规定而强制执行信托财产，委托人、受托人或者受益人有权向人民法院提出异议。"可见，资源类国有资产信托财产独立于强制执行的财产。[1]

资源类国有资产信托设立后，委托人把财产移转给受托人，信托财产的独立性让信托财产独立于委托人的财产以外，委托人的债权人不能查封拍卖信托财产；如果信托行为害及（信托成立前已存在的）债权，债权人有撤销信托、追及信托财产的权利，但须是在进行信托移转之后，委托人的财产不足以清偿债权人的债权的情形下。信托成立前存在于信托财产上的优先受偿权利（如抵押权），债权人有权申请强制执行。资源类国有资产私益信托一般都是自益信托，委托人享有受益权，经过债权人同意，可以以受益权偿还其到期债务；如果受益人的受益权足够清偿债权人的债权，原则上不视为侵害其他债权人的债权，这种情况下其他债权人不能行使对信托的撤销权。如果债权人要申请强制执行信托财产，只能是要求委托人以受益人的身份通知受托人终止信托，以包括信托收益在内的信托财产归还债权人。[2]

3. 抵销的禁止

抵销是双方相互负有同种类的债务，将两项债务相互充抵。这是一种债

---

[1] 法定的例外一般在于：因处理信托事务所生的义务或信托前已存在于信托财产之上的权利。
[2] 张军建：《信托法基础理论研究》，北京：中国财政经济出版社，2009年，第146-147页。

务履行的简化，实质上导致两个债权债务关系的消灭。《中华人民共和国信托法》第十八条规定，受托人管理运用、处分信托财产所产生的债权，不得与其固有财产产生的债务相抵销。由于信托财产实际上并非受托人的自有财产，资源类国有资产信托财产产生的债权与受托人自有财产的债务、受托人承担的其他信托事务产生的债务之间，债务人是受托人，但债权人却并非受托人，一旦发生抵销，即可导致信托财产和受益人的利益而遭到减损，违背了信托目的。因此，根据信托法理，信托财产独立于受托人，乃至委托人的自有财产。

此外，信托财产还独立于混同财产和继承财产。混同是两个无并存必要的物权同归于一人的事实，是物权消灭的原因之一。信托财产独立于混同财产的范围，是指当信托财产是所有权外的其他权利时，如果受托人以个人身份或者其他信托财产受托人的身份，取得该信托财产所指向的标的物的所有权时，不主张混同。[①] 虽然资源类国有资产信托财产是所有权外的其他权利，但是资源类国有资产的所有权不能让与受托人，也并不适用"独立于混同财产"（"混同之限制"）的规则。信托财产名义上虽为受托人所有，但其并非受托人的自有财产，信托财产独立于受托人财产，所以当受托人死亡时，不能将其名下的信托财产列为遗产。资源类国有资产信托的受托人只能是信托机构，而不可能某个单一的民事主体，因此也不存在继承财产的问题。

四、资源类国有资产信托的信托财产登记和公示

根据信托制度的特点，信托财产登记的基本功能应当是确认与公示，同时在一定程度上可以实现管理功能，具体表现在以下两个方面：

---

① Williston Samuel. : *The Right to Follow Trust Property When Confused with Other Property*, Harvard Law Review, 1888, 2（1）: pp.28–39.

（一）确认功能

委托人将依法需要登记的财产设立信托，应当经登记予以确认。一是确认信托财产从委托人转移给受托人，通过信托登记在法律上得到确认，使信托财产的转移具有相应的法律效力，此外确认资源类国有资产信托财产的数量和状况。二是确认受托人。通过信托登记，明确谁是受托人，从而在法律外观上表征受托人作为信托财产权利人的身份，赋予受托人行使信托管理权的依据。[①]

（二）公示功能

大陆法系信托法普遍都有相关规定：信托财产转移给受托人后，成为一项独立的财产，区别于委托人与受托人的固有财产，委托人和受托人死亡、解散、破产、撤销，不得作为其遗产或清算财产，委托人的债权人除了例外情况，也不得对其请求强制执行。此外，受托人违反信托目的、信托合同处分信托财产的，受益人有权撤销受托人的处分，受益人在一定程度上享有追击信托财产的权利。上述规定直接影响了取得该财产的善意第三人利益。因此，通过信托登记向社会公示，能够明确和表征资源类国有资产的转移、变更，以及受托人依据信托文件所享有的信托财产处分权，换言之，可以明确受托人处分信托财产是否受到限制以及受到何种限制，使第三人能够向登记机构查询，以了解信托财产及受托人的情况；了解受托人处分信托财产是否符合信托目的，维护自身利益，确保交易安全。[②]

关于信托登记公示的效力，大陆法系各国一般有信托登记公示生效主义

[①] 何宝玉：《信托登记：现实困境和理想选择》，《中国资本市场法治评论》，北京：法律出版社，2009年，第65页；陈景艳：《国有资产管理必读》，北京：社会科学文献出版社，1997年，第47页。

[②] 王利明：《民商法研究（第5辑）》，北京：法律出版社，2001年，第230–235页。

和信托登记公示对抗主义两种立法体例。① 前者是指信托只要未依法公示，就不产生信托的效力，即使在信托主要当事人之间也不发生法律效力，德国和我国均采用这种体制，如《中华人民共和国信托法》规定的"不登记不生效"的制度。后者是指信托登记公示与否，并不影响信托行为在信托主要当事人之间的效力，只影响信托的外部效力，换而言之，信托未经登记公示，不可对抗第三人；日本、韩国的"信托法"均采信托公示对抗主义，即信托财产。②

笔者认为，资源类国有资产信托中，信托财产的登记公示，不仅对交易安全维护有相当的必要性，在保护交易相对人的同时，对信托受益人权益的保护也有相当的必要性。③ 通过信托登记，明确了信托财产的确定性和独立性，向社会公开披露信托的法律事实，有利于保护第三人的利益，也在很大程度上避免了纠纷，有利于国家对资源类国有资产信托的监管。信托登记制度类似于企业国有资产产权登记制度，属于国有资产基础管理制度之一。但是，《中华人民共和国信托法》仅就信托登记作了原则规定，并未明确信托登记的程序，资源类国有资产信托财产的登记和公示也缺乏有效的法律依据。笔者认为，资源类国有资产的信托财产登记和公示制度的完善，可以从以下方面入手：

其一，应明确信托财产登记的机构。

根据我国现行的有关法律、行政法规的规定，应当进行信托登记的资源类国有资产和权利主要包括以下几类：（1）根据《中华人民共和国物权法》《中华人民共和国土地管理法》《中华人民共和国农村土地承包法》《中华人民共和国城市房地产管理法》等法律规定，国有土地使用权的取得、变更，均

---

① Bernhardt Roger. : *Property*, New York : West Publishing Co., 2003, pp.277–353.
② 日本《信托法》第3、4条。
③ Waterbury Thomas L. : *Materials on Trusts and Estates*, New York : West Publishing Co., 1986, pp.937–938.

需依法向有关行政机关登记，但登记的效力有所不同，以登记生效为原则，以登记对抗为例外。（2）根据《中华人民共和国矿产资源法》《中华人民共和国渔业法》《森中华人民共和国森林法》等法律规定，当事人就矿产资源、渔业养殖、林木等取得相关的权利以及权利的转让、变更，应当分别依照有关法律的规定办理登记手续。（3）根据《中华人民共和国公司法》《中华人民共和国证券法》的规定，公司股票、债券和特殊有价证券的转让，需办理相应的登记手续，以此类财产设立信托的应当办理相应的信托登记，其具体登记方法可以有所不同。其他法律、行政法规对财产权的取得或转让有登记规定的，以该类财产权设立信托时，也应进行信托登记。

笔者认为信托财产转移的登记、公示的方式、机构，可以与资源类国有资产的物权、担保物权登记、公示的方式、公示机构相一致。因此委托人与受托人签订信托合同后，在相应的土地、林业等行政机构办理物权登记手续，同时也完成了信托财产登记。行政登记机构应向受托人颁发权利证书，权利证书上应载明"信托财产"。以资源类国有资产使用权担保的，应根据《中华人民共和国担保法》的规定，在土地、林业等相关行政主管部门办理担保物权登记。受托人负责信托公示。比较特殊的是资源类国有资产股权信托，一方面，资源类国有资产股权应予以明确，如记载在股东名册中；另一方面，根据《中华人民共和国公司法》《中华人民共和国证券法》的规定，公司股票、债券和特殊有价证券的转让，需办理相应的登记手续，因此资源类国家股权信托有效成立涉及信托股权转移的登记程序：对上市公司而言，其国家股权转让的过户登记由中国证券登记结算有限责任公司办理，在证券交易中心登记，登记结算公司的登记信息应对外公开披露并供社会查询。未上市股份公司和有限责任公司均须通过工商变更登记。

其二，信托监管部门应明确信托财产登记和公示的程序。第一步，由委托人申请,并提交申请文件和权利证书。第二步,受理,是行政主管部门对申请受理的程序。第三步,审核,审查内容一般应包括:信托当事人的权利能力和行为能力,委托人权利是否与证书吻合,当事人的合意是否真实,信托行为内容是否合法,是否得到公益信托主管部门和资源类国有资产主管部门的审批,证明文件的真实性,申请文件和证明文件是否符合法定的形式要件;登记与颁发财产权利证书,证书上应载明"信托财产"。第四步,公示。登记完成后,可以依照信托合同的约定由受托人承担公示的义务。关于资产的债务人,可以通过在权威的公众媒体公示和邮寄信件(电子邮件)等方式,达到通知的效果。

2006年,我国首家信托登记机构——上海信托登记中心成立,该中心主要负责办理信托各项登记手续、信托登记事项的公告、依法提供外部人员查阅、信托登记事项的变更和注销等事务。在《上海信托登记中心信托登记业务守则》中规定,该中心设立"电子登记簿记录系统",提供"公众和监管机构等查询"业务。笔者认为,信托登记机构可以作为资源类国有资产信托财产登记的中介服务机构,将"有权属登记财产的信托登记与公示"[1]"无权属登记财产的信托登记与公示"[2]纳入中心业务范畴,对于"无权属登记财产"在该中心办理登记、变更和终止业务,并给予公示;对于"有权属登记财产"在当事人办理各项登记、变更和终止手续后,信托登记中心可以根据当事人的申请在中心的信息平台上提供公示服务,建立"信托登记"的书面和电子系统、提供公众查询服务。

其三,登记的内容。确定信托登记的主要内容应从实现信托登记的功能

---

[1] 按照法律、行政法规规定应当办理权属登记的财产,如房产登记管理部门负责登记的房产所有权、土地登记管理部门负责登记的土地使用权等相关财产权利。

[2] 根据《中华人民共和国信托法》规定,无须办理信托登记的相关财产,如资源类国有资产收益、投资资金等,可以由信托登记中心负责登记和公示。

需要出发，同时结合信托制度的特征，尊重信托当事人特别是委托人的意愿，不一定登记的内容越多越好。按照这个原则，根据前述信托登记的基本功能，信托登记应包括下列主要内容：信托当事人的姓名（名称）、住所（主要营业场所）和联系方式；信托财产，包括财产的范围、数量及其转移情况，财产由委托人转移给受托人之前设有抵押等法定负担的，应当注明；信托目的，登记这一项是便于第三人知悉受托人处分信托财产是否符合信托目的；信托财产的管理方式，特别是受托人处分信托财产的权利或者限制；信托期限。[1] 其他确需登记的内容。确定信托登记的内容，应当注意信托公示、公开的要求与保障信托当事人隐私权的关系，尊重当事人意愿，不宜随意扩展登记、公开的内容，这不仅涉及信托当事人，而且关系信托制度和信托业的发展。[2]

第三节　资源类国有资产信托法律关系探析

源自英美法系中的信义关系（fiduciary relationship）是信托法律关系的基石。信义关系的核心是获得授权的信义义务人（受托人）为他人（受益人）的利益所提供的一种服务。信义关系涉及信任与义务，一方当事人因高度的信任而将自己的财产及其他事务交由另一方处理；而后者因此对前者负有最严格的义务，即有义务对该信义关系范围内的事项为另一方的利益行事，并不得从另一方的损失中谋取利益。

---

[1] 赖俊：《信托财产登记制度研究》，重庆大学硕士论文，2010年，第45页。
[2] 王胜昔：《规范和完善房地产投资信托基金法律制度》，《上海证券报》，2009年，第3-24页。

一、信托释义——行为或法律关系

对信托的明确定义，是各国立法者对信托立法的首要任务，但是在给信托释义时，重心却不尽相同，一类强调信托行为，一类强调信托法律关系。[①]

英美法系传统观点认为信托是受托人与受益人就信托财产形成的一种法律关系。[②] 美国法律学会的学者在总结美国各州信托法基础上形成的《信托法重述》中，将明示信托定义为："一种与财产有关的信义关系，因意图设立该种关系的明确意思表示而产生，并要求持有该财产所有者有义务为公益目的或一人或多人的利益管理该财产。"[③]《关于信托的准据法及其承认的海牙公约》(*The Hague Recognition of Trusts Convention*) 第2条规定："信托是指由委托人于生前或死亡时设立的，为了受益人的利益或特定的目的，将信托财产置于受托人的控制之下的法律关系。"[④] 可见，上述定义侧重于对信托法律关系的阐释。

大陆法系的定义一般将信托定义为"行为"或法律关系。《中华人民共和国信托法》第二条规定："本法所称信托，是指委托人基于对受托人的信任，将其财产权委托给受托人，由受托人按委托人的意愿以自己的名义，为受益人的利益或者特定目的，进行管理和处分财产的行为。"日本《信托法》第2条第1款规定："本法所称信托，由特定当事人按照一定目的（为该当事人自

[①] 此外，在早期的苏格兰，也有视信托为契约关系的。信托释义的不同。Wilson W. A., Duncan A.G.M.: *Trust, Trustees and Executors*, Einburgh: Scottish Universites Law Institute, 1995, p.13.; Scott Austin W.: *The Nature of the Rights of the Cestui Que Trust, Columbia Law Review*, 1917, 17（3）: pp.269-309.

[②] Steele David A., Spence Andrew G.: *Enforcement Against the Assets of a Business Trust by an Unsecured Creditor, Canadian Business Law Journal*, 1998, 21（1）: pp.3-51.

[③] 高凌云:《被误读的信托：信托法原论》，上海：复旦大学出版社，2010年，第11-12页。

[④] 陈雪萍:《环境保护信托——环保资本运营的新亮点》，《当代法学》，2006年，第3期，第16-22页。

身利益目的除外）管理或处分财产以及为达到该目的而采取的其他行为。"不同的是，韩国将信托定义为法律关系。韩国《信托法》第1条规定："本法所称信托，是指以信托制定者（以下称信托人）与信托接受者（以下称受托人）间特别信托的关系为基础，信托人将特定财产转移给受托人，或经过其他手续，请受托人为指定者（以下称受益人）的利益或特定目的，管理或处分其财产的法律关系。"

笔者认为，无论是行为还是法律关系，孰优孰劣，并无定论，而更应该从各地的立法沿袭、社会背景中分析。英美法系对信托的定义并不界定信托行为应如何成立，而是强调信托行为成立后在委托人、受托人和受益人之间所形成的法律关系。我国和日本的信托法认为信托设立行为时引起信托法律关系产生的法律事实，核心是行为如何成立以及法律效力如何；而韩国则强调信托法律关系，核心是明确信托当事人的权利义务。

二、资源类国有资产信托法律关系的属性

根据《中华人民共和国信托法》对信托的定义，笔者认为资源类国有资产信托法律关系是《中华人民共和国信托法》和相关经济法律法规调整和保护的，委托人基于对受托人的信任，将其财产委托给受托人，由受托人按委托人的意愿以自己的名义，为受益人的利益或者特定目的，进行管理和处分财产的法律关系，是以受益人的权利为核心、以委托人和受托人的合同（契约）行为为基础的法律关系。当经济上的信托关系被信托法（合同法）调整之后，即成为信托法律关系。[1]

资源类国有资产信托以民法的国家所有权制度理论、信托法基本理论为基石，但是其核心是经济法中的国有资产管理法和金融信托法的内容，体现

---

[1] 席月民：《国有资产信托法研究》，北京：中国法制出版社，2008年，第127页。

了国家对经济的直接参与和调控，体现了国家对金融信托的监管，具有综合性、经济性、政策性和社会福利性等特征。资源类国有资产信托连接了货币市场、资本市场和产业市场，具有经济活化作用和多种社会功能，可以提高资源类国有资产的运营效率、促进资源类国有资产的优化配置，可以成为货币市场的巨额资金供给者和资本市场上的重要机构投资者，在金融市场上发挥中长期融资功能的同时，还发挥其专业、稳定的财产管理和咨询服务功能，并发挥了对社会公共利益、慈善救助事业的融资、财产管理功能。这一信托关系，涉及了财产关系、产业关系、金融关系、计划关系和固定资产投资关系，涉及国家对经济的宏观调控，属于经济法律关系的范畴，是经济法的调整对象。

当然，资源类国有资产信托也以国家所有权的确认和保护为基础，而涉及民法中的物权法对资源类国有资产信托的静态调整。比如资源类国有资产以一种同普通民事主体平等的身份，参与社会经济关系，也适用民法、合同法、债权法等法律规定。但是这并不能取代资源类国有资产信托法律关系的经济法属性，因此在资源类国有资产的运营中，国家的规制、监督、引导法律关系是经济法的调整对象，经营性资源类国有资产信托追求的效率目标和公益性国有资产追求的公平目标，也正是经济法的基本价值取向；国家利用经营性资源类国有资产信托经营是国家调节经济的方式之一，是国家投资经营法律关系的重要组成，也是经济法所调整的对象。

三、资源类国有资产信托法律关系的构成要素

资源类国有资产法律关系的主体即委托人、受托人和受益人，相对其他信托法律关系而言，其主体资格有一定的特殊性和限制性，本书第三章将做专题论述，此处不再赘述。资源类国有资产信托法律关系的客体及主体享受

的权利和承担的义务所共同指向的对象,也就是信托财产,包括前文所探讨的经营性和非经营性资源类国有资产使用权、收益权、承包经营权等资产权利。资源类国有资产法律关系的内容,是委托人、受托人和受益人的权利义务,本书在第三章对此将做专题探讨。

四、资源类国有资产信托法律关系的运行

法律关系与其他社会关系一样,不是固定不变的,而是处于不断的运行变化中,这种变化表现为法律关系的产生、变更和消灭。[①]法律关系的产生是指法律关系主体之间形成法律上的权利义务关系;法律关系的变更是指法律关系诸要素的变化;法律关系的消灭是指法律主体之间的权利义务关系的终止。

(一)资源类国有资产信托法律关系的发生

由于英美法系的法律发展历史,信托法先于合同法产生,使得不少英美等国的学者和法官,并不用契约分析信托法律关系。[②]而大陆法系的绝大多数信托法律关系依照委托人的意思,通过订立合同或遗嘱而产生,因此大陆法系的学者则认为信托法与合同法两个法律领域之间存在交错的关系。在大陆法系并未引入信托制度时,多用合同的原理来诠释类似于信托的法律关系。我国目前仅承认合同、遗嘱信托,对英、美、法等国家和地区所承认的宣言信托并不予以承认(日、韩也不承认宣言信托),因此我国资源类国有资产信

[①] 张文显:《法理学》,北京:高等教育出版社,2007年,第138页。

[②] Mackendrick Ewan. : *Commercial Aspects of Trusts and Fiduciary Obligations*, Oxford: Clarendon Press, 1992, p.9.

托只能通过合同设立,并以信托合同作为运作基础。[①]

《中华人民共和国信托法》第八条第三款规定:"采取信托合同形式设立信托,信托合同签订时信托成立。采取其他书面形式设立信托的,受托人承诺信托时信托成立。"同时,该法第十条规定:"设立信托,对于有关的信托财产,法律、行政法规规定应当办理登记手续的,应当办理信托登记;未依照规定办理登记手续的,应当补办登记手续;没有办理信托登记的,该信托不产生效力。"可见,资源类国有资产信托法律关系的发生,还需要具备三大要件:

1. 受托人承诺信托,委托人转移信托财产

大陆法系的合同信托则须首先确定信托合同的属性——诺成合同或要物合同:其一,信托合同若是诺成合同,信托合同成立后,委托人应受合同约束,交付信托财产。其二,信托合同是要物合同,合同成立后,委托人转移信托财产,合同方才生效;在信托合同成立后、信托财产转移前,委托人可以随意改变主意,受托人或受益人无权要求委托人交付信托财产。[②]《中华人民共和国信托法》虽然明确了信托合同的诺成合同属性,但信托的受益人若是无偿取得信托利益的人(婚姻和子女除外),在性质上和受赠人相似,但信托合同订立后,委托人则应交付信托财产,受益人获得收益;信托与赠与不同的法律规则,在法理上无法契合。

信托合同成立后,委托人必须把信托财产转移给受托人,须登记公示的,登记公示后即生效;信托财产不须登记的,信托合同有效成立时,信托即生效。无论是合同信托还是遗嘱信托,必须具备一定条件:委托人确定的意思

[①] 由于我国资源类国有资产信托的委托人是国家、投资者、资源类国有资产经营者,一般不具备遗嘱信托存在的现实基础。更由于我国并不发达的"民事"和"非金融"信托,遗嘱信托也尚未在我国普及。

[②] 何宝玉:《信托法原理研究》,北京:中国政法大学出版社,2005年,第98-99页。

表示、信托财产的确定性和受益对象的确定性。

2. 信托目的的合法性

信托重在贯彻委托人意志并扩张其处分财产的自由,信托可以通过信托设立时的目的而直观地体现出来。[①] 事实上,即使在英美法系国家,信托目的的合法性也是不言而喻的,衡平法有句著名格言:衡平法是尊重法律的。凡是违法行为,衡平法均不予保护和救济。[②]

《中华人民共和国信托法》第六条规定:"设立信托,必须有合法的信托目的。"合法的信托目的也是信托法律关系成立的前提。资源类国有资产信托的信托目的只能是国家和社会公共利益,具体而言,信托目的是:投资人的合法盈利目的;资源类国有资产开发利用融资渠道的扩大和资金的充足;国家从资源类国有股本中获得所有权收益;资源类国有资本收益对社会福利的改善和提高;公益性的资源类国有资产的高效管理和维护(修复);社会公众对公益性资源类国有资产保护的热情和投入;政府对公益性的资源类国有资产财政投入压力的缓解等。

3. 信托主体和信托财产的确定性

英美信托成立的必要条件包括三个确定性,即意图的确定(certainty of intention)、标的确定(certainty of subject)以及对象确定(certainty of object)。[③] 其中标的确定,意味着信托财产必须是确定化了的财产,与委托人的其他财产区分开来。这种确定性表现在:信托财产可以采取部分利益或未混分利益的形式,是被明确、清晰地界定了范围的财产。[④] 因此,资源类国有

---

① 席月民:《国有资产信托法研究》,北京:中国法制出版社,2008年,第125页。
② 何宝玉:《信托法原理研究》,北京:中国政法大学出版社,2005年,第78页。
③ Pettit Philip H. : *Equity and the Law of Trusts*, London:Butterworths, 1993, pp.37-51.
④ Halbach Jr., Edward. : *Uniform Acts, Restatements and Trends in Amercian Trust Law at Century's End*,California Law Review, 2000, 88(3):pp.1880-1893.

资产信托的成立，还必须有确定的信托主体和信托财产。

资源类国有资产公益信托的成立和生效要件与其他资源类国有资产信托不同：一是，信托目的和信托财产的绝对公益性。信托目的必须完全彻底地属于公益目的，不能包含任何非公益目的，资源类国有资产公益信托的信托目的只能是公益性质，即促进生态环境保护、社会救济和提高社会福利。二是，公益事业受托的设立和受托人的确定，要经过主管部门的审批。根据《中华人民共和国信托法》第六十二条的规定："公益信托的设立和确定其受托人，应当经有关公益事业的管理机构（以下简称公益事业管理机构）批准。未经公益事业管理机构的批准，不得以公益信托的名义进行活动。"但资源类国有资产慈善信托根据《中华人民共和国慈善法》之规定，备案即设立，无须经过公益事业管理机构的审批。

（二）资源类国有资产信托法律关系的变更和终止

资源类国有资产信托法律关系的变更，一般包括信托内容的变更，也包括信托主体的变更。信托管理的连续性已成为信托的基本法律理念，资源类国有资产选择信托这一工具，也在很大程度上寄厚望于信托的连续性和长期管理的功能。因此，资源类国有资产法律关系产生后，受托人即使是破产、解散、违反忠实义务而被解职或辞职等而终止其职务，该信托法律关系并不因此消灭，委托人或公益事业管理机构可以选任新的受托人继续管理和执行信托事务。资源类国有资产信托内容的变更则由信托期限、信托财产管理方法等诸多事项决定，应该明确的是，信托内容的变更并不是信托内容的全部改变，而是在保持原信托效力和目的的基础上，对信托关系所作的局部变更，该变更保持了信托关系的连续性。当然，公益（慈善）信托的受益人和受益权的变更，也是信托主体变更的情形之一。根据《中华人民共和国信托法》

第五十一条规定："设立信托后，有下列情形之一的，委托人可以变更信托的受益人或者处分受益人的信托受益权：（1）受益人对委托人有重大侵权行为；（2）受益人对其他共同受益人有重大侵权行为；（3）经受益人同意；（4）信托文件规定的其他情形。有前款第（1）项、第（3）项、第（4）项所列情形之一的，委托人可以解除信托。"一般而言，公益信托均不适用"反永久性"规则，更倾向于长久地、稳定地存在和运营。而根据《中华人民共和国信托法》第六十九条的规定，委托人并没有权利变更受益人和受益权，因此资源类国有资产公益信托的受益人有上述情形的，或信托文件规定的其他情形，或发生设立信托时不能预见的情形时，需要变更受益人和受益权，应该由受托人向公益事业管理机构申请，经公益事业管理机构批准后予以变更。值得注意的是资源类国有资产慈善信托，根据《慈善信托管理办法》第三十八条第三项的规定，根据信托文件约定或者经原委托人同意，可以变更信托受益人范围及选定的程序和方法，无须经过公益事业管理机构批准。

较为常见、对信托影响较大的是对信托财产管理方法的变更。《中华人民共和国信托法》第二十一条规定："因设立信托时未能遇见的特别事由，致使信托财产的管理方法不利于实现信托目的或者不符合受益人的利益时，委托人有权要求受托人调整信托财产的管理方法。"此外，其他法律事实也可能引起资源类国有资产信托法律关系的变更，包括合法的和违法的行为、某些事件，如自然灾害引起资源类国有资产生态价值和经济价值的损耗，则信托目的、财产管理方式需要变更。

资源类国有资产信托法律关系的终止可以细分为自然终止和非自然终止，只要出现终止的具体事由，则该国有资产信托法律关系的权利义务即告消灭。引起自然终止的事由主要是信托期限届满、约定终止的事由出现，如信托目的不能实现，如果资源类国有资产经济价值或生态价值灭失，资源类国有资产私益信托的目的也随之消失。当然基于公益（慈善）信托的"近似原则"，公益（慈善）信托目的不能实现或原定公益目的已丧失意义，则可以通过其他近似的公益目的而继续存在。非自然终止一般有特定的事由发生，使得原本处于生效和运行状态的信托法律关系归于消灭，如资源类国有资产信托基于国家重大改革或国防事务而被解除、撤销等。

第四节 资源类国有资产信托的价值取向

价值是现代西方政治学和法学理论中经常使用的一个概念。[①] 在法学理论中，价值是"可能对立法、政策适用和司法判决等行为产生影响的超法律因素。他们是一些观念或普遍原则，体现对事物之价值、可追求的理想型等进行的判断。在存在争议的情况下，他们可能以这种或那种方式有力地影响人们的判断。这种价值因素包括：国家安全，公民的自由，共同的或公共的利益，财产权的坚持，法律面前的平等、公平，道德标准的维持。另外，还有一些较次要的价值，如便利、统一、实用性等。"[②] 简而言之，法律价值是以法为客体，并从其满足人们和社会需要的角度上，概括法对于人和社会的有益性和人所追求的理想目标，从而显示出法的工具性。[③]

信托的价值取向在于扩张自由、提升效率。[④] 资源类国有资产在信托点的价值目标，也在于自由和效率所衍生的灵活性、创新性、高效性。资源类国有资产信托的价值取向可以表述为：

[①] 张文显：《法理学》，北京：高等教育出版社，北京大学出版社，2011年，第200页。
[②] 沃克：《牛津法律大辞典》，李双元等译，北京：法律出版社，2009年，第921页。
[③] 吴弘、贾希凌、程胜：《信托法论：中国信托市场发育发展的法律调整》，北京：立信会计出版社，2003年，第145页。
[④] Riddall J.G.: *The Law of Trusts*, London: Butterworths, 1987, p.232.

一、基本价值取向：尊重、保护资源类国有资产的国家所有权

与其他物权相比较，所有权最能体现物权排他性、保护上的绝对性以及对物的直接支配性。所有权是一切限制物权的基础，其他限制物权都是基于所有权的存在而产生。资源类国有资产的国家所有权也是其他物权存在的前提和基础，其他物权都是基于资源类国有资产的国家所有权的存在而创设。所有权的这种先在性和基础性决定了使用权的信托运营必须服从和充分尊重所有权，不得侵犯国家对资源类国有资产的所有权。换句话说，在追求信托的自由和效率的最大弹性时，在致力于创新资源类国有资产信托产品和业务时，对国家所有权的尊重和保护是前提和基础。国家所有权的行使方式并不只限于信托，对于国家而言，不同的国有资产，乃至不同的资源类国有资产，应选择适合的所有权行使方式，片面夸大信托的作用，并不利于尊重和保护资源类国有资产的国家所有权。就资源类国有资产信托而言，通过发挥受托人的专业优势，最大限度地避免市场风险，使信托财产在委托人和受益人的监控下，有效防范受托人道德风险和国有资产的流失。

二、最终价值取向：追求公共利益、生态利益和经济效益的协调均衡

公益性的资源类国有资产，分布在承担较多公益性社会功能的非竞争性和不完全竞争性行业与相关领域，是不直接参与商品生产和流通、不以营利和资本增值为目的的资产。公益性资源类国有资产信托运营采取公益信托的模式，其价值目标在于：环境和生态公共利益的改善和提高；保证资源类国有资产的经济和生态价值的安全和完整。

国有资产的公有属性决定了其不同于其他所有制经济类型，其市场运营的最终目标必然是公共利益导向，并且是唯一导向；无论是非经营性还是经

营性的资源类国有资产，无论开发利用、占有使用管理的形式如何，可持续发展原则是终极的价值追求。资源类国有资产信托运营也应坚持资源化管理和资产化管理并重的原则，接受资源与环境保护规范之制约，为了人类的代际公平、社会的可持续发展。

从资源类国有资产转变为资源类国有资本、资源类国有股本，其根本目标就是要把大量沉淀于生产领域的国有资产从单纯生产要素的地位中解脱出来，还其资本的本质属性，使其不断保值增值；经营性资源类国有资产转变为资本，强调盈利能力、经营效率（利用效率）、增值水平。可见，资源类国有资产的信托运营相比其他国有资产信托，有更丰富的生态内涵。无论哪一种资源类国有资产，其独有的生态性，是区别于其他国有资产经营管理的根源，生态和环境的破坏，对经济效率、社会福利的消极影响甚至致命打击，已为世界各国的多个环境侵害和自然资源破坏事件所证实。资源类国有资产的信托运营必须在追求经济效益的同时，注重对自然资源生态价值的保护；与此同时，资源类国有资产公益信托在追求生态价值的保护的同时，也可以开展适当的经营活动（但经营收益只能作为信托财产滋生的财产，继续投入公益用途），寻求生态价值和经济价值的协调发展，即以开发利用促进保护的基本价值取向。

本章小结

信托历经百年，却历久弥新，其功能和形式不断创新、变革，在现代社会实现了华丽转身，不断焕发出新的生机，极大地促进了各国经济的增长和繁荣。

本章分析了资源类国有资产信托的基本类别，明确了资源类国有资产信托财产的所有权，分析了信托法律关系的运行等基本问题，为下文的资源类国有资产信托运营的模式选择、主体制度、监管制度的探讨奠定法理基础。

第三章　资源类国有资产信托运营的主体法律制度

资源类国有资产信托的主体是资源类国有资产法律关系的参加者，或称为资源类国有资产信托的当事人，包括委托人、受托人、受益人等。本章从资源类国有资产信托主体的资格和能力入手，进而分析不同主体之间的权利义务安排，以探求信托主体之间的利益平衡和权利制衡。信托法的精神在于承认并鼓励当事人的创造性，赋予当事人足够的自由空间。因此，英美信托法的重要理念之一，就是只要不违反公共利益和公共政策，即尊重委托人的意愿而不以法律规范排斥、挫败当事人的合法意愿。信托法律规定是对信托文件的补充，只有信托文件没有规定的情况下才适用；有些信托法律甚至规定，只有在委托人和信托文件没有明示的相反意图时，才能适用信托法律。[1]《中华人民共和国信托法》中关于信托关系人的权利义务的规定，也都明确"信托文件规定的其他情形"，可以说，《中华人民共和国信托法》赋予了信托主体一定的弹性和自由空间，资源类国有资产信托主体也因此获得足够的灵活性以安排其权利义务。

---

[1] 何宝玉：《信托法原理研究》，北京：中国政法大学出版社，2005年，第135页。

第一节　资源类国有资产信托运营中的委托人主体资格及权利义务

资源类国有资产委托人的主体资格的确立，在信托法律关系中的权利和义务，反映了资源类国有资产委托人的主体资格和权利义务，是信托法律关系主体制度构建的出发点。

一、委托人的主体资格

资源类国有资产信托委托人资格制度的建立，是落实委托人权利和义务的前提。

（一）资源类国有资产的权利主体与权利行使主体

在探讨资源类国有资产信托的委托人资格前，笔者认为，需要区分四个概念：首先有必要区分资源类国有资产的权利主体和权利行使主体两个概念：国有资产的权利主体即所有权主体，应当是全体公民、国家，根据《中华人民共和国物权法》第四十五条规定："法律规定属于国家所有的财产，属于国家所有即全民共有。国有财产由国务院代表国家行使所有权；法律另有规定的，依照其规定。"全民和国家都是抽象的概念，只能通过代理人行使所有权，代理人即成为权利行使主体；全体公民作为最初委托人，资源类国有资产的权利行使主体分别是：全国人民代表大会是第一级权利行使主体；国务院成为全国人民代表大会的代理人，为第二级权利行使主体；国务院将所有权委托给省、市等地方政府或国家部委，为第三级权利行使主体；在实践中，通过债权、许可、划拨等取得资源类国有资产权利的各经营主体、国家机关和事业单位等，为第四级权利行使主体。[①]

其次，有必要区分资源类国有资产的权利行使主体（包括出资人）[②]和监管主体两个概念。资源类国有资产的权利行使主体是一种与普通民间经济主体平等身份的特殊民事主体，而监管主体是公权力主体，即行政主体，区分二者对于所有权的明晰和监管的完善有重要意义。从目前看，依照《中华人民共和国公司法》等法律和行政法规履行国有资产出资人职责的是国有资产监督管理委员会，国有资产监督管理委员会同时又是国有资产监督管理人；《中华人民共和国企业国有资产法》第六条和第十一条、《企业国有资产监督管理暂行条例》第四条和第六条等法律规范，都以法律条文的形式赋予国务院国有资产监督管理委员会（以下简称国资委）出资人和国有资产监督管理人的双重身份。出资人身份是民法上的民事身份，监管身份则是行政法上的行政主体，这种角色安排，笔者认为并不利于国有资产经营管理。

目前，我国尚无统一的国有资产管理法，仅有《中华人民共和国企业国有资产法》和相关行政法规、部门规章和地方性规章，体系繁杂。资源类国有资本的出资和管理除了《中华人民共和国企业国有资产法》有所涉及外，主要体现在各有关的资源法中，包括《中华人民共和国土地管理法》《中华人民共和国草原法》《中华人民共和国森林法》《中华人民共和国矿产资源法》《城市房地产管理办法》等，是对资源性国有资产的行政管理和经营利用的相关规定。根据《中华人民共和国企业国有资产法》第四条规定："国务院和地方人民政府依照法律、行政法规的规定，分别代表国家对国家出资企业履

[①] 席月民：《国有资产信托法研究》，北京：中国法制出版社，2008年，第179-180页。
[②] 这里所指的权利行使主体是第二、第三级权利行使主体，即中央和各级地方政府。

行出资人职责，享有出资人权益。国务院确定的关系国民经济命脉和国家安全的大型国家出资企业，重要基础设施和重要自然资源等领域的国家出资企业，由国务院代表国家履行出资人职责。其他的国家出资企业，由地方人民政府代表国家履行出资人职责。"但是国务院和地方政府并不具体行使出资人权利和职责，而是由具体行政机构履行出资人权利和职责，资源类国有资产有别于其他国有资产，并不由国资委担任出资人，一般由各自然资源行政主管部门担任出资人，例如根据《国有土地使用权出让和转让暂行条例》的相关规定，市、县人民政府国土资源行政主管部门代表国家作为出让方，与土地使用人按照平等、自愿、有偿的原则协商一致后，签订建设用地使用权出让合同。因此，资源类国有资产的所有权收益和经营使用主体的管理性收费也由自然资源主管部门负责收取。而国有资产监督管理委员依照《中华人民共和国公司法》等法律和行政法规履行出资人职责。这种两个不同机构担任国有资产出资人、私权利主体与公权力主体混同的局面，笔者认为有必要厘清，资源类国有资产的所有权行使主体应与其他国有资产一致，由国有资产监督管理委员担任，可以在该机构下设"资源类国有资产管理委员会"，专门负责庞杂的资源类国有资产的出资人职责。目前，各资源类国有资产的行政主管部门也扮演了所有权行使主体（出资人）和监管者的双重角色，负责审查资源类国有资产债权经营、许可经营中经营主体的资格，收取资源类国有资产的基本生态和经济价值、资源税和费，对资源类国有资产履行的权利流转、市场运营等出资人职责。笔者认为，这些主管部门应将原有出资人职责移交给"资源类国有资产管理委员会"，仅承担监管的职责，作为资源类国有资产经营过程中的监管者和执法者。

（二）资源类国有资产信托的委托人资格界定

根据《中华人民共和国信托法》规定，成为委托人应满足三个条件：1. 根据《中华人民共和国信托法》第十九条规定："委托人应当是具有完全民事行为能力的自然人、法人或依法成立的其他组织。" 2. 委托人必须拥有一定数量的财产或财产权。《中华人民共和国信托法》第七条规定："设立信托必须有确定的信托财产，并且该信托财产必须是委托人合法所有的财产。本法所称财产包括合法的财产权利。" 3. 资金状况良好，即不处于"资不抵债"的境地，《中华人民共和国信托法》第十二条第一款规定："委托人设立信托损害其债权人利益的，债权人有权申请人民法院撤销信托。"符合上述条件的民事主体均可以成为资源类国有资产信托的委托人。但是我国资源类国有资产信托的委托人也应根据资源类国有资产信托的不同类别而有所区分，具体包括：

1. 资源类国有资产证券化和投资信托的委托人

资源类国有资产投资信托的委托人，是投资者，是有投资意愿的、符合《中华人民共和国信托法》《集合资金信托计划管理办法》等规定的自然人、法人、组织等。资源类国有资产证券化的委托人，是资源类国有资产的权利行使主体，包括作为出资人的资源类国有资产管理委员会和资源类国有资产的经营主体。

2. 资源类国有资产股权信托的委托人

资源类国有资本的出资人是资源类国有资产监督管理委员会，因此资源类国有股权信托的委托人也应由这类行政主管部门担任。作为出资人和委托人的行政机关，并不同于这些行政管理部门在其他领域行使公权力的行政主体身份，而是以民事主体的身份出现，因为"在某些情况下，民事主体确认的前提是民事法律关系的存在，民事法律关系实现了对民事主体地位的'塑造'。对于某一社会存在，不论他属于什么性质，只要他与其他社会存在之间的社会关系被民法调整,该社会存在就成了民事主体。"[①]可以概括作为委托人的资源类国有资产管理委员会的特征包括:(1)属于特殊法人性质,具备完全民事行为能力。2003年国务院颁布的《企业国有资产监督管理暂行条例》第四条规定:"企业国有资产属于国家所有。国家实行由国务院和地方人民政府分别代表国家履行出资人职责,享有所有者权益,权利、义务和责任相统一,管资产和管人、管事相结合的国有资产管理体制。"(2)依法享有资源类国有资产的所有权,也可以享有股权和出资人权利。《中华人民共和国企业国有资产法》第四条规定:"国务院和地方人民政府依照法律、行政法规的规定,分别代表国家对国家出资企业履行出资人职责,享有出资人权益。国务院确定的关系国民经济命脉和国家安全的大型国家出资企业,重要基础设施和重要自然资源等领域的国家出资企业,由国务院代表国家履行出资人职责。其他的国家出资企业,由地方人民政府代表国家履行出资人职责。"《国有土地使用权出让和转让暂行条例》第十一条规定:"市、县人民政府土地管理部门代表国家作为出让方,与土地使用人按照平等、自愿、有偿的原则协商一致后,签订建设用地使用权出让合同。"

3. 资源类国有资产公益信托的委托人

资源类国有资产公益(慈善)信托的委托人有两类,分别是:资源类国有资产管理委员会,是资源类国有资产使用权公益信托的委托人;资源类国有资产的收益人,即负责国库管理的各级财政部门、各资源类国有资产的使用权人和经营主体,是资源类国有资产公益信托基金的委托人。

[①] 马俊驹、李茂年:《国有财产法律制度研究——以国有股权信托研究为中心》,清华大学法学院课题,2005年,第10页,转引自慕丹:《国家股权信托制度研究(硕士学位论文)》,中国政法大学,2008年,第9期。

二、委托人的权利、义务

由于信托的起源不同，两大法系的信托法律关系中委托人地位也不同。在英美法系国家，他益信托成立后，除了允许委托人在信托中为自己保留某些权利外，仅承认其享有个别的法定权利。可以说，委托人在信托成立后，便完全脱离这一法律关系。

在大陆法系国家，委托人的地位比英美法系高得多，从大陆法系信托法理上看，由于信托由委托人设立，委托人意愿是确立和维系信托关系的主观基础，大陆法系国家赋予委托人作为信托利害人之一，授予或承认委托人更多的干预和监督受托人的权利。例如，日本《信托法》第23条第1款规定："当信托行为进行时，发生处于不可预见的特殊情况，致使信托财产的管理方法不符合受益人利益的情况，委托者、其继承人、受益者或受托者，可以向法院申请变更。"可见，日本规定委托人对信托财产享有法定干预权，即使合同没有约定，受托人仍需依法接受委托人的监督干预。[①] 我国和日本等大多数大陆法系国家一样，委托人在信托设立后，仍享有广泛的权利，包括对信托财产的干预权、知情权、撤销权、更换受托人的权利等，体现了委托人在信托法律关系中的重要地位。

（一）委托人的权利

我国资源类国有资产信托中的委托人，享有的权利可以具体阐述为：

1.指定、变更受益人或处分受益权的权利

资源类国有资产信托的委托人，应指定信托受益人，受益人或者受益人范围应予以确定。

依照信托法原理，委托人可以通过信托文件为自己保留变更受益人或者

---

① 霍玉芬：《信托法要论》，北京：中国政法大学出版社，2003年，第281页。

受益权的权利,包括:指定新的受益人,当受益人死亡、放弃受益权或其他原因,委托人可以重新指定新受益人,使信托继续。经受益人统一,可以改变受益权的内容,如改变受益人的分配份额、比例等。《中华人民共和国信托法》第五十一条规定:"设立信托后,有下列情形之一的,委托人可以变更受益人或者处分受益人的信托受益权:(一)受益人对委托人有重大侵权行为;(二)受益人对其他共同受益人有重大侵权行为;(三)经受益人同意;(四)信托文件规定的其他情形。有前款第(一)项、第(三)项、第(四)项所列情形之一的,委托人可以解除信托。"因此,资源类国有资产信托的委托人有权变更受益人、处分受益权、重新指定受益人;公益信托的受益人有侵害其他共同受益人的重大侵权行为的,委托人有权变更受益人;当受益人的主体资格已经不符合公益信托目的时,委托人也有权变更受益人;此外,委托人也有被动变更受益人的情形,如受益人主动放弃或受益权的转让。

2. 信托财产、受托人的指定权

委托人有选择受托人、确定信托财产、协商信托行为、最终达成设立信托的书面决定(合同)的权利。资源类国有资产信托中,委托人根据信托财产的登记程序确定信托财产,根据受托人的选任程序指定受托人。

3. 信托财产经营管理的监控权

《中华人民共和国信托法》第二十条规定,委托人有权直接调查受托人处理信托事务的情况、信托财产的收支情况,有权查阅、抄录或者复制信托账目以及处理信托事务的有关文件。《中华人民共和国慈善法》第四十八条第二款也规定,慈善信托的受托人应当根据信托文件和委托人的要求,及时向委托人报告信托事务处理情况、信托财产管理使用情况。因此,在资源类国有资产证券化和投资信托、资源类国有股权信托经营中,委托人对信托运营的基本经营情况有考察、调查、监控的权利,但是不能直接干预经营事务,但是信托文件（合同）为委托人保留了对受托人施加影响的权力除外。委托人的指示如果使得受托人成为委托人的代言人或使用人，委托人可能就要为受托人的行为负责；假如没有，委托人不需要为受托人的行为负责。[1]资源类国有资产信托中，以使用权和股权为信托财产的，一般会保留最终决定权，如信托财产转让或有条件的转让等，但委托人也因此需要对受益人承担相应的法律后果。

委托人的监控权还表现在清算过程中。受托人在信托终止后需要清算信托财产，委托人不能仅依据受托人自身制作的清算报告作出判断，必须有一个全面审计的环节为监管决定提供科学的依据，因此，委托人有权利（也是资源类国有资产委托人的义务）指定审计机构，对信托业务和其他非负债业务以及以受托人固有资产开展的负债业务的全面审查核算，最终应当得出信托机构是否合规经营、信托资产运营状况和受托人义务履行状况、固有资产债权债务状况的结论性意见。[2]

4. 对受托人行为的调整权

委托人对受托人行为的调整权，体现了民法的"情势变更"原则，根据《中华人民共和国信托法》第二十一条的规定："因设立信托时未能预见的特别事由，致使信托财产的管理方法不利于实现信托目的或不符合受益人利益时，委托人有权直接要求受托人调整和变更该信托财产的管理方法。"但是，该法赋予委托人的直接要求受托人调整管理和处分的权利，一定程度上危害了信托财产的独立性，也干涉了受托人对管理和处分，在资源类国有资产信

---

[1] Clark Gordon L., Smith Emith Caerlewy, Marshall John C. : *Pension Fund Trustee Competence : Decision Making in Problems Relevant to Investment Practice,Journal of Pension Economics and Finance*, 2005, 1(5) : pp.91–110.

[2] Kirsch Clifford E. : *The Financial Servises Revolution : Understanding the Changing Role of Bank, Mutual Funds, and Insurance Companies*, New York : Irwin Professional Pub., 1997, pp.133-137；郭德香：《金融信托法律制度研究》，郑州：郑州大学出版社，2003年，第109-116页。

托中，无疑为行政权力直接干预经营甚至参与经营提供了合法途径。《中华人民共和国信托法》赋予委托人广泛的权利，不少在英美法系中属于委托人的"保留权利"均成为法定权利，委托人几乎可以参与所有的信托行为，将原本属于受益人对受托人的撤销权、解任权以及以此为中心的监督、调整、变更的权利赋予委托人，在委托人权利的本质上，是对受托人的监督权，以维护受托财产的安全以及受益人的权利。[1] 委托人几乎享有所有受益人的权利，但是一旦委托人、受益人之间出现意见相左和冲突时，可以请求法院做出裁定，但是法律应该支持哪一方当事人，并未提供相应的解决途径。[2]《中华人民共和国信托法》关于委托人权利的此类规定，与我国并不发达的民事信托有关，对委托人利益的保护也更加周到细致，期望借此强化对信托财产和受益人利益的保护。

日本《信托法》第23条规定："当信托行为进行时，发生处于不可预见的特殊情况，致使信托财产的管理方法不符合受益人利益的情况，委托人及其继承人、受益人或受托人，可向法院申请变更管理方法。"韩国《信托法》也有同样的规定。笔者认为资源类国有资产信托中，委托人的这一权利并不能直接行使，即信托文件中应规定委托人不能直接要求受托人调整管理方法，否则容易造成行政权力对信托财产经营管理的直接干预，也并不利于受托人发挥自己的专业优势和市场判断力。而应该参照日本、韩国的模式，自益信托中委托人需要通过法院裁决，获得准许才能要求受托人调整管理方法；他益信托中，委托人和受益人应协商一致，二者关于信托财产管理处分的方式或其他有异议时，应请求法院根据"有利于信托目的实现"的原则做出裁定，《中华人民共和国信托法》第四十九条即有相应规定。此外，笔者认为，信托

---

[1] 张军建：《信托法基础理论研究》，北京：中国财政经济出版社，2009年，第145页；高凌云：《被误读的信托：信托法原论》，上海：复旦大学出版社，2010年，第269页。

[2] 高凌云：《被误读的信托：信托法原论》，上海：复旦大学出版社，2010年，第269页。

财产的管理方法是否符合信托目的和受益人利益，委托人往往不如受托人清楚，当出现信托财产管理方法必须调整的情形，且委托人并不知情，则受托人应该提示或建议调整信托财产管理的方法。委托人申请法院调整管理方法时，应该要征得受益人的同意，因为设立信托的目的就是让受益人获得利益，信托财产管理方法的变更，会影响受益人权益。

根据《中华人民共和国信托法》第六十九条规定："公益信托成立后，发生设立信托时不能预见的情形，公益事业管理机构可以根据信托目的，变更信托文件中的有关条款。"《中华人民共和国慈善法》和《慈善信托管理办法》并未对此（设立信托时不能预见的情形）做出具体的规定，应参照《中华人民共和国信托法》的相关规定。因此，委托人的调整权，并不适用于资源类国有资产公益信托，与私益信托不同，公益信托的委托人无权申请法院变更信托，只能由公益事业管理机构予以变更。但是笔者认为，公益信托的受托人和委托人都有义务和权利提示、申请或建议公益事业管理机构变更公益信托。公益信托的变更，除了信托财产管理方法外，还可以是信托文件其他条款的适当改变，包括受益人和受益权的改变。

5. 解聘和变更受托人的权利

根据《中华人民共和国信托法》第三十八条、第三十九条、第四十条、第四十一条的规定，受托人失去管理、处分信托财产的能力、辞任或丧失担任受托人的资格，委托人经受益人同意，可以依照信托文件解任受托人，并选任新的受托人。资源类国有资产证券化和投资信托、资源类国有股权信托、资源类国有资产公益信托的受托人变更，则具有相当的特殊性：（1）资源类国有资产证券化和投资信托、资源类国有股权信托的受托人变更，可以借鉴我国香港地区《房地产投资信托基金守则》第4章第7条关于受托人退任的规定，需要经过证监会的核准，并有新受托人上任，才能完成变更；如果原受托人或受益人对此有异议的，可以申请法院裁定。(2)公益信托受托人变更的权利，不属于委托人。根据《中华人民共和国信托法》第六十八条的规定："公益信托的受托人违反信托义务或者无能力履行其职责的，由公益事业管理机构变更受托人。"实际上，在日本，公益信托变更受托人时，相关立法也并未赋予委托人制定权，而是由公益事业主管机关选任。①因此，资源类国有资产公益信托受托人的变更，应该由公益事业主管机关予以变更和确认。资源类国有资产慈善信托根据《中华人民共和国慈善法》和《慈善信托管理办法》的规定，受托人违反信托文件义务或者出现依法解散、法定资格丧失、被依法撤销、被宣告破产或者其他难以履行职责的情形时，委托人可以变更受托人。因此无须经过民政部门的审批。

6.剩余信托财产的归复权

根据信托法的基本原理，信托财产的归复权可以依照信托文件的规定，属于受益人或委托人。②但是资源类国有资产信托中，资源类国有资产权利作为信托财产，信托目的旨在以信托财产创造更多的经济和社会效用，信托受益人是享有信托收益的财政部门、不特定的社会公众等，而信托财产的所有权行使主体应该是委托人，因此在信托文件中应明确，信托财产应在信托终止后，应将所有权归复委托人。

7.委托人有权保留信托财产的相关权利

英美法系的信托法强调受托人必须按照信托文件的要求处理信托事务，信托法的精神也在于承认并鼓励当事人的创造性，因此英美法系的信托法律

---

① 日本《信托法》第72条。
② 英美信托法中，除非信托文件规定，否则信托财产的归复权为受益人所有。《中华人民共和国信托法》第五十四条规定："信托终止的，信托财产归属于信托文件规定的人；信托文件未规定的，按下列顺序确定归属：（一）受益人或者其继承人；（二）委托人或者其继承人。"

承认，信托文件是受托人的"宪法性"依据：允许委托人保留相关的权利，只要不违反公共利益和公共政策。[①]笔者认为，资源类国有资产信托中，以资产使用权和股权为信托财产的，委托人有必要保留信托财产的最终决定权（如禁止信托财产转让或有条件的转让等）。

（二）委托人的义务

1. 转移信托财产的义务

资源类国有资产信托的成立，以信托财产实质转移为必要条件，委托人在信托设立后，有义务将资源类国有资产转移给受托人。土地、林地、林木等资源类国有资产以及资源类国有股权的转移占有，应以登记公示为成立要件。而资源类国有资产证券化和投资信托、公益信托基金的信托财产是资金的，则相对简单，将现金动产转移给受托人即可，但是必须由受托人在银行或其他托管机构设立独立信托账户。

2. 赋予受托人独立自主权的义务

资源类国有资产信托成立后，委托人不得随意干预受托人管理处分信托财产的行为，我国虽然赋予委托人相对多的监控权力，但是也仅限于监控，只要受托人的行为符合信托目的、不侵害受益人的利益，委托人不得随意要求变更、调整或撤销受托人的处分管理行为。

3. 指示和配合义务

受托人在处分信托财产时，需要委托人给予指示时，委托人应及时给予指示，否则因此造成信托财产的损失，委托人不得要求受托人赔偿。这一义务实际上是委托人的一种被动义务，并非主动指示和干预受托人。[②]

---

① Scott Austin Wakeman, Fratcher William Franklin, Ascher Mark L. : *The Law of Trusts*, Boston : Little, Brown and Company, 1996, p.238.

② 倪受彬：《国有资本信托运营法律问题研究（博士学位论文）》，华东政法学院，2005年，第77页。

委托人应受托人的需要，有义务向受托人提供有关资料或其他合同约定的附随义务。①

第二节　资源类国有资产信托运营的受托人资格选择与责任承担

英国早期的"用益制度"（USE）中，用益的让与人借用受托人名义行事，受托人并无实际的权利义务。这一制度在英国存在的两个世纪中，并不受法律保护，受托人为受益人完全出于道义责任，赖于道德约束，即使在衡平法院承认信托制度后，仍旧是以良心、公正等道德概念予以约束和保护。②直至19世纪，随着商业化进程的发展，委托人与受托人之间的关系变得紧张，甚至妨碍了信托机制的利用，立法不得不进行修改和完善，因此，英国关于受托人选择和主体资格的法律首先在土地信托中实行。土地信托是当时的中产阶级、贵族用以维护家族资产、扶养亲属和富裕后代的方式，这种信托通常对受托人有一定的要求：正直、有道德、有地位、了解委托人和受益人及其家庭，受托人拥有这些特质，才能以恰如其分的方式对受托财产及其变化应变和管理；随着当时商业和投资的发展，许多委托人需要受托人与地产经纪人进行土地交易，因此还需要受托人有良好的估价和投资判断力，如果需要法律知识或其他专业知识，委托人一般会聘请专业技术人士与受托人共同处理。可见，在某种意义上，现代信托剔除了消极信托避法色彩而保留其灵活设计，也更侧重于对受托人资质、专业技能的考量。

---

① 倪受彬：《国有资本信托运营法律问题研究（博士学位论文）》，华东政法学院，2005年，第77-78页。

② 谢哲胜：《财产法专题研究（三）》，北京：中国人民大学出版社，2004年，第150页。

资源类国有资产受托人的资格和责任主要体现在其权利义务的内容上，是资源类国有资产信托良性运行的内部保障机制。

一、受托人资格选任

现代商业信托功能的实现，倚赖于受托人持有信托财产并对其进行专业化管理。受托人无疑是信托法律关系中最值得关注的角色。

资源类国有资产信托的受托人是指接受资源类国有资产信托中，依据信托合同和信托法为受益人的利益以自己的名义占有（持有）、行使、处分各类信托财产的法人；受托人在信托法律关系中处于核心地位，因此，受托人的选任成功与否，是决定资源类国有资产信托运营成败之关键。

（一）受托人的选任程序

英国信托法形成了较为完备的受托人指定规则，包括信托主体在任何情况下都可以向法院申请指定受托人；受托人依照信托文件指定后继受托人；受益人不得指定受托人；如果有授权的第三人，由第三人指定受托人。[①]

实际上，现行《中华人民共和国信托法》也借鉴了这一规则，形成了一套受托人的选任规则。[②] 在资源类国有资产信托中，以资源类国有资产权利、收益等作为信托财产的，由于信托财产的特殊性，受托人的选任也应尤为慎重，委托人必须严格按照选任程序选择受托人：

一方面，在签订信托合同前，委托人将拟定的受托人名单提交给本级的金融监管部门、自然资源监管部门、公益信托监管部门审批，并根据审批，确定信托财产的规模范围种类。监管部门审查内容一般应包括：信托当事人

[①] Riddall J. G.: *Law of Trusts*, London: Butterworths, 1987, pp.213–220.
[②] 参见《中华人民共和国信托法》第四十条和第六十二条规定。

的权利能力和行为能力、委托人权利是否与证书吻合、受托人的资质和信用状况、当事人的合意是否真实、信托行为内容是否合法、证明文件的真实性、申请文件和证明文件是否符合法定的形式要件。审核不通过的，委托人应重新选任受托人。

另一方面，受托人的选择应防止地方保护主义，受托人的选择应不限地域、公开招聘、择优选取。确定受托人后，由各自然资源行政主管部门将结果予以公示，在公示期限内，允许个人和单位提出异议，对异议审查后确认属实的，应撤销原选任的受托人，重新选任。

（二）受托人的主体资格

根据《中华人民共和国信托法》第二十四条的规定，资源类国有资产信托的委托人和公益事业管理机构在具体考察和选择受托人时，应周全考虑以下因素，包括：(1) 注册资本；(2) 经营期限；(3) 经营范围；(4) 财务状况；(5) 盈亏记录、信托业绩、资信情况；(6) 相关诉讼记录；(7) 董事、监事、经理以及有关高级管理人员的姓名、从业资质、诚信记录以及持有本公司的股票和债券的情况；[1] (8) 国有信托公司、国有独资企业应已建立起规范的现代企业制度、完善的风险防范机制、财务会计制度和责任承担能力；(9) 风险控制机制和能力。其次，受托人为独立的法人和组织，受托人要有独立承担民事责任的能力。最后，不受行政权力的直接干预。资源类国有股权信托的受托人，必须是独立运营、市场化的实体，使国家股权褪去行政色彩，也可以为公司其他股东打开话语权，有利于公司治理结构的完善和公司经营效率的提高，最终有利于促进国家出资公司股权结构的优化和良性循环。[2]

具体而言，资源类国有资产的受托人有以下几类：

---

[1] 席月民：《国有资产信托法研究》，北京：中国法制出版社，2008年，第207页。
[2] 李兴华：《表决权信托法律制度研究（硕士学位论文）》，中国政法大学，2007年，第68页。

1. 资源类国有资产证券化和投资信托的受托人

（1）特殊目的的受托人

特殊目的机构 SPV 是接受发起人的组合资产，并发行资产支持证券的特殊实体。SPV 的业务范围一般被严格限定，是一般不会破产的高信用等级实体。在资产证券化中，SPV 是具有特殊地位的实体，它是整个资产证券化过程的核心，各个参与者都将围绕着它来展开工作。[①] SPV 有特殊目的公司（Special Purpose Company，SPC）和特殊目的信托（Special Purpose Trust，SPT）两种主要表现形式。[②] 本书主要讨论的是 SPT。由于我国目前设立 SPT 遇到的《中华人民共和国证券法》《中华人民共和国信托法》《信托公司管理办法》等法律障碍颇多，因此笔者认为有必要制定专门规制特殊目的机构的法律，根据"特别法优先适用于普通法"的原则，给 SPT 的法律适用带来方便，也很好地解决了设立特殊目的机构 SPT 所面临的障碍，更避免逐一修改多部法律所带来的烦琐。[③]

信托之所以成为资产证券化，包括本书所探讨的资源类国有资产证券化和投资信托的导管体，其原因就在于信托财产名义上归属受托人所有，但实际上是具有独立性的特殊财产；信托不因委托人或者受托人的依法解散、被依法撤销或者被宣告破产而终止，也不因受托人的辞任而终止；委托人也不能随意解除信托。所以这些风险隔离作用，是信托制度与生俱来的。但是对于资源类国有资产证券化和投资信托来说，这些天然的风险隔离机制还不足够。在 SPT 中，应该避免创始机构、投资标的所有者对受托人机构的控制和

[①] 张浩:《抵押贷款证券化管理机制设计研究（硕士学位论文）》，中国海洋大学，2009 年，第 5 页；SPV（百度百科）[EB/OL]. http://baike.baidu.com/view/1004067.htm?fr=aladdin，2011-12-14.

[②] Schwarcz Steven L. : *Commercial Trusts as Business Organizations : Unraveling the Mystery*, *The Business Lawyer*, 2003, 58,（2）: pp.2-30.

[③] 初晓凯:《不动产证券化法律问题研究（硕士学位论文）》，厦门大学，2006 年，第 30-31 页。

影响。①

SPT可以是为资源类国有资产证券化和投资信托而设立的新的专门经营特殊目的信托的信托机构；也可以是已经成立的专门经营特殊目的信托的信托机构；还可以是已经成立的信托机构，如证券公司和信托公司等获取相关资质后，允许经营特殊目的信托的机构。SPT可以只为一次资源类国有资产证券化和投资信托而存在，也可以长期以经营包括资源类国有资产证券化在内的特殊目的信托为专门业务。综上，不必重新架构一个只为资源类国有资产证券化和投资信托而存在的、有独特组织结构和经营规则的法律实体，只要是依法设立的受托机构，在经营特殊目的信托业务时符合法律的一些特殊规定即可。②

在探讨SPT的组建的问题时，政府是否应当参与到其中是值得商榷的问题。政府参与的优势表现在，政府背景可以增强投资者的信心，有利于提高SPT的信用级别，降低融资成本，减少创新改革的阻力。③在美国不动产证券化、房地产投资信托（REITs）、住房抵押贷款支持证券（RMBS）的发展过程中，SPV均是由政府设立的联邦国家抵押协会（FNMA）、政府国民抵押协会（GNMA）、联邦住房贷款抵押公司（FHLMC）三家政府信用机构构成，如果由政府国民抵押协会（GNMA）担任受托人，那么住房抵押贷款支持证券RMBS即享有和美国政府同等的信用等级；联邦国民抵押协会和联邦住宅贷款抵押公司虽然没有完全等同于美国政府的信用等级，但是他们都是联邦政府资助的企业，其信用在过去也一直被认为与美国政府的信用等级相当接近。这一点使美国不动产证券化、房地产投资信托的金融工具虽不可与国债

---

① 何小峰：《资产证券化：中国的模式》，北京：北京大学出版社，2002年，第297页。
② 吴弘、许淑红、张斌：《不动产信托与证券化法律研究》，上海：上海交通大学出版社，2005年，第174–179页。
③ 李兴华：《表决权信托法律制度研究（硕士学位论文）》，中国政法大学，2007年，第70页。

相比，但政府背景的担保必然大大降低投资的风险系数。[1] 实际上，在美国不动产证券化、房地产投资信托发展的初期，美国政府也尝试不动产证券化的业务，但由于没有政府专门机构的担保，其发展规模也相当有限。此后，在美国不动产证券化和房地产投资信托的发展日益成熟后，美国于1968年将联邦国民抵押协会分立为两个机构，其中一个是为沿用该名称、从事同类业务的民营机构；1988年将联邦住房贷款抵押公司逐步私营化。除了美国，香港按揭证券公司也是典型的由政府组建的有限公司形式的SPV。韩国则由政府参与住房抵押贷款证券化的SPV的组建，成为SPV的股东之一，但政府拥有的股份不必占绝大部分，因为市场并不真正在乎政府所持股份的比例、所投入资金的多少，而是表明政府对该金融创新的支持态度，以期达到给予人们以信心的功效。[2] 但政府参与也有其弊端，主要表现在：政府参与SPT的组建会增加国家财政的负担，将金融机构的风险转移给国家。在我国资源类国有资产证券化和投资信托过程中，笔者认为在发展的初期，可以由国内数家实力雄厚的、有政府背景的、信用等级高的金融机构组建SPT，既有国有资本，又有民营资本，亦可引进一定比例的外资；待我国资产证券化发展成熟，由私营、外资的SPT均可以运作资源类国有资产证券化和投资信托。

（2）信托公司等金融机构

从世界范围来看，大量的金融信托由大型的、获得证券化金融牌照的金融机构如信托公司或商业银行的信托部门担任受托人。[3] 从目前我国资产证券化和投资信托的试点情况看，委托人一般都倾向于选择信誉高、业绩好、实

---

[1] 这种模式也是证券化信用增级的一种方式。参见扈企平著 JOSEPHHU：《资产证券化：理论与实务》，北京：中国人民大学出版社，2007年，第12页。

[2] 李伯侨、何亦宝：《韩国住宅抵押贷款证券化法律制度及其对我国启示》，《社会科学家》，2004年，第1期，第51-54页。

[3] Alexander Gretory S.: *A Cognitive Theory of Fiduciary Relationships*, Cornell Law Review, 1999, 85: pp.770-775.

力强的信托机构,中诚信托、华宝信托、外贸信托等少数几家信托公司几乎承担了我国资产证券化试点过程中全部信贷资产证券化项目的受托业务。[①]在日本不动产证券化发展至今,信托银行担任SPT对于不动产证券化的发展起到极大的促进作用。[②]

我国《信托公司管理办法》对信托公司的设立、公司内部控制等都设定了较高的门槛;我国信托公司的主要业务包括:经营资金和财产委托、代理资产保管、金融租赁、经济咨询、证券发行以及投资和其他代理业务,少数经中国人民银行批准可以兼营租赁、证券业务和发行一年以内的专项信托受益债券,用于进行有特定对象的贷款和投资,但不准办理银行存款业务。近五年来,我国信托公司的信托资产规模年增万亿,从2008年底的1.22万亿、到2009年底的2.01万亿、2010年底的3.04万亿、2011年底的4.81万亿、2012年6月末的5.53万亿;信托业管理的资产规模已经远远超过公募基金行业(2011年底证券投资基金资产净值2.19万亿),直追保险业资产规模(2011年底保险资产总额6.01万亿)。此外,从信托公司的净资本规模看,2011年底,信托行业注册资本达到871亿元,比2010年增长26.8%;净资产达到1633亿元,比2010年增加27.3%;2011年,增加注册资本的信托公司高达13家。[③]

目前我国的信托公司仍存在股份单一、治理结构不完善、风险控制机制不健全、各类经营管理和理财专家素质尚有欠缺等问题,也带有强烈的政府、

---

① 沈炳熙:《资产化证券化:中国的实践》,北京:北京大学出版社,2008年,第99页。
② ARES. 日本证券化协会［EB/OL］. http://www.ares.or.jp/aboutares/message/index.html, 2013-12-20.
③ 中国信托业发展报告(2012)［EB/OL］. http://wenku.baidu.com, 2013-04-15, pp.94-95.

国有资产管理部门或大型集团以及行业龙头企业的背景。[①]因而信托公司需要增资扩股，实行股份多元化改造。实际上，国外金融机构对我国信托公司也有着浓厚的兴趣，积极谋求参股信托公司。根据信托公司2011年年报，外资参股信托公司共有九家，持股比例也相当可观。

表1 信托公司2011年外资持股情况

信托公司	外资金融机构名称	持股比例	外资股东地位
新华信托	巴克莱银行	19.50%	第二大股东
苏州信托	苏格兰皇家银行公众有限公司	19.99%	第二大股东
杭州信托	摩根士丹利国际控股公司	19.90%	第二大股东
华澳信托	麦格理资本证券股份有限公司	19.99%	第三大股东
兴业信托	澳大利亚国民银行	16.83%	第二大股东
中航信托	华侨银行	19.99%	第二大股东
紫金信托	住友信托银行	19.99%	第二大股东
方正东亚信托	东亚银行	19.99%	第二大股东
百瑞信托	摩根大通	19.99%	第三大股东

资料来源：《中国信托业发展报告（2012）》，第103页。

我国目前的商业银行、证券公司等，也从事"类信托"业务的营业活动，在金融监管机构的核准后，也有进入资源类国有资产投资信托的受托人市场的可行性。

[①] 目前具有浓厚地方财政或授权的国有资产管理部门背景的信托公司，普遍存在政企不分的状况。由于对信托机构准入的政府管制，由此导致了我国信托业市场布局的行政性越位，我国目前信托公司的设立是遵照地区、部门分配名额的原则，目前新注册的信托公司原则上是按"一省一国投"设立的，容易造成业务范围的区域性，且一定区域内缺乏同业竞争，且这些信托公司与当地政府、地方产业之间存在复杂的、难以割裂的关系，区域垄断倾向也越发明显。同时也加大了信托公司对地方政府的依赖，增加了业务创新的成本和难度。另一类以大型集团或行业龙头企业为依靠的信托公司，具有一定的行业倾向，主要为大股东所处的行业或集团（公司）提供金融服务，带有明显的行业特色或控股股东色彩。参见席月民：《国有资产信托法研究》，北京：中国法制出版社，2008年，第201页。

(3) 资金托管人

在一个社会中，如果一个人的行为能被一部分人群以相对低的信息成本观察到，让信息成本较低的人群行使监督权力就可以大大节约监督成本。因此，在团队中，引入一个"监督者"的角色，来专门收集、整理和出售信息。信托资金托管人，就扮演了这个监督者的角色。[1] 因此，1957 年德国《投资公司法》第 12 条第 1 项第 1 款规定："投资公司保管特别资本，以及发行和赎回股额凭证，必须委托另外一家信贷机构作为保管银行。"[2] 我国中国银行业监督管理委员会于 2007 年 3 月实施的《信托公司集合资金信托计划管理办法》第十九条对此也有专门规定。[3] 托管人的法律地位，在我国相关立法中并没有明确。信托资金托管人是指代为收支资源类国有资产证券化和投资信托中所募集的资金、符合一定资质的商业银行等金融机构，托管人依照信托合同来监督资金的管理和运用，以保护资金安全。[4]

实际上，托管人介入了资金运用的过程，与资金管理人"为了投资人的利益而处理信托事务，共同实现信托契约受托人的技能"。[5] 因此，资源类国有资产证券化和投资信托的资金托管人，是为资金管理人的共同受托人。

在资源类国有资产证券化和投资信托的模式中，经营管理权属于信托受托人之一的资金管理人，而监督和保管的权利则是由资金托管人承担，受益

---

[1] Alchian Armen, Demsetz Harold：*Production, Information Costs, and Economic Organization*, *The American Economic Review*, 1972, 62（5）: pp.777–795.

[2] 欧阳卫民:《中外基金市场与管理法规》，北京：法律出版社，1997 年。

[3] 根据我国《信托公司集合资金信托计划管理办法》第十九条规定，信托公司只能选择商业银行担任托管人。

[4] 李勇:《信托业监管法律问题研究》，北京：中国财政经济出版社，2008 年，第 207 页。

[5] 谢哲胜:《从商业信托的概念论投资信托的法律框架》，《月旦法学》，2003 年，第 3 期，第 56–64 页。

人（投资人）的利益，在共同受托人的相互制衡中得以保障。[1]资源类国有资产证券化和投资信托的托管人，笔者认为，可以由资金管理人（信托机构）选任符合托管条件的金融机构，负责保管资金、根据基金管理人的指示对基金资产进行运作。实际上，资金管理人为信托财产的名义所有人，在信托文件授权和法定的范围内管理和处分信托财产。基金托管人按照基金管理人的指示处分财产，如支付费用等业务执行权；并享有业务监督权，有的托管人还负有发行受益凭证的职权。[2]

资源类国有资产证券化和投资信托的托管人是由受托人选任、经由监管部门审批后才与资金管理人和委托人（投资者）签订托管合同。由于托管人是资源类国有资产证券化和投资信托的共同受托人之一，管理人与托管人先行订立契约并没有直接促使信托法律关系的发生；根据信托法理，当投资人订立信托合同、托管协议或条款，信托才能成立，信托成立后委托人有义务转移信托财产。

2. 资源类国有股权信托的受托人

在我国现有的国有股权托管（信托）实践中，不少是以国有资产经营管理公司为托管人（受托人），如中国汽车工业进出口有限公司与国机资产管理公司于 2013 年签订的《股权托管协议》，国机资产管理公司担任托管人。理论上的国有资产经营管理公司，应从事信托管理和信托投资，不能从事其他事业，但我国目前的国有资产运营公司的经营范围相对杂乱。对于资源类国有股权信托而言，基于其特殊的自然资源生态属性，在选择受托的国有资产经营管理公司时，更应该侧重于专业的、具有相应的自然资源经营管理能力的国有资产运营公司，或成立专门的运营公司等经济实体。综观我国目前的

---

[1] Wallace Wen Yeu Wan : *Corporate Versus Contractual Mutual Funds, Washington Law Review*, 1994, 69 : pp. 927–968.

[2] 李勇：《信托业监管法律问题研究》，北京：中国财政经济出版社，2008 年，第 208 页。

信托公司和国有资产运营管理公司，多为地方政府和行业主管部门所办，公司负责人由政府委派，享受行政级别，行政部门对其的干预并不亚于其他国有企业。受托机构市场化，是信托机制在资源类国有资产经营管理中发挥效用的前提，依赖法律和行业监管对这一机构约束和规范，我国目前的国有资产运营公司，首先应摒弃与政府的依附关系，才可能进一步成为市场化的资源类国有资产受托运营机构。[①] 此外，国有资产运营管理公司内部治理结构应该完善，调整股权结构，避免股权过度集中而导致的内部人控制或大股东操纵问题。

国有股权的受托机构的股权结构是值得商榷的问题：从防止私人利益与国家利益的冲突的角度看，受托机构应是国有独资公司。目前非国有受托机构相对弱小，国有受托机构在体制上具有竞争优势，目前应让这类信托机构承担资源类国有资产受托人的角色。但是，从避免政府的干预而间接控制的角度看，受托资产信托机构应是私营公司。[②] 笔者认为，长远而言，应该由市场选择私营、国营或合营的受托机构，同时提高信托机构运营国有资产的风险控制能力，关注受托机构的注册资本、风险资产，如规定受托国有资产的比例不得超过净资产值的 2 倍等。

在资源类国有股权信托的受托人的选择上，值得注意的是股权的分割信托。综观国外的立法，为了确保股东大会的正常运作，防止因股东表决权不同意行使而导致的交易成本提高，对投票权（表决权）等股权中的共益权的分割信托，多采取禁止的态度，如日本将股东委托的代理人或受托人的人数限定为一人，为避免表决权计算时产生麻烦。[③] 我国在这一问题上的立法，并

---

① 倪受彬：《国有资本信托运营法律问题研究（博士学位论文）》，华东政法学院，2005 年，第 71 页。
② 李伯侨、何亦宝：《韩国住宅抵押贷款证券化法律制度及其对我国启示》，《社会科学家》，2004 年，第 1 期，第 51-54 页。
③ 刘东辉：《我国上市公司股权托管于公司控制研究》，北京：中国金融出版社，2009 年，第 146 页。

没有予以明确。笔者认为，国有股过于集中的国有独资公司、控股公司中，目前也存在着国有股一股独大的问题，可以将国资委持有的同一家公司的国家股权适当拆分，分别信托给不同的受托人，实现行使国家股权的权力制约，有利于公司中小股东行使表决权，摆脱行政权力的干涉和"内部人控制"，有利于完善公司治理结构，优化公司股权结构。[1]

3. 公益（慈善）信托的受托人

公益（慈善）信托的信托目的是社会公共利益，为了保护社会公共利益和不特定多数的受益人，一些国家的信托立法对公益信托受托人的权利能力或法定资格有特别的规定，如曾有涉及不诚实或欺诈的违法行为者、在管理公益信托过程中出现管理不当的、没有资格担任公司董事的人等，不能担任公益信托的受托人。[2] 我国立法并未对公益信托受托人资格做出进一步细化的规定。国外的关于受托人资质的禁止性法律规定值得我国资源类国有资产公益（慈善）信托借鉴，曾有失信、欺诈等违法行为的基金会或其他社团组织，或在管理其他公益信托或慈善活动过程中有管理不当的行为并造成严重后果的，不能担任资源类国有资产公益信托的受托人。而现有立法对慈善信托的受托人资格作出了细致的规定，将受托人限于"依法设立的信托公司或依法予以登记或认定的慈善组织"，客观上将失信（违法）的社会组织排斥在慈善信托之外。

《中华人民共和国信托法》第六十二条规定："公益信托的设立和确定其受托人，应当经有关公益事业的管理机构（以下简称公益事业管理机构）批准。"因此，委托人选择受托人后，应经公益事业管理机构批准。此外，在受

---

[1] 李兴华：《表决权信托法律制度研究（硕士学位论文）》，中国政法大学，2007年，第19页；慕丹：《国家股权信托制度研究（硕士学位论文）》，中国政法大学，2008年，第27页。
[2] 徐孟洲：《论我国公益信托的设立》，《广东社会科学》，2012年，第9期，第50—56页；何宝玉：《信托法原理研究》，北京：中国政法大学出版社，2005年，第189页。

托人选任的过程中，公益事业管理机构也应注重对选任标准和程序的监管。《中华人民共和国慈善法》第四十六条并未规定慈善信托受托人的选任应经民政部门的批准，而是规定"可以由委托人确定其信赖的慈善组织或者信托公司担任"受托人，将受托人限定为受到严格监管的慈善组织和信托公司客观上也降低了受托人信用风险的可能性，以期实现简便设立程序激励慈善信托设立的效果。然而资源类国有资产及其收益有不同于私人财产的公益性和公共属性，委托人在选任受托人时，应对受托人资质有充分的尽职调查和审核。

（1）使用权公益（慈善）信托的受托人

这类公益信托的受托人一般应选择公益组织和基金会，可以是官方的，也可以是民间性质的环境保护公益组织，这些公益组织应根据我国《社会团体登记管理条例》《民办非企业单位登记管理暂行条例》中的相关规定依法设立。

（2）资源类国有资产收益的公益（慈善）信托基金的受托人

资源类国有资产公益（慈善）信托基金的受托人是信托公司和基金会。

日本《信托法》从制定初始就引入了公益信托制度，但是直到1977年，公益信托才被首次利用。1993年以后，日本银行的信托子公司以及地方金融机构，开始承办公益信托业务，日本的公益信托由此呈现出更为强大的生命力。[①] 我国《信托公司管理办法》第十七条规定："信托公司可以根据《中华人民共和国信托法》等法律法规的有关规定开展公益信托活动。"我国信托公司在我国现有的公益信托和"准公益信托"中，也发挥了重要作用。《中华人民共和国慈善法》第四十六条规定："慈善信托的受托人，可以由委托人确定其信赖的慈善组织或者信托公司担任"，实践中，信托公司亦积极开展慈善信托业务，且多与慈善组织作为慈善信托的共同受托人。

---

① 中野正俊、张军建：《信托法》，北京：中国方正出版社，2004年，第243页。

基金会是否可以作为公益信托的受托人，是颇具争议的问题。有学者认为，基金会和信托的差异明显，在慈善事业中，信托，还是设立基金会，需要做出选择。例如赵磊提出的命题：《公益事业模式之选择：基金会还是公益信托？》在其书中，列举了我国基金会的诸多问题，如捐赠财产的属性模糊、使用混乱，对基金会运行的监督不力，管理体制不科学等；由此得出的结论是："公益信托"是优于基金会的选择。[1]在我国现有的法律语境中，基金会属于财团法人的性质，是慈善组织的一种类型；从《中华人民共和国信托法》对"信托"的定义来看，信托是一种行为。实际上，公益信托与基金会的融合有其身后的现实根基，实践中，这种融合始于公益信托受托人的组织化。在英国，最初是由教会承担（等同于）信托受托人的职责，随着市民社会的崛起，越来越多的慈善事业是以公益信托的形式兴办学校、济贫院、图书馆等。在这个过程中，受托人逐渐专业化、组织化。美国的公益信托受托人，则一直是由基金会这种专业的信托受托人来担任。[2]综观现今美国的慈善事业，不论是先设立公益信托，后形成基金会，如盖蒂信托；[3]还是先设立基金会，为了完成某个专项公益事业，而采用信托的方式，例如全美第二大基金会——福特基金会于2011年设立的Catalyst信托。[4]通过公益信托与基金会的融合，以基金会为公益信托受托人或其他信托当事人的方式，促进公

---

[1] 赵磊：《公益信托法律制度研究》，北京：法律出版社，2008年，第209-231页。
[2] 何宝玉：《信托法原理研究》，北京：中国政法大学出版社，2005年，第335页；李政辉：《公益信托与基金会的关系：基于融合的视角》，《甘肃政法学院学报》，2012年，第7期，第79-86期。
[3] 盖蒂信托是目前全球最大的视觉艺术慈善组织，其创始人J.鲍尔·盖蒂建立了博物馆，并于1982年将不动产设立盖蒂信托。2005年，盖蒂信托所运行的"盖蒂计划"变更成为盖蒂信托基金会，目前该基金会的资产规模位于美国基金会资产规模第三位。参见盖蒂信托［EN/OL］. http://www.getty.edu/about/trust.html，2011-09-11；美国基金会网站关于盖蒂信托的相关介绍［EB/OL］. http://foundationcenter.org/findfunders/topfunders/top100assets.html，2013-09-29.
[4] 《美国基金会网站关于福特基金会的相关介绍》，http://www.fordfundation.org，2012年3月30日。

益目的的更好实现,也是二者融合的动力。正如学者赖源河、王志诚所提出的"公益信托与公益法人可以发挥互补的功能"的观点。[①] 韦祎也认为:"如果脱离了中国语境,仅从字面或制度原理出发对这两者进行比较是不科学的,也非常不利于我们正确理解这两个制度间协调配合的关系。"[②] 资源类国有资产公益信托基金,可以融合基金会与公益信托;根据《中华人民共和国慈善法》的规定,作为慈善组织的"基金会"具备成为资源类国有资产慈善信托受托人的法律依据。以我国现有的、运作良好、组织健全、没有违法违规行为的基金会作为受托人,通过组织形式的创新实现公益目的和慈善捐赠的高效率;从另一个角度看,我国基金会的设立与存续必须满足较为严格的法定条件,也有利于资源类国有资产公益(慈善)信托目的的实现。[③]

此外,公益(慈善)信托基金的受托人还应的有一共同受托人,即资金托管人(一般是商业银行)。

二、受托人的权利和义务

受托人在信托关系中的关键地位,源于持有和管理信托财产并以自己的名义处理信托事务,为确保受托人只为受益人的利益或确保受托人实现信托目的,防止受托人侵害受益人、信托财产,各国信托法也要求受托人承担严格的责任和义务,也构成了信托立法的重点。[④] 现代商业信托中的受托人,权

---

① 赖源河、王志诚:《现代信托法论》,北京:中国政法大学出版社,2002年,第239页。
② 韦祎:《中国慈善基金会法人制度研究》,北京:中国政法大学出版社,2011年,第195—196页。
③ 《基金会管理条例》第八条规定基金会应当具备下列条件:第一,为特定的公益目的而设立;第二,全国性公募基金会的原始基金不低于800万元人民币,地方性公募基金会的原始基金不低于400万元人民币,非公募基金会的原始基金不低于200万元人民币;原始基金必须为到账货币资金;第三,有规范的名称、章程、组织机构以及与其开展活动相适应的专职工作人员;第四,有固定的住所;第五,能够独立承担民事责任。
④ 何宝玉:《信托法原理研究》,北京:中国政法大学出版社,2005年,第206页。

利不断扩张，义务也不断加重，以为维持受托人权利、义务配置的平衡。[①]

(一) 资源类国有资产信托中受托人的权利

受托人的权力（权利）、义务是信托良性运行的保障，也是受益人权益的重要保障，受托人所做出的决策是十分重要的，涉及信托财产的维持，也涉及受益人权益的享有，以及直接影响受益人权益享有的许多其他个人自由裁量权的行使。同时，信托具有高度道德化、人性化的色彩，信托关系的成立首先基于委托人对受托人的信任，信托的成败也在很大程度上取决于受托人的品格、能力、专业操守及其敬业程度等，受托人的义务和责任成为信托法律关系的重要内容，受托人的权利却较少提及，而受托人的权利，却恰恰是我国资源类国有资产借助信托工具运营的重要原因。

一般来说，受托人享有管理信托财产的权力，又享有作为受托人本身拥有的权利（获得报酬的权利）。具体而言，资源类国有资产信托的受托人享有的权利包括：

1. 独立自主管理和支配信托财产的权力

根据信托文件、基于信托目的，受托人有权独立自主地使用管理支配信托资产，决定资源类国有资产的运营方式。委托人可以指示并授权受托人从事某项特定的信托管理行为，受托人根据委托人的指示行事的权力是"强制性权力"；委托人也可以授权受托人根据自己的判断来决定是否行使某种权力、何时及如何行使该权力，受托人的这一权力是"任意性权力"，即自由裁量权。资源类国有资产的受托人，根据《中华人民共和国信托法》和信托文件的规定，享有独立自主管理处分信托财产、处理信托事务的权力，但委托人

[①] Halbach JR., Edward C.: *Uniform Acts, Restatements, and Trends in American Trust Law at Century's End*, *Cal. L. Rev.*, 2000, 88: pp.1877-1896.

和受托人另有约定的除外。

值得一提的是,除非委托人保留部分权利,资源类国有股权信托的受托人可以向上市公司主张股东所拥有的全部权利,具体权利范围为:(1)依照其所持有的股份份额对股东大会的各项决议事项行使表决权。(2)依照法律、上市公司章程的规定推荐董事、监事以及其他管理人员;参加或者委派代理人参加股东会议。(3)对上市公司的经营行为进行监督,提出建议或者质询。(4)依照法律、上市公司章程的规定获得有关信息。但是,受托人不得行使下列权利:转让、赠予或质押其所持有的信托财产。(5)上市公司终止或者清算时,按其所持有的股份份额参加公司剩余财产的分配。(6)经委托人书面特别授权对上市公司合并、分立、解散和清算等事项进行表决。

英国《2000年受托人法》规定,受托人可以进行各种投资,就像其对信托财产享有绝对的权利一样,这种权利被称为"全面投资权"(general power of investment)。全面投资权不允许受托人进行地产方面的投资,但是可以投资较为稳定的地产债券:一是有其他信用担保的情况下,信用包括现金和其他金融贷款;二是在合同中规定了借方提供地产作为担保。[①]资源类国有资产公益信托的受托人拥有投资、经营的权利,也应该根据信托文件的扩展和限定。在进行信托财产投资、经营时,受托人需要更谨慎地选择那些风险小的投资品种。《慈善信托管理办法》明确了慈善信托财产运用应当遵循合法、安全、有效的原则,除委托人和信托公司另有约定外,慈善信托财产应运用于银行存款、政府债券、中央银行票据、金融债券和货币市场基金等低风险资产。

2.补偿请求权及优先受偿权

《中华人民共和国信托法》第三十七条第一款规定:"受托人因处理信托

[①] *Trustee Act 2000*. Section IV.

事务所支出的费用、对第三人所负债务,以信托财产承担。受托人以其固有财产先行支付的,对信托财产享有优先受偿的权利";第二款也做出了例外规则的规定:"受托人违背管理职责或者处理信托事务不当对第三人所负债务或者自己所受到的损失,以其固有财产承担。"

(1)补偿请求权

资源类国有资产的受托人,在信托期间,因管理、处分信托财产而支付的相关费用,如税赋、管理费、交易费用、维护费用、债务等,均以信托财产支付和清偿;信托财产不足以支付的,应由受益人承担。在受托管理经营信托财产的过程中,受托人的人身财产因受托行为遭受损失的,可以要求受益人补偿。

(2)受托人的优先受偿权

《中华人民共和国信托法》第三十七条第一款规定:"受托人因处理信托事务中所支出的费用、对第三人所负债务,以信托财产承担。受托人以其固有财产先行支付的,对信托财产享有优先受偿的权利。"上述费用的支出,受托人一般是在特殊情况下用自有资产支付,因此受托人有权优先从信托财产中获得相应的补偿,即优先受偿的权利,受托人在向受益人支付信托利益或偿还一般债权人前,可以先以信托财产补偿自己的支出;但是受托人的优先受偿权不能优先于信托财产的抵押权、质权、留置权。

不过,根据《中华人民共和国信托法》对受托人的优先受偿权的规定,是第三人和受托人恶意串通,可能导致权利的滥用。而日本《信托法》,对"先行支付"款项限定于"公共费用、租税、课捐、维持和改良信托财产的费用和利息"等。笔者认为可以在《中华人民共和国信托法》中,规定受托人的"优先受偿权"仅限于受托人以固有财产支付信托财产的保存费用、改良费用以及上述费用的利息;而因信托财产或信托行为造成第三人损失以受托人固有财产支付的,受托人不得享有优先受偿权,只能向受益人追偿。

3. 辞任权

《中华人民共和国信托法》第三十八条规定:"设立信托后,经委托人和受益人同意,受托人可以辞任。受托人辞任的,在新受托人选出前,仍应履行管理信托事务的职责。"资源类国有资产公益信托的受托人的辞任,必须经公益事业管理机构批准;资源类国有资产慈善信托的受托人,根据《慈善信托管理办法》第三十九条的规定,除信托文件有规定外,受托人不得辞任,可见,信托文件仍可约定慈善信托受托人的辞任情形、新受托人选任方式和程序,并于民政部门重新备案。私益信托的受托人,经委托人和受托人同意后,还应经监管部门核准,方可辞任,其履行职责也应到新受托人上任为止。

4. 报酬请求权

《中华人民共和国信托法》第三十五条规定:"受托人有权依照信托文件的约定取得报酬。信托文件未做事先约定的,经信托当事人协商同意,可以做出补充约定;未作事先约定和补充约定的,不得收取报酬。约定的报酬经信托当事人协商同意,可以增减其数额。"倪受彬教授提出,国有资产信托的受托人获取报酬的方式,可以有三种思路:获取固定数额的报酬;根据收益提成;根据受托资产的净值的一定百分比提成。[①] 笔者认为,固定数额报酬在一定程度上容易挫伤受托人积极性,难以激励其经营的效率。根据信托收益提成,虽然激励了受托人增加信托收益的积极性,但是却可能使受托人急功近利,片面追求资源类国有资产开发利用的经济利益,而忽视自然资源的生态性,背弃可持续利用模式;根据净值的百分比提成的方式,为现有的单

---

① 倪受彬:《国有资本信托法律问题研究(博士学位论文)》,上海:华东政法学院,2005年,第55页。

位信托（包括集合资金信托计划、证券投资基金等）普遍采用，这种方式可以促进受托人积极有效管理和长期经营，作为资源类国有资产受托人的报酬获取方式，具有比较优势。资源类国有资产的资产净值涉及自然资源的价格、生态价值等多方面的评估，由受托人聘请专业的审计评估机构对受托资产进行年度会计评估，按照资产净值获取报酬。

公益信托受托人的报酬请求权，现有立法并未予以明确，而《慈善信托管理办法》第二十五条规定受托人"依法取得信托报酬"。在我国现有的"准公益信托"中，"同心信托"约定了受托人——北京国投收取报酬，而"爱心信托"的受托人——云南国投不收取报酬。根据信托文件的约定，资源类国有资产公益信托的受托人有享有获取信托报酬的权利，但根据《中华人民共和国信托法》第六十三条规定："公益信托的信托财产及其收益，不得用于非公益目的。"以及根据《慈善信托管理办法》第二十三条的规定，慈善信托财产及收益应当全部用于慈善目的。因此，受托人的报酬不能从公益（慈善）信托财产中支出，信托文件应约定受托人报酬由委托人支付。

5. 委托他人代为处理的权利

《中华人民共和国信托法》第三十条规定："受托人应当自己处理信托事务，但信托文件另有规定或者有不得已事由的，可以委托他人代为处理。受托人依法将信托事务委托他人代理的，应当对他人处理信托事务的全部行为承担责任。"在资源类国有资产信托中，尤其是在资产流动化型证券化股权信托、公益信托中，均会出现受托人委托或与他人合作的事由，如联合或委托开发、委托销售、委托管护等，这种情形，受托人应该经过监管部门批准，并且应告知委托人和受益人，信托文件也应对合作、委托等行为和法律责任做出明确说明。可见，受托人可以委托他人代为处理，但是受托人必须对代理行为承担责任。笔者认为，这种规定将置受托人于两难境地：明知委托他人代为处理更有利于信托目的的实现和受益人的利益,但是基于《中华人民共和国信托法》的相关规定,受托人出于自身利益和回避风险的考虑,很可能在转委托对受益人更有利的情况下而不予转委托。相比之下,日本、韩国的规定更具灵活性,受托人(对此)仅负选任和监督代理人的责任。[1]因此笔者认为在资源类国有资产信托文件中予以明确"受托人委托他人处理信托事务"的责任:受托人经委托人或受益人同意,将信托事务委托他人代理的,仅就选任不适任的代理人或怠于监督代理人的行为致使信托财产发生损失的,承担民事责任;当出现不得已事由无法通知委托人或受益人时,遵循忠实和谨慎义务的前提下,受托人可以委托他人处理,受托人仅对委托代理人的选任和监督承担责任。

6. 受托人有权出租、出售、抵押、质押信托财产

我国目前对资源类国有资产的开发利用占有使用采取行政许可制,同时对开发利用占有使用者的资质有严格规定和审批程序。因此,信托合同对信托的资源类国有资产的出租、出售、抵押、质押应做出明确约定,凡出租、出售、抵押、质押应向监管部门申报、审批、备案。例如,资源类国有资产的证券化和投资信托,经过金融监管部门的批准,可通过银信合作业务,由信托公司担保或信托合同质押向银行获取贷款。

7. 公益信托受托人的"受益人选择裁量权"

英美信托法中的"裁量信托",是指委托人在设立信托时并不指定受益人,多把选定受益人的权利赋予受托人,受托人遵循委托人设立的信托目的,充分斟酌后再行使裁量权选定受益人。[2]《中华人民共和国信托法》《中华人民共和国慈善法》并没有明确赋予受托人选定受益人的"裁量权",而委托人

---

[1] 日本《信托法》第26条规定:"为实现信托目的,受托人有权就信托财产项下之财产行使必要的管理或处分的行为,但是不妨碍以信托行为对其权限给以限制。"

[2] 何宝玉:《信托法原理与判例》,北京:中国法制出版社,2013年,第109页。

在信托设立时就应载明受益人或受益人范围。在 2008 年汶川大地震后，根据 2008 年 6 月 2 日中国中国银行业监督管理委员会紧急发出的《支持灾后重建工作的通知》，2008 年我国第一个由信托公司发起的较大规模的公益信托也问世（1000 万元人民币），设立的目的是用于抗震救灾的公益项目，受益人范围是确定的，但受益人却是不特定的多数人。就受益人而言，也体现出来了不特定多数的公益信托的特征。受益人的确定，由公益事业管理机构负责协调、安排，并由受托人对受益人进行确认；或由其他合法组织推荐受益人范围，由受托人选择确认；或者由受托人亲自选择和确定受益人。因此，我国公益信托中的受托人，根据信托文件的规定，资源类国有资产公益信托的受托人，享有确定受益人的自由裁量权，实际上也被赋予了"裁量权"。

（二）资源类国有资产信托中受托人的义务

现代信托以投资受益、经营受益、公益受益为目的，最根本的在于维护受益人的权利，信托制度相较公司制度，所有权与收益分离程度更甚，因此对受托人的约束与制约机制成为信托制度的关键。[1] 资源类国有资产信托也不例外，对受托人的约束和制约，通过受托人法定义务和约定义务得以实现。

《中华人民共和国信托法》第二十五条、第二十九条、第三十条、第三十一条、第三十二条、第三十四条规定了受托人的积极义务，第十八条、第二十六条、第二十七条、第二十八条规定了受托人的消极义务，同时也规定了受托人处理信托事务的基本原则，即为受益人的最大利益处理信托事务。受托人的传统义务一般以信义义务为基石，行使权利的受托人应以受益人利益优先于自己的利益，强调忠诚、热心乃至自我牺牲，这一义务是信托得以

---

[1] 彭插三：《信托受托人法律地位比较研究》，北京：北京大学出版社，2008 年，第 216 页。

实现的保证。① 信赖关系是当一方基于信赖将自己的权利授予另一方形式而产生的法律关系,在这种法律关系中,行使权利的一方应以他人利益优先于自己的利益;② 强调忠诚、热心乃至自我牺牲。③ 法理上通常将信义义务分为注意(谨慎)义务和忠实义务:忠实义务要求受托人将受益人的利益置于高于自身利益的优先地位,禁止受托人从事与信托利益冲突的交易。注意(谨慎)义务要求受托人在管理和处分信托财产中负有处理自己财产时所应具有的谨慎和采取相应措施的义务。④《中华人民共和国信托法》第二十五条第二款规定:"受托人管理信托财产,必须恪尽职守,履行诚实、信用、谨慎、有效管理的义务。"我国《信托公司管理办法》第二十四条规定:"信托公司管理运用或者处分信托财产,必须恪尽职守,履行诚实、信用、谨慎、有效管理的义务,维护受益人的最大利益。"《信托公司集合资金信托计划管理办法》第四条规定:"信托公司管理、运用信托计划财产,应当恪尽职守,履行诚实信用、谨慎勤勉的义务,为受益人的最大利益服务。"这对受托人履行义务提出了两方面原则性要求:一方面,受托人管理信托财产必须恪尽职守,不能疏忽大意,信托成立后,受托人必须对信托财产做好详尽的登记、记录,研究信托文件的条款,考虑应当注意的问题,比管理自己的财产更加小心、谨慎。另一方面,受托人应当诚实信用,由于受托人基于委托人的信任而取得信托财产的管理处分权利,对等的,受托人也应当付出相应的责任,在管理和处分信托财产的行为中,应当对受益人诚实、守信,以善意和诚实的方式履行义务,

---

① Frankel Tarmar. : *Fiduciary Law, Califormia Law Review*, 1983, 71,(3): pp.795–811.

② Cooter Robert., Freedman Bradley J. : *The Fiduciary Relationship : Its Economic Character and Legal Consequences*, New York University Law Review, 1991, 66 : pp.1030–1045.

③ Fitzgibbon Scott. : *Fiduciary Relationships Are not Contracts*, Marquette Law Review, 1999, 82 : pp. 303–340.

④ Oakley A. J. : *Trends in Contemporary Trust Law*, New York : Oxford University Press, 1996, p.157.

不违反法律和信托文件的规定,不欺诈受益人。[①]

笔者认为,在完善《中华人民共和国信托法》所规定的受托人义务的基础上,资源类国有资产信托的受托人义务具体包括:

1. 注意(谨慎)义务

注意义务又称为谨慎义务,要求受托人应以相当注意为受益人的利益管理、处分信托财产,以实现信托目的;受托人是具备较高技能的专业机构,则有义务运用自己的技能和判断维持信托有效率经营,否则应寻求有资格的专业人士的协助。[②]英美法系认为受托人按照谨慎标准,应像一个谨慎的商人处理自己的事务一样,处理信托事务;对有某种具有专业资格的从业受托人,即在设立信托时,受托人许诺具有特殊技能,则法律对他们的谨慎标准应当是所处行业从业人员的职业技能和谨慎标准,对有偿受托人提出了更高的要求。[③]正如美国《信托法重述(第三次)》第227条的规定:"受托人对受益人负有义务,应当考虑信托目的、信托期限、分配要求和信托的其他情况,像一个谨慎的普通人一样投资和管理信托财产。谨慎义务要求合理注意,具有技能,保持谨慎。如果受托人拥有或者自称拥有比一般的谨慎人更特殊的设施或更高的技能,那么他就有义务使用该设施或者技能来履行信托义务。"[④]大陆法系的"善良管理人义务"替代了英美法系的"注意义务",善良管理人源自罗马法的"善良家父"概念,要求受托人遵循善意、小心谨慎、行为端正的主观心理状态,受托人在管理信托事务时应当以一个合理谨慎的人在相似的情形下所应表现出的谨慎、勤勉以及履行其管理职责。大陆法系的学者对受托人履行"善良管理人之注意义务"的行为标准,给予的解释是:受托人

---

① 卞耀武:《中华人民共和国信托法释义》,北京:法律出版社,2002年,第96页。

② 谢哲胜:《财产法专题研究(三)》,北京:中国人民大学出版社,2004年,第98页。

③ Finn Paul: *Fiduciary Obligations*, London: Law Book Company, 1977, pp.109–140.

④ *Restatement(Third)of Trusts*, p.227.

所从事的职业或他所在的社会阶层一般所要求达到的注意或谨慎的程度。因此，专业的营业信托受托人应当比普通的民事信托受托人履行更高的注意义务标准。可见，大陆法系对受托人注意义务的要求与英美信托法并无实质的区别。①注意义务是适用于受托人处理信托事务的所有情形下的重要义务。②

《中华人民共和国信托法》第二十五条规定："受托人应当遵守信托文件的规定，为受益人的最大利益处理信托事物。受托人管理信托财产，必须恪尽职守，履行诚实、信用、谨慎、有效管理的义务。"《信托公司集合资金信托计划管理办法》第九条对受托人的事前尽职调查做出规定，要求受托人做出可行性、风险评估等调查报告；第十二条、第十三条对信托计划说明书、信托合同应该载明的事项做出规定；第二十三条规定了信托公司管理信托计划应该设立的部门和经理人；第二十五条、第二十六条规定了信托计划的投资方式，运用信托基金可以采取债权、股权、物权以及其他可行方式；第二十七条对信托公司以信托财产向第三人提供担保的禁止性规定，并规定"向他人提供贷款不得超过其管理的所有信托计划实收余额的30%"，"不得将同一公司管理的不同信托计划投资于同一项目"。《证券投资基金法》第九条、第十九条也概括了基金受托人在管理、运用基金财产时应恪尽职守，履行谨慎义务；第五十七条明确了基金管理人"资产组合的具体方式和投资比例，依照本法和国务院证券监督管理机构的规定在基金合同中约定"；第五十八条明确了基金财产的投资范围；第八十三条指出了受托人违法或者违约造成损失时应承担赔偿责任。此外，《中央企业投资监督管理暂行办法》《全国社会保障基金投资管理暂行办法》《全国社会保障基金境外投资管理暂行规定》

---

① 霍玉芬：《信托法要论》，北京：中国政法大学出版社，2003年，第89页；何宝玉：《信托法原理研究》，北京：中国政法大学出版社，2005年，第209页。
② 四宫和夫：《信托法》，《有斐阁》，1989年，第248页；转引自张军建：《信托法基础理论研究》，北京：中国财政经济出版社，2009年，第189页。

《商业银行开办代客境外理财业务管理暂行办法》《中国银行业监督管理委员会办公厅关于调整商业银行代客境外理财业务境外投资范围的通知》《基金管理公司投资管理人员管理指导意见》等,均对受托人的谨慎义务(谨慎投资义务)做出了规定。

借鉴英国信托法的规定,不获取报酬的受托人在执行信托中必须尽到"一个普通谨慎的商人在自己类似事务中的谨慎义务";获得报酬的受托人与不获报酬的受托人相比较,以"较高标准的勤勉和知识"或者"显示专长的特殊义务"承担谨慎(投资)义务,包括:提供受托人拥有的任何特殊知识或者技能;这种知识或技能是在类似商业或者职业过程中行为人所合理期待的。[①] 美国《统一谨慎投资人法》(*The Union Purdent Trustee Act* 1994)对受托人的谨慎义务规定了具体的注意标准,可作为资源类国有资产证券化和投资信托、公益信托基金受托人谨慎注意义务的参照。该注意标准主要包括:第一,受托人在投资与管理信托财产时,应如同一谨慎投资人充分考虑信托目的、信托条款、分配要求以及信托的其他环境。在满足这些标准的情况下,受托人应运用合理的注意、技能与警惕。第二,受托人关于某个资产的投资与管理的决定,不能孤立地进行评价,而应作为一个整体投资组合的一部分进行评价,根据存在的对整个组合的风险与收益的影响来评估。第三,受托人投资和管理信托财产应当考虑的是对信托或受益人有关的下列因素:整个社会的整体经济形势;通货膨胀的可能影响;投资决定或投资策略的预期纳税结果;每一项投资或投资行为在包括金融资产、控股公司的权益、有形的与无形的动产或不动产在内的整体投资组合中所起的作用;源于资本增值与收益的整体的预期投资回报;受益人的其他经济来源;本金的流动性、收益

---

① Trustee Investments Act 1961. Sections 1–3,5,6,8,9,12,13,15 and 16(1),Schedules 1,2 and Paragraph 1(1)of Schedule 4;文杰译:《信托法(最新不列颠法律袖珍读本)》,武汉:武汉大学出版社,2003年,第255页。

的稳定性；一项资产对信托目的或受益人所具有的特殊关系。第四，受托人应采取合理努力证实信托资产投资有关项目的事实因素。第五，有专门技能或专业知识的受托人，有运用其专门技能或专业知识的责任。此外，凡投资必有风险，谨慎投资义务并非保证投资结果不亏损，而是保证投资仅具有"谨慎的风险度"（a prudent degree of riks），而不能置信托财产于危险的投资中。① 在美国立法的影响下，英国于2000年颁布的《受托人法》中细化了谨慎投资人规则，该法第1章第1条规定："无论在什么情况下，只要本条规定的谨慎义务适用于受托人，他就必须行使在当时情况下合理的谨慎和技能，特别要考虑到：他拥有或者声称拥有的特殊知识和经验；如果他是在经营活动中或者作为职业而担任受托人的，人们应当合理地期望一个从事该种经营活动或者职业的人所应当具有的特殊知识或者经验。"第2章第4条规定："……（1）行使任何投资权时，受托人必须遵守标准投资准则。（2）受托人必须适时检查信托投资并且考虑根据标准投资准则。（3）信托的标准投资准则是：投资的适宜性，即受托人意图从事或保留的特定投资所属的投资类型，对于信托而言是适宜的，并且特定投资作为这类投资，对信托来说也是适宜的；投资的多样化即信托投资多样化的需要，只要对信托的具体情况来说是适当的。"②

借鉴英美立法，笔者认为，一般受托人承担"与处理自己事务同一的注意"，因为无偿信托更多的是基于对受托人人格的信任，在风险和受益都相对较小的情况下，受托人义务也更轻，受托人谨慎的层级应更低；专业受托人则应该承担"善良管理人的注意"，即善良管理人的谨慎注意义务和处理自己

---

① Halbach Edward C.: *Trust Investmengt Law in the Third Restatement, Real Property, Probate and Trust Journal*, 1992, 27, pp.400-407；何宝玉：《信托法原理研究》，北京：中国政法大学，2005年，第407页。
② Trustee Act 2000. Section 1 Duty of care；何宝玉.英国信托法原理与判例[M].北京：法律出版社，2001. 388-389.

的事务负同一的注意义务相比，前者的要求比后者高。[①]选择专业受托人，一般是基于信任受托人人格，对受托人的能力寄予了更多的信任，由此产生的较大风险和受益就要求受托人承担更大的义务，在管理信托财产时负有更高层级的注意，即达到与自己特别的能力相符合（或者说，委托人期待的）的注意程度。

具体而言，资源类国有资产信托受托人的谨慎义务包括：

首先，对受托的资源类国有资产，受托人应谨慎管理和处分，由于委托人是基于受托人的专业技能而设立信托，受托人也应根据自己特殊的、专业的技能和经验，细致调查，对商业风险充分估量，全力以赴、毫不保留地对受托的资源类国有资产尽到谨慎经营、管理、保值、增值的义务。

其次，资源类国有资产使用权公益（慈善）信托的受托人，并不以盈利为目的，其注意义务主要是利用专业技能和管理经验，对信托财产的保护（保值）、再生、治理和修护，注意各类不可抗力或其他环境因素可能对信托财产的毁坏和不利影响，慎重地保持自然资源的原有生态价值和经济社会价值，并尽力修护。信托基金的受托人应依照信托文件，选择风险小、收益稳定的投资产品，充分考虑并注意降低和分散投资风险，实现受益人利益最大化。

最后，资源类国有资产证券化和投资信托的受托人谨慎投资的具体准则。受托人应考虑与信托或受益人相关的各种事项，如资产池的资产重组、投资决策可能产生的税收后果、每一项投资在总体信托财产投资组合中的作用、成本和预期总收益、资产流动性的需要等。受托人还应采取合理的措施，查证与有关的信息，制定明确的投资方向、融资目标和渠道，以及投融资策略。

[①] 四宫和夫：《信托法》，有斐阁，1989年，第248页，转引自张军建：《信托法基础理论研究》，北京：中国财政经济出版社，2009年，第189页。

其谨慎义务的目标是，受托人只应产生对信托财产、信托目的和受托人技能而言是适当的和合理的成本。[1] 此外，我国的《信托公司集合资金信托计划管理办法》中禁止营业信托的受托人承诺保本或最低收益率，这一规定从另一角度回避了受托人应尽最大努力保证信托财产的安全；[2] 我国《证券投资基金销售管理办法》中允许基金公司承诺保本，但不得承诺盈利和最低收益率。笔者认为，资源类国有资产使用权为信托财产的信托，受托人承诺保本并无不妥，这类信托的受托人应更谨慎地保障资源类国有资产的经济和生态价值的安全。但是市场风险和投资的复杂性，以及受托人经营能力的客观差异，受托人即使高度小心谨慎也难免导致信托财产受到损失，因此，信托文件应给予受托人相应的免责条款，判断受托人是否履行了谨慎注意义务，应依照受托人做出投资决定时的事实和情况判断，并完全不能以结果来判断。

2. 忠实义务

根据英国法学家海顿的定义，受托人的忠实义务包括：受托人不得从信托中获利；禁止受托人购买信托财产，即禁止自我交易，购买信托项下的受益人的衡平权益时应该公平交易；受托人未经授权不得获取报酬；不得与信托从事的业务竞争等。[3]

笔者认为，受托人的忠实义务是资源类国有资产信托的信托目的得以实现的基本保障，受托人管理信托财产、处理信托事务，只能为了受益人的利益，不能为自己或其他第三人的利益。英国对受托人的忠实义务的规定是史上最严格的义务，不仅规定了行为不当的受托人应如何承担责任，而且要求受托人不得使自己处于职责与个人利益冲突的地位，一旦受托人将自己的利

---

[1] 文杰：《信托法专题研究》，北京：中国社会科学出版社，2012年，第61-62页。
[2] 参见我国《信托公司集合资金信托计划管理办法》第八条的规定。
[3] Hayton D.J.：*Commentary and Cases on the Law of Trusts and Equitable Remedies*, London：Sweet&Maxwell，1996, p.569.

益与受托人职责发生冲突,受益人就有权要求撤销受托人的行为,即受托人的地位和个人利益不能相互冲突。① 受托人忠实义务的对象是委托人的"信托目的"和"信托文件的规定":信托目的反映的是委托人设立信托的意愿,是其意思的真实表示,受托人对委托人承诺忠实按照其意愿行事,从某种意义上,忠实义务的对象应是委托人;② 在遵守信托目的的前提下,信托文件规定的范围内,为了受益人的最大利益处理信托事务。③

我国资源类国有资产信托的受托人忠实义务主要体现在:

(1) 受托人信息披露义务

《中华人民共和国信托法》第二十条规定:"委托人、受益人有权了解其信托财产的管理、运用、处分及收支情况,并有权要求受托人做出说明;有权查阅、抄录或者复制与其信托财产有关的信托账目,以及处理信托事务的其他文件。"第三十三条第一款规定:"受托人必须保存处理信托事务的完整记录。记录的具体方式由受托人根据法律规定和具体情况自行决定。"第六十七条规定:"公益信托的委托人至少每年一次做出信托事务处理情况及财产状况报告,经信托监察人认可后,报公益事业管理机构核准,并由受托人以公告。"根据我国《信托公司管理办法》和《集合资金信托计划管理办法》规定,信托公司应依法将反映其经营状况的主要信息。对此,笔者比较借鉴了新加坡《集合投资计划守则》和我国香港地区《房地产投资信托守则》的相关规定(见表2)。综观国外的立法和我国现有立法,应披露的信息一般集中在:财务会计报告、公司治理、业务经营、风险管理、关联交易及其他重大

---

① Hayton D. J.: *Commentary and Cases on the Law of Trusts and Equitable Remedies*, London: Sweet&Maxwell, 1996, p.569.
② 中野正俊:《信托法讲义》,东京:酒井书店,2005 年,第 138-140 页;转引自张军建:《受托人的忠实义务与善管义务》,《河南财经政法大学学报》,2012 年,第 4 期,第 84-90 页。
③ 中野正俊、张军建:《信托法》,北京:中国方正出版社,2004 年,第 142 页。

事项等真实、准确、及时、完整地向委托人、受益人及相关利益人公开；对于可能产生风险或损害投资人利益的行为，或关联交易，应做出解释、说明、解决办法及相关论证；受托人违法违规行为，执业人员和董事相关人员的违法违规行为通报等。公益信托的受托人，还有必要披露和公示受益人范围、最终确定的受益人名单和相关选择受益人的程序及其理由，并应接受委托人和其他相关利益人的监督。香港地区关于信息披露的规定较为细化，但是在立法中，这种细化的模式在法律适用上并不一定成就最佳的效果。

表2　新加坡、中国香港和内地关于信托资金计划和信托公司的信息披露规定

披露对象	新加坡	中国香港地区	我国内地
向受益人披露	1. 半年度、年度账目和报告； 2. 重大变更：投资目标或投资方式的变更；受托人或管理人报酬增加或报酬确定方式变更；费用和开支的增加；更换或新增管理人和受托人；受益人权利义务的变化等； 3. 营销资料的披露，应说明风险和提醒注意。	1. 财务预测的重大变动； 2. 物业估价报告； 3. 半年度或年度报告； 4. 1000000万以上的关联交易（有独立的专家编制意见，说明交易的公平和合理）； 5. 重大支出和诉讼； 6. 更换审计师、受托人、物业管理公司； 7. 信托关系人及关联人的受益权利及其任何变化； 8. 信托关系人及关联人的潜在利益冲突及为解决该冲突已采取的措施； 9. 信托关系人（及关联人）直接或间接、可能与投资信托竞争的业务中拥有权益，并附具解释和声明； 10. 与关系人（关联人）达成出售房地产协议的，应披露估价报告、价格和其他交易条款。	1. 资金管理报告、资金运用及收益情况表； 2. 关联交易； 3. 重大变更：信托财产可能遭受重大损失、信托资金使用方的财务状况严重恶化、信托计划的担保方不能继续提供担保。并提出应对措施。

续表

披露对象	新加坡	中国香港地区	我国内地
向监管部门报告	管理人（托管人）报告不可控制和其他违反行为。	1.上述报告、通函、通知必须实现送交证监会审批，获得批准后，在合理可行的情况下尽快送达持有人和潜在投资者； 2.销售文件和广告宣传（应声明其获得批准并不意味着官方的认可或推荐）。	关联交易事前报告。

资料来源：楼建波、杨秋岭编译：《房地产投资信托域外法律法规汇编》，法律出版社 2007 年版，第 412–436 页。

实际上，我国《信托公司管理办法》和《集合资金信托计划管理办法》的相关规定已相对具体，笔者认为，资源类国有资产信托应该将信息披露的义务区分为两部分内容，即：受托机构的信息披露，信托产品运营信息披露。

一方面，受托机构的信息披露内容。受托机构应披露的信息是该机构、公司的经营情况和重大事项，内容包括：注册资本变更，注册地或公司名称变更；年度报告，会计年度结束后就公司概况、公司治理、经营概况、会计报表、财务情况说明，重大事项等信息编制年度报告；可能影响本公司财务状况、经营成果，客户和相关利益人权益的重大事项，包括重大环境污染事件或自然灾害等，应及时报告；风险和风险管理情况，包括风险管理的基本原则和政策、风险管理的组织结构和职责划分、经营活动中可能遇到的风险以及产生风险的业务活动情况，可能面临的信用风险和控制策略，风险评级和使用外部评级公司的名称依据等，市场风险估算、影响和控制策略等；相关人员的变动情况，前五名股东报告期内变动情况和原因；高级管理人员变动情况和原因；重大诉讼事项；公司和机构组织及其管理人员受到处罚的情况，监管机构对公司检查后提出整改意见的，应该说明整改情况。[①]

另一方面，信托产品运营情况的信息披露。资源类国有资产信托中，应在信托文件中明确规定受托人必须设置账簿，并按照信托法、信托合同以及会计守则诚实记录；应定期将会计账册和财务报告反馈给委托人及受益人。资源类国有资产投资信托的受托人应该按月制作信托资金管理的报告和信托资金运用以及收益情况表，以备信托文件规定的人和监管部门的查询，并根据信托文件的规定，按期告知监管部门和信托文件规定的人，具体而言，信托资金管理的报告应该包括以下内容：信托财产管理、运用、处分和收益情况；信托资金运用组合比例情况；信托（投资）资金运用中金额列前十位的项目情况；信托执行经理变更说明；信托（投资）资金运用重大变动说明；涉及诉讼或者损害信托财产、委托人或者受益人利益的情形等。

资源类国有资产证券化的信息披露，主要由前期和运营过程中两个阶段的信息披露。受托机构在发行资产支持证券五个工作日前发布最终的发行说明书，这一说明书的内容包含：受托机构、发起人、托管机构、证券登记托管机构、评级服务等其他提供服务的机构名称和住所；发起机构简介和财务状况；发起机构、受托机构、托管机构在以往证券化交易中的经验和违约记录申明；交易结构和当事人的主要权利和义务；信托财产价值的评估报告；受益证券持有人大会的组织形式和权利；交易各方的关联关系申明；信托合同、贷款服务合同和资金保管合同等相关法律文件；资产池中的资产选择标准和统计信息；信托财产现金流需要支付的税费清单，以及其他各种费用支付来源和顺序；资产支持证券的分档情况、信用等级、票面利率、本息偿付优先顺序等；内外部信用增级方式；信用评级机构出具的信用评级报告和持续跟

[①] 吴弘、许淑红、张斌：《不动产信托与证券化法律研究》，上海：上海交通大学出版社，2005年，第327页。

踪评级安排的说明；律师的法律意见书，会计师出具的交易税收安排意见书；赎回或终止条款，如清仓回购条款等；投资风险提示；证券存续期间内信息披露的内容和方式。①

资源类国有股权信托的关联交易信息披露，如果是与控股股东或关联企业达成的，属于关联交易，有关信息披露应该按照关联交易披露的规定进行；如果信托经营收入对上市公司的利润影响极大，应该在报表附注中披露信托收入的定价政策、收付款方式以及条件等，以方便报表使用者了解关联交易的实质和经营状况。②

公益信托运营的信息披露有其特殊性，具体表现在：财务状况和信托事务的相关信息的知情权主体，不单是受益人、委托人，信托监察人、知情权主体在任何时候都有权要求阅览与信托账簿相关的文件资料，并要求受托人说明信托事务的处理情况。③此外，根据《中华人民共和国慈善法》第四十八条的规定，资源类国有资产慈善信托的受托人应当根据信托文件和委托人的要求，及时向委托人报告信托事务处理情况、信托财产管理使用情况；应当每年至少一次将信托事务处理情况及财务状况向其备案的民政部门报告，并向社会公开。

值得一提的是，涉及资源类国有资产投资和开发经营的信托产品，受托机构应及时披露环境影响评价报告书（表）、"三同时"制度的相关报告和审批副本等信息。受托机构在信息披露前，应将信息披露文件报送监管部门。根据监管机构的许可，受托人可以委托信托登记中心披露，或在证券交易所网站披露，或者在受托人的企业和组织的官方网站上予以披露；涉及商业秘

---

① 吴弘、许淑红、张斌：《不动产信托与证券化法律研究》，上海：上海交通大学出版社，2006年，第335页。
② 刘东辉：《我国上市公司股权托管与公司控制研究》，北京：中国金融出版社，2009年，第150页。
③ 施天涛、余文然：《信托法》，北京：人民法院出版社，1999年，第108页。

密等不适合公开的信息，应主动提供相关资料给委托人和受益人。在资源类国有资产证券化的存续期间内，受托机构应定期提供财务报告，证券收益情况和监管机构规定的其他信息。

（2）受托人不得利用信托谋取私利

《中华人民共和国信托法》第二十六条规定："受托人除依法取得报酬外，不得利用信托财产为自己谋取利益。受托人违反规定利用信托财产为自己谋取利益的，所得利益归入信托财产。"资源类国有资产受托人如果利用资源类国有资产、信托资金用于自己的业务发展，或挪用信托财产为自己投资、投机或其他商业冒险，获得的利益自己享有、损失由信托财产和受益人承担，则违背了忠实义务，根据该规定，受托人获取的利益纳入信托财产，损失则应由受托人赔偿。

受托人应根据合同约定和忠实义务等原则对资源类国有资产进行信托经营和管理，不得实施有损于受托财产的行为，受托人执行信托事务，应以受益人的利益为唯一考量，避免有利害冲突的情形发生。假如出现受托人自己与受益人进行交易的情形，受托人有义务公平交易，并将交易有关事项告之受益人。①

（3）保存记录和保守秘密义务

《中华人民共和国信托法》第三十三条第一款规定："受托人必须保存处理信托事务的完整记录。""记录"是指处理信托事务的全部、真实的原始记录，应当包括信托财产的账簿、交易相对人的状况、处理信托事务的方法等；"完整"是指有关处理信托事务所产生的所有生产和经营合同、证明材料、公函、传真、信件、票据、有价证券、银行账号等；所谓"保存"是指必须按照会计法、税收管理法、会计监督法等固定，把上述有关处理信托事务的所

---

① 中野正俊、张军建：《信托法》，北京：中国方正出版社，2004年，第142页。

有事项全部记账并装订成册，使用计算机进行保存的，必须设置专门的保存方式。①

《中华人民共和国信托法》第三十三条第三款规定："受托人对委托人、受益人以及处理信托事务的情况和资料，附有依法保密的义务。"受托人在经营管理资源类国有资产、管理资源类国有资产公益信托财产的过程中，势必获得委托人的商业秘密和其他保密信息，因此，要求受托人在管理信托事务中，对信托当事人、信托事务的情况承担保密义务，但是依法需要公示的财产和信息除外。当信托监察人、监管机关及其他公众依照法律程序要求了解或检查受托人处理信托事务、财产状况而索取信息资料时，受托人应依法办理。

（4）关联交易中的忠实义务

关联交易是指受托人与关联方的交易。关联方包括受托机构（托管机构）董事、监事、高级管理人员及其近亲属，以及这些人员所有或者实际控制的企业；如果受托机构同时管理两个或者两个以上的证券化项目、股权信托等，不同信托之间的交易均属于关联交易。关联交易易于被利用而损害资源类国有资产出资人（国家）的利益，需要在资源类国有资产信托立法中加以规制，以防止关联方利用交易谋取不当利益，损害资源类国有资产出资人的利益。笔者整理比较分析了新加坡《集合投资计划守则》和中国香港地区《房地产投资信托守则》中关于"关联交易"的规则。（见表3）

---

① 卞耀武：《中华人民共和国信托法释义》，北京：法律出版社，2002年，第109页。

表3 新加坡、中国香港地区和我国内地关于信托公司、
信托计划"关联交易"的规定

关联交易	新加坡	中国香港地区	我国内地
禁止	1. 不得把资金投资于自己的证券或任何关联公司的证券； 2. 不得将计划的资金借给关联公司； 3. 除非属于《房地产基金指引》批准的范围，不得为计划收购自己或关联公司所有的房地产资产。	并无绝对禁止。关联交易应事先获得持有人的批准：由持有人大会普通决议的行使做出，并向持有人发出公告、通函和通知。	1. 不得向他人提供担保； 2. 向他人提供贷款不得超过其管理的所有信托计划实收月的30%； 3. 不得将信托资金直接或间接运用于信托公司的股东及其关联人，但信托资金全部来源于股东或者关联人的除外； 4. 不得以固有财产与信托财产进行交易； 5. 不得将不同信托财产进行相互交易； 6. 不得将同一公司管理的不同信托计划投资于统一项目。
例外	1. 不禁止投资于管理人或关联公司管理的集合投资计划； 2. 向关联方的合法银行存款，或者向国外的合法金融机构存款，不被视为出借资金。	1. 关联交易应符合公平、透明的要求；交易由独立估价师进行估价；投资目标与计划一致；符合持有人的最大利益；适当向持有人披露； 2. 在关联人处存款利率不得低于同期同等规模的商业利率； 3. 无须持有人实现批准、只需要发出公告的情形：对价或价值少于最新资产净值的5%；在交易前的12个月内，没有与同一关系人（关联人）交易。	

资料来源：楼建波、杨秋岭编译：《房地产投资信托域外法律法规汇编》，法律出版社2007年版，第415–432页。

笔者认为，资源类国有资产信托关联交易的规则应包括：其一，不得以不公平的价格与关联方交易，不得无偿向关联方提供资金、商品、服务或者其他资产。其二，未经受益人同意和监管部门的批准，不得与关联方订立财

产转让、借款的协议；不得为关联方提供担保；不得与关联方共同出资设立企业，或向董事、监事、高级管理人员或者其他近亲属所有或者实际控制的企业投资。其三，公司董事会对公司于关联方的交易作为决议时，该交易涉及的董事不得行使表决权，也不得代理其他董事行使表决权。其四，其他《中华人民共和国公司法》《中华人民共和国企业国有资产法》规定的、金融监管机构和资源类国有资产监管机构关于关联交易禁止的情形。

（5）避免自我交易

美国信托业监管机构对营业受托人提出的最基本原则中包括了"避免与自我交易。"[①]《中华人民共和国信托法》第二十八条明确规定受托人不得将其固有财产与信托财产进行交易，还规定受托人不得将不同委托人的信托财产相互交易。受托人进行这类交易，不仅影响其管理能力，也容易使受托人通过所控制的不同信托财产的相互交易而从中获利，或者是损害其中一个受益人的利益。因此，资源类国有资产信托的受托人都必须遵守这一规则，但也有必要在信托文件中约定例外情况，具体表述为：经过委托人或受益人的授权、经法院批准和不得已的事由。资源类国有资产投资信托中，以资金为信托财产的情形下，受托人为信托财产提供其营业的金融服务在当今经济生活中已是一种商业惯例，例如美国《统一信托法（2000）》规定，对以下的交易，如对受益人是公平的，并不排除：将信托的现金存入由受托人运作的规范的金融服务机构。[②]

（6）受托人在信托终止时有清算的义务

《中华人民共和国信托法》第五十八条规定："信托终止的，受托人应当做出处理信托事务的清算报告。受益人或者信托财产的权利归属人对清算报

---

① Saxon James J., Miller Dean E.: *Common Trust Funds*, *Georgetown Law Journal*, 1964, 53: pp.994–1340.

② Uniform Trust Code, Sec.802.

告无异议的，受托人就清算报告所列事项解除责任。但受托人有不当行为的除外。"受托人对信托事务的清算，包括对信托存续期间所产生的债权和债务进行清理，其中涉及对第三人所负债务的，可以书面通知债权人，或通过媒体刊登广告。清理债权和债务结束后，受托人还有义务制作信托财产的清算报告书，报告书应记录处理信托事务的状况、债权和债务状况、信托财产的增（减少）值情况、未收回债权、未偿还债务等。如果受益人和委托人对清算报告有异议的，受托人不得解除责任。在资源类国有资本信托运营终止时，或者委托人更换受托人过程中，在新受托人上任前，原受托人应妥善保管受托资产，不得实施侵害行为，不能懈怠管理义务。

（7）分别管理的义务

《中华人民共和国信托法》第二十九条规定："受托人必须将信托财产与其固有财产分别管理、分别记账，并将不同委托人的信托财产分别管理、分别记账。"受托人应将受托财产与个人财产区分经营管理。共同受托人应互相代理、监督，并承担连带责任。[①]资源类国有资产信托的受托人，必须将自有财产和信托财产分别管理、分别记账。

（8）公平对待不同受益人的义务

《中华人民共和国信托法》对这一义务并没有具体明确的规定。在资源类国有资产公益（慈善）信托中，有多个符合条件的受益人的情形中，受托人有义务公平地对待每个受益人。受托人行使自由裁量权确定受益人、确定受益人的信托利益时，必须充分考虑信托目的，遵守选择和确定受益人的程序，充分考虑每一位潜在受益人的情况，做出公正的决定，不能忽视或者偏袒任何一位潜在受益人。

---

① 毛飞：《信托——国有资产营运主体的法律分析》，《理论与改革》，2000年，第5期，第55—57页。

3. 担保义务

南非的信托法是移植信托法律制度比较成功的案例。[①] 在南非的信托法中，受托人的义务相当严格，其中值得我国资源类国有资产信托借鉴的，即是"受托人可以被要求为其所管理的财产提供担保"[②]。笔者认为，基于资源类国有资产的生态价值，可以借鉴南非的受托人担保义务，要求受托人对其所管理的资源类国有资产使用权（甚至资源类国有资产本身）提供担保，很大程度上，这一义务足以约束受托人，敦促受托人履行其他忠实义务和谨慎注意义务，受托人可以采取购买"责任保险"等形式提供担保。

（三）资源类国有资产证券化和投资信托和投资信托中共同受托人——资金托管人的义务

资金（基金）托管（保管）机构的功能并不限于保管，正如德国的保管银行（Depot bank）是资金（基金），即投资者的资金和利益的守卫者。在资源类国有资产证券化和投资信托中，资金托管人作为投资信托关系中共同受托人，托管人的权利义务方面与一般受托人在法理上是一致的。目前各国立法对资金托管人的规定，主要侧重于职责和义务，以韩国《房地产投资公司法》、新加坡《集合投资计划守则》为例。（见表4）

---

① Honore Tony: *Trusts Law of South Africa*, Cape Town：Juta Publishing, 1966, pp.15–18.

② Lupoi Maurizio: *Trust : A comparative Study*, New York : Cambridge University Press，2000, p.297.

表 4　韩国、新加坡和我国关于"资金托管人（资金保管机构）"的职责和义务

	韩国"资产保管机构"的义务	新加坡"受托人"的职责和义务	我国"信托计划财产的保管"
法律地位	无	独立于管理人	第三方保管
职责和义务	1. 保管有价证券的应将证券寄存在"证券寄托院"； 2. 区分管理固有财产、第三者委托保管的资产、房地产投资公司资产； 3. 违反合同或怠于履行职责的，承担赔偿责任。	1. 在3个工作日内向金融管理局报告违法行为； 2. 提交账目和报告，经受益人同意还应以电子方式送达受益人； 3. 计划终止和到期向金融管理局提请申请书（受益和分配报告、未清偿债务清单、账目和报告等）。	1. 不同信托计划设立独立账户； 2. 根据指令核对托管记录、资金和财产账目； 3. 记录资金划拨情况； 4. 保存资金用途说明； 5. 定期向信托公司出具保管报告； 6. 书面纠正信托公司的违法、违规、违约行为；及时报告中国中国银行业监督管理委员会。

资料来源：楼建波、杨秋岭编译：《房地产投资信托域外法律法规汇编》，法律出版社2007年版，第261–262页、第432–479页。

借鉴韩国和新加坡的立法，并参照我国《信贷资产证券化试点管理办法》第二十九条的规定，[①] 笔者认为资源类国有资产证券化和投资信托和投资信托的资金托管人的法律地位是独立于资金（资产）管理人的共同受托人之一，负有的职责和义务应包括：

1. 分别处理信托事务的义务

《中华人民共和国信托法》第三十一规定："共同受托人应当共同处理信托事务，但信托文件规定对某些具体事务由受托人分别处理的，从其规定。"资源类国有资产证券化和投资信托的资金托管人的义务包括：以证券化和投

---

① 我国《信贷资产证券化试点管理办法》第二十九条规定："资金保管机构依照资金保管合同管理资金，履行下列职责：（一）安全保管信托财产资金；（二）以信贷资产证券化特定目的信托名义开设信托财产的资金账户；（三）依照资金保管合同约定方式，向资产支持证券持有人支付投资收益；（四）依照资金保管合同约定方式和受托机构指令，管理特定目的信托账户资金；（五）按照资金保管合同约定，定期向受托机构提供资金保管报告，报告资金管理情况和资产支持证券收益支付情况；（六）资金保管合同约定的其他职责。"

资信托的名义开设信托财产的资金账户,依照资金管理人指示安全保管资金、记录账目、账目清结,分配和支付投资收益和运营监督。此外,托管人还应按照资金保管合同约定,定期向受托机构提供资金保管报告,报告资金管理情况和资产支持证券收益支付情况。为防止信托仅为规避法律而设,现代多数国家立法上均反对消极信托,要求受托人主要承担积极义务。[1]

2. 监督(通知和告知、报告)的义务

作为共同受托人的托管人负担的义务除了消极的,根据指示保管、记录、结清账目和分配收益外,还包括积极的监督义务。笔者认为资源类国有资产证券化和投资信托的托管人的监督职责主要有以下内容:拒绝执行受托人违反忠实和注意义务的指示,并向受益人大会和监管部门报告;管理人在某种情况下违背其忠实和注意义务而并未给予托管人指示,托管人应该请求管理人做出相应的指示,管理人仍然拒绝给予指示时,托管人应向受益人会议、监管机关或法院直接寻求指示。托管人除对委托人和受益人、作为共同信托人的管理人有报告、通知义务外,对监管机关也负有定期或及时报告的义务。这是为保护投资人权益,更及时有效地监管资金投资管理机构,而直接赋予托管人的法定义务,并非当事人协议所订。[2]

第三节 资源类国有资产信托运营的受益人的利益保护

学者厄斯金(Erskine)将信托定义为:"信托是一种具有保管性质的契约,通过该契约财产所有权人将财产转移给他人,目的不在于要其享有该财

---

[1] 王文宇:《从信托法原理论共同基金之规范》,《月旦法学》,2002年,第3期,第40-59页。
[2] 李勇:《信托业监管法律问题研究(博士学位论文)》,中南大学,2006年,第177页;我国《集合资金信托计划管理办法》第22条有相关规定。

产上的利益，而是要其为第三人利益而保管该财产。"[①] 可见，资源类国有资产信托的受益人，在资源类国有资产信托法律关系中确立了只享有权利而几乎不承担义务的优势地位，然而这种优势地位客观上也造成了受益人的被动地位。因此，在资源类国有资产信托主体制度的构建中，对受益人利益的保护，应是重要目标。

一、受益人的资格限制

信托法的中心在于受益人利益的实现。信托机制对于受益人利益的保护，显示出丰富而有弹性的机制。

（一）资源类国有资产证券化和投资信托的受益人

资源类国有资产证券化和投资信托一般是投资者，即受益凭证的购买者，可以是自然人、法人或其他组织；在这种信托模式中，出于减少收益分配的交易成本的目的，一般也不存在设立共同受益人，受托人也无法作为受益人之一。

借鉴日本《资产流动化法》、泰国《资产证券化之特殊目的法人皇家法令》(Royal Enactment On The Special Purpose Juristic Person Of Securitization)的规定，我国《信托公司集合资金信托计划管理办法》第七章也规定了"受益人大会"，因此资源类国有资产资产证券化中还应设有"受益人会议"。通过这种事前预防机制，实现全体投资者（委托人或受益人）的集体行动。[②] 笔者认为，为保障投资人的利益，受益人会议作为代表受益人权益的机关，其权利和职责应包括：（1）信托受益人和委托人权利的行使，应通过受益人会

[①] Willson W. A., Duncan A. G. M.：*Trusts, Trustees and Executors*, Einburgh：Scottish Universities Law Institute, 1995, p.13.

[②] 甘勇：《资产证券化的法律问题比较研究》，武汉：武汉大学出版社，2008年，第169页。

议决议。（2）为了保护受益人的利益，还可以行使诉讼或诉讼外的监督权利。（3）经过中国证监会（发行受益证券的情形）或中国银行业监督管理委员会（发行并不上市交易的受益凭证的情形）的批准，会议有权更换、解任受托人。（4）修改信托合同，通常信托的受益人并不享有修改信托合同的权利，但是各国的契约型基金法规一般均超越了这一限制，如中国香港的《单位信托与互惠基金守则》第6.25条，因此信托文件也应赋予资源类国有资产证券化和投资信托和投资信托中资产流动化型模式的投资者（作为受益人）的契约修改权，即通过修改条款和投资政策以降低风险。[1]

（二）资源类国有股权信托的受益人

由于股权信托是自益信托，《中华人民共和国信托法》第四十三条对受益人做出了规定，可以是自然人、法人或者其他组织，因此，各级行政机构担任受益人也具有可行性，而受益人与委托人是否是同一机构，有待商榷。笔者认为受益人应该由各级财政部门担任。由于资源类国有资本的收益一般作为国库收入归财政部门，因此信托收益本身是国库收入的一部分，国库和国家财政的管理权是由财政部门行使，因此财政部门也是最有动力获取自然资源收益的政府机构；且我国资源类国有资产数量巨大、分布广、资产管理事务庞杂，由财政部门作为受益人，更适应瞬息万变的市场，以应对和决策国有资产的运营事宜。

（三）资源类国有资产公益（慈善）信托的受益人

资源类国有资产使用权公益（慈善）信托的受益人，是享有环境权利的某一区域的居民、全体国民和生态圈。资源类国有资产使用权公益（慈善）

---

[1] 楼建波、杨秋岭：《房地产投资信托域外法律法规汇编》，北京：法律出版社，2007年，第443页。

信托的受托人，如果是以环境保护和维系生态平衡作为组织活动的目的和宗旨，实质上受托人也长期致力于环境资源和文化遗产的保护，以此类公益团体作为受益人，并不违背信托目的，不影响其他受益人的权利，因此根据信托文件的规定可以作为共同受益人之一。①

资源类国有资产公益（慈善）信托基金，一般以需要救助的某一区域的人群或某一团体和组织为受益人，包括承担各类资源类国有资产的修缮和生态修复工程的企事业单位和团体、环境难民群体（如污染和资源破坏严重地区的居民）、环境生态的科学研究组织等。英美法系的信托法原理，无论是行为能力抑或权利能力，对受益人的身份均没有限制。因此动植物等非人类生命体为受益人，在英美法系国家也可以成立，随着保护大自然和生态环境的社会意识愈发强烈，信托目的是为了保护某一类动物或者植物、促进生态平衡和环境保护，属于公益目的，可以设立公益信托，动物或植物可以作为受益人。

信托文件没有对信托财产归属作出规定的，在公益（慈善）信托终止后，基于公益（慈善）信托财产是为了实现公益目而信托或捐赠的，信托财产不转移给受益人或委托人，而应该根据《中华人民共和国信托法》第七十二条、《慈善信托管理办法》第四十三条的"近似原则"，经过公益事业管理机构或慈善信托备案的民政部门批准，受托人应将信托财产用于原公益目的相近似的目的，或转移给具有近似目的的公益组织或其他公益事业。

---

① 根据《中华人民共和国信托法》第四十三条第三款的规定："受托人可以是受益人，但不得是统一信托的唯一受益人。"由于资源类国有股权信托受益人只有一个，不存在共同受益人，受托人成为受益人也不具有可能性。

二、受益人利益的保护

(一) 受益权的属性

信托受益权的性质,涉及信托法律关系的性质、信托财产的所有权归属等,在实质上,信托法律关系的性质、信托财产的所有权问题也集中体现在受益权的性质上,因此在信托法领域这一问题的争议也最大。产生于英国的信托,在英美法系的法学基本理论中有深厚恰当的根基,且在判例法为主的英美法系,考虑信托的性质并无必要。然而大陆法系的法理不同,法官必须把高度抽象的法学理论、概念运用于具体案件,移植信托制度,势必要与法律体系融合,其中信托的性质也显得尤为重要,也因此使得大陆法系的学者对信托受益权的性质、信托财产的所有权的研究和探讨从未休止。

1. 大陆法系的争议

(1) 物权说

德国、日本的一些法学家认为,信托法律关系的实质是对信托财产直接或间接的物权关系。[①]信托法律关系中涉及了多种权利形式,但是在本质上是受益人享有信托财产所有权。"信托关系的产生,始于委托人为受益人的利益转移财产所有权;信托关系的运行,表现为受益人对受托人行使物权行为的监督;信托目的的实现,体现在受益人以实际所有权人的身份取得信托收益。委托人在信托关系成立后,即丧失了对信托财产占有、使用、收益、处分的权利。受托人虽然可以支配信托财产,但是不得违背信托目的,不能获得信托收益。"[②]我国的学者倪受彬认为登记和公示后的受益权具有追及力和物上

---

① 岩田新的《信托法新论》,Keeton,Salmond,Huston 等;转引自〔日〕中野正俊,张军建:《信托法》,北京:中国方正出版社,2004 年,第 21 页。

② 罗大钧:《信托法律关系探析》,《政法论坛》,2001 年,第 4 期,第 44–50 页。

请求权，同时也能对抗恶意第三人的，因此也无法摒弃其准物权的特性。①

（2）债权说

"债权说"实际源于苏格兰的"信托契约论"，法国政府就曾试图以第三人利益契约改造信托，认为信托本质上是一个"为第三人利益"订立的契约。②日本《信托法》第1条规定："本法所称信托，是指办理财产权加以管理或其他处理，使他人遵照一定的目的，对其财产加以管理或处分。"其中的"财产转移"，在日本通常被解释为"使受托人取得了信托财产的完全所有权成为所有人；而受益人则拥有向受托人要求支付债权的权利"。日本的一些法学家主张信托的本质在于债权关系。他们认为用物权理论解释信托关系，仅看到了信托外在的特征，忽视了本质。③信托法律关系中，受益权的债权属性也体现在：第一，受益人要取得收益需向受托人行使请求权，这正是债权关系的最基本特征。第二，监督受托人的权利，这一权利亦源自受益请求权，是受益人为保障受益请求权而派生的权利，因此可以定义为从债权。④受益人的撤销权和追及权，这一权利类似于物权的追及权，又类似于债权人的追及权的权利，从物权和债权的效力角度分析，则能清晰地分辨出这一撤销权的债权属性：其一，物权的追及效力表现在，物权的标的物无论落入何人之手，物权人都可以追及至标的物并行使物权，这是物权的排他性之体现。⑤但是物权的追及权是为恢复对标的物的所有权，即占有、支配、受益、处分的权利，受益人行使撤销权则并不为了恢复所有权和支配权，只是为了保全信托财产，因此即使在撤销权行使后，信托财产返还，也只是恢复受托人的占有支配权。

---

① 倪受彬：《国有资本信托法律问题研究（博士学位论文）》，华东政法学院，2005年，第83页。
② Maurizio Lupoi: *Trust: A Comparative Study*, New York: Cambridge University Press, 2000, p.282.
③ 中野正俊、张军建：《信托法》，北京：中国方正出版社，2004年，第19页。
④ 周小明、梁慧星：《信托制度的比较法研究》，北京：法律出版社，1996年，第104页。
⑤ 李开国：《物权与债权的比较研究》，《甘肃社会科学》，2005年，第4期，第75-83页。

其二，债权不具有追及效力。债权的实现依赖于债务人给付义务的履行，而债务人之给付义务能否履行在很大程度上又取决于债务人的财产状况。债权人享有的两项权利——代位权和撤销权，即当债务人因怠于行使其对第三人的财产权利而影响其债务履行时，债权人有代位行使债务人权利的权利；当债务人的不当财产处分行为影响债务履行时，债权人有权撤销债务人行为。[①] 受益人的撤销权，正是民法的质权人撤销权。因此，这一观点认为财产权在设立信托时已完整归属受托人，受托人按照信托目的为受益人的利益管理和处分财产，受益人对受托人享有债权。从物权和债权的差异分析，受益权本身更符合债权的属性。[②]

（3）特殊权利说

"特殊权利说"认为，在信托法律关系中，委托人将所有权的转移不是财产权的完整转移，而是根据信托目的，限制性地转移财产权。所有权的内容为：对财产的实际使用权、获取财产收益的受益权、管理财产的权利、处分财产的权利。这四种权利可以分离，分别行使或者分别加以组合，在信托关系中委托人委托的是财产权，委托的财产权的具体内容、范围大小、层次深浅等，可以由委托人自主决定。这种学说主张受益权不能完全纳入大陆法系的物权与债权体系，而应把受益权视为一种特殊的、新型的民事权利，权利的性质、内容、产生和行使，适用信托法的特殊规定。因为将受益权视为债权，可能导致对受益人保护不周；如果将受益权纳入物权范畴，则可能导致对受益人的过分保护，进而造成对受托人权力的不当干预，也可能影响第三人权益。[③]

---

① 李开国：《物权与债权的比较研究》，《甘肃社会科学》，2005年，第4期，第75-83页。
② 倪受彬：《国有资本信托法律问题研究（博士学位论文）》，华东政法学院，2005年，第96页。
③ 卞耀武：《中华人民共和国信托法》释义，北京：法律出版社，2002年，第3-4页。

2. 英美法系的争议

大陆法系认为，在英国信托法理论中，受托人享有普通法上的信托财产所有权，受益人享有衡平法上的信托财产所有权。然而在信托起源地的英国，认同这一学说的学者也并不多见。[①]英美法的传统，将权利分为两类：对物权，是对特定的物享有的权利，可以对抗任何人，也成为对世权，如普通法所有权一般认为是对物权，必须满足制定法和普通法的全部形式要求才可获得这种财产权；另一类是对人权，只能针对特定人，衡平法所有权则是对人权，取得衡平法所有权不一定必须满足形式。

受益权的属性，在英美法系的传统观点认为受益权是一种对人的权利，认为大陆法系的债权具有对第三人的法律效力。英美法系早期的观点认为，信托受益权相当于一项对人的权利，只能强迫受托人按照信托文件实施信托，或者要求受托人赔偿违反信托而给信托财产造成的损失。对于善意购买信托财产的第三人，信托受益权是无效的，在其他情况下，受益人也不能直接对抗第三人。[②]随着信托的发展，学者又倾向于将受益权纳入对物权的范畴，如奥斯汀·科斯特（Scott）认为受益人享有的受益权，就像支票支持者享有对支票的兑现权，尽管善意持票人可以将他的权利归于无效。[③]

因为信托受益权是对物的权利，受益人可以追踪获得信托财产的任何第三人。[④] 因此信托具备了更多对物的权利的特征。[⑤]

---

① Scott Auatin Wakeman：*Abridgment of the Law of Trust*, New York：Little，Brown and Company, 1960, p.33-37.

② Bogert George T.：*Trust*, London：West Publishing Co., 1987, p.385.

③ 何宝玉：《信托法原理研究》，北京：中国政法大学出版社，2005年，第44-45页。

④ 例外情形在于：支付了对价且不知信托存在的善意第三人。覃金莲：《论信托财产的权利归属（硕士学位论文）》，广西师范大学，2006年，第29页。

⑤ Scott Auatin Wakeman.：*Abridgment of the Law of Trust*, New York：Little, Brown and Company. 1960, pp.33-37.

然而无论是对人权抑或对物权，都并不能完全契合受益权的本质。将受益权定义为对人权，有其无法回避的缺陷，表现在：第一，信托受益权的登记公示成为信托成立的必要条件，一经登记，即产生公示效力，相关人员都视为知道该权利，符合对物权的本质和属性。第二，根据英国经典判例 Saunders v Vautier（1841年），英国确立了信托法的一个规则，即数位成年、具有行为能力的受益人，可以协议终止信托，并有权要求受托人将信托财产转移给受益人，这一权利强化了受益权的对物权属性。[①] 而将受益权定义为对物权，又有其无法解释和回避的尴尬，表现为：判例中，自由裁量信托[②]的受益人享有受益权并不具备对物权的性质。自由裁量信托的受托人需在合理时间内，将信托财产分配给一群受益人，任何一个受益人只能要求受托人能够充分考虑他，以及组织受托人重新分配信托财产，对于信托财产不享有任何确定的权利，不能针对受托人强制实施信托；相反，受托人可以决定一群受益人中的某个或者某些人可以获得信托利益、获得多少信托利益。对于自由裁量信托而言，对人权或对物权都无法贴切地解释。[③]

因此，也有学者试图调和两种观点，认为受益权是兼有对物和对人的权利，应视具体情况而定，在通常情况下，这一权利是对人的权利，有权要求受托人履行信托职责和义务，是衡平法的权利，但是对抗第三人的时候，受

---

① 何宝玉：《英国信托法原理与判例》，北京：法律出版社，2001年，第216页。
② 自由裁量信托是指信托文件本身并不确定受益人可得享受的信托利益，而授权受托人根据实际情况加以分配。在分配决定做出之前，受益人是否能获得信托利益，可以获得多少信托利益都处于不确定之中，受托人可以自由决定信托财产分配的时间、数量、方式等，这种信托给予了受托人很大权力。信托文件本身并不确定受益人可以享受的信托利益，而授权受托人根据实际情况加以分配。自由裁量信托特殊保障的诀窍在于给予受托人自由裁量权的同时，受益人对信托财产即失特定分可以主张。
③ 何宝玉：《信托法原理研究》，北京：中国政法大学出版社，2005年，第46期。

益人也可追踪至信托财产，此时，受益权又成为一种对物权。①

3. 本书的定义

《中华人民共和国信托法》对受益权，并未明确界定。然而在资源类国有资产信托中讨论受益权的债权抑或物权属性，具有相当的现实意义：如果受益权是债权，则受益人的权利应在大陆法系的信托法中按照债权人的权利加以定位；如果受益权是物权，则应辨明受益权是所有权、用益物权还是担保物权，信托财产也必须登记和公示才能有法可依。

笔者认为信托本是英美法系的独特法律设计，由于这一设计与现代金融和管理对专业技术、分工的现状契合，而为各国广泛采用，然而大陆法系以其固有的法理框架去迎接这一独特的法律设计时，只有将信托视为民事特别法，对传统物权、债权持开放态度的思维方式，才能更好地移植信托法律制度，适应信托法律构造，也能在法理上解释受托人处分信托财产的依据，以及信托财产的独立性。②

前文已明确信托财产的受托人所有权，受益权应是受益人基于信托法律关系而产生的对受托人的一种特殊债权。正如大陆法系的受益权"债权说"，受益人的权利主要包括：受益请求权、对受托人的监督权、对第三人追索信托财产的撤销权。③受益请求权是主债权；监督权是从债权，是维护受益请求权得以实现的手段，是受益请求权派生的权利，也随之变更和转移；撤销权是以信托财产为标的的权利，行使撤销权的目的是为了保全信托财产，而并非恢复对信托财产的所有权和支配权，撤销权与债权保全制度的撤销权一致，

---

① Hayton David: *Modern International Developments in the Trust Law*, Hague : Kluwer Law Internation Ltd, 1999, p.49.

② 孙秀娟：《对信托财产法律性质的浅析》，《当代法学》，2003年，第5期，第36-42页。

③ 周小明：《信托制度比较法研究》，北京：法律出版社，1996年，第175-176页。

追及效力并不以物权为限。①

（二）受益人权利的内容

大陆法系的信托法理区分了广义的受益权和狭义受益权。狭义的信托受益权是受益人享有的在信托存续期间取得信托财产收益的权利，在信托终止后信托文件没有规定信托财产归属人的情况下获得信托财产本金的权利。② 广义的信托受益权包括受益人享有的在信托存续期间取得收益的权利，在信托终止后获得信托财产本金的权利，在此基础上产生的监督受托人管理、处分财产的权利（和委托人共同享有的一系列权利）。③ 笔者认为，资源类国有资产受益人享有的应是广义上的受益权，但由于信托终止后信托财产（本金）应归复委托人，因此，受益权包括收益的权利和监督的权利。资源类国有资产信托的受益人的权利主要有三方面内容：

1. 基于信托关系和信托财产产生的债权

受益人的这一债权包括：向受托人主张信托利益的债权；信托财产本金的归复权；受托人破产时主张取回信托财产的权利；受托人的不当行为给信托财产造成损失的，请求受托人赔偿损失；信托财产非法强制执行提出异议的权利。④ 由于受托人的他益性经营与获取固定报酬的矛盾、受托人的有限责任，以及信息不对称，可能导致一系列不利于受益人的法律后果，如受托人转移剩余收入、创造剩余价值的激励不足、风险控制力度低等。因此，信托法律赋予了资源类国有资产信托的受益人对受托人有直接履行请求权，因为

---

① 于海涌：《英美信托财产双重所有权在中国的本土化》，北京：中国政法大学出版社，2011 年，第 187 页。

② 《中华人民共和国信托法》第五十四条规定："信托终止的，信托财产归属于信托文件规定的人；信托文件未规定的，按下列顺序确定归属：（一）受益人或者其继承人；（二）委托人或者其继承人。"

③ 何宝玉：《信托法原理研究》，北京：中国政法大学出版社，2005 年，第 169 页。

④ Mennell Robert L.: *Wills and Trusts in a Nutshell*, New York: West Publishing Co., 1994, p.199.

没有其他人比受益人更有资格和诱因动力来监督受托人，无论是英美法系还是大陆法系，都允许受益人对受托人拥有直接履行请求权。受益人的受益权来自信托合同的授予、信托法的保护，受益人有权请求受托人忠实处理信托事务，法律也设计了相应的规范，使受益人能在事前防范受托人违反信托义务、事后请求受托人承担民事责任的权利。[①]

受托人管理财产的费用可以向信托财产请求，假如受托人没有违反委托人为其设定的义务，也没有违反信托目的处分信托财产，或违反义务和职责处理信托事物，信托财产却有亏损或利润在偿还信托管理费用和债务后已没有收益盈余，受益人是否能得到收益，不同国家对此有不同的规定。由于我国《信托法》并未明确规定，但是笔者认为，资源类国有资产信托中，除非信托文件另有规定或受托人做出保本或收益率的承诺，受益人不得向受托人请求收益。

2. 监督受托人权利

受益人享有知情权和监督权，包括了解信托事务处理情况、查阅和复制受托人处理信托的文件等权利。[②]

3. 撤销权

《中华人民共和国信托法》将撤销权赋予了委托人和受益人，因此资源类国有资产受益人行使撤销权的要件，应该是受托人违反信托目的处分信托财产并造成重大损失的。但是，如果受托人的该行为得到了受益人的认可，无论是事前认可还是事后追认的，则视为受益人放弃撤销权。[③] 当资源类国有

---

① 唐义虎：《信托财产权利研究》，北京：中国政法大学出版社，2005年，第150页。
② 《中华人民共和国信托法》第四十九条的规定，受益人可以行使委托人享有的监督、调整、撤销和解任受托人的权利。前文已有详述，此处不再赘述。
③ 中野正俊，张军建：《论信托受益人的撤销权》，《河南省政法管理干部学院学报》，2006年，第7期，第15-22页。

资产委托人和受益人关于撤销权意见不一致时，可以申请人民法院做出裁定。共同受益人之一申请人民法院撤销受托人的处分行为的，人民法院的裁定对全体受益人有效。

受托人有不当或违法行为的，受益人享有救济权，包括损害赔偿请求权、追索权、撤销权。受托人不依照信托文件管理、经营、处分信托财产或不支付、少支付信托利益的，受益人有权请求法院或直接要求受托人变更信托财产的管理方式，要求受托人依照信托文件支付信托利益。受托人不当处分造成信托财产受损的，受益人可以请求受托人补偿损失或恢复信托财产的原状，二者的竞合关系，取决于受益人的选择。[1] 笔者认为，资源类国有资产信托运营中，可能涉及自然资源本身的生态价值和原貌损毁的，因此当以恢复信托财产的原状为先。

而受托人的补偿损失或恢复信托财产的原状的能力均有限或其他原因而无法实现，信托法为保护受益人权利而规定了受益人（委托人）的撤销处分权。这种带有强烈救济色彩的权利，必须请求法院予以确认和救济。[2] 在英美法系中，如果受托人违反了信义义务，广泛的衡平救济方式赋予了受益人追及权，即追踪信托财产的权利，受益人有权追踪至非善意第三人手中的信托财产或其替代物，包括信托财产的孳息，可以要求第三人规划信托财产或其替代物。其替代物均为信托财产的变形，在日本也称此为信托财产的物上代位性。遗憾的是，《中华人民共和国信托法》并未赋予受益人"追及权"，一旦受托人违反信托目的处分信托财产，受益人没有追及信托财产的权利，只有要求受托人撤销该处分的权利。[3] 这一做法对受益人的利益保护并无裨益，因此，笔者认为有必要修改《中华人民共和国信托法》，将受益人的追及权列

---

[1] Smith L.: *The Law of Tracing*, New York: Clarendon Press, 1997, p.404.
[2] 参见《中华人民共和国信托法》第四十九条的规定。
[3] 罗小青:《慈善信托受益人权利研究（硕士学位论文）》，湖南大学，2013年，第4页。

入受益人权利中。信托财产无法追回的，受托人应当赔偿信托财产的价值及其孳息。资源类国有资产信托中，也可能出现损害赔偿与追及权的竞合，笔者赞同高凌云教授的观点，受益人根据具体情形选择其中一种救济方式，当信托财产贬值，并且受益人有机会从受托人的自有财产中收取偿付的，可以选择损害赔偿的救济方式；信托财产增值时，财产追踪是较好的救济方式。[①]

4. 私益信托受益权的转让

受益人的信托受益权属于私权的范畴，本质上是一种债权，因而根据债权转让的法理，私益信托受益权可以转让。[②] 我国中国银行业监督管理委员会办公厅《关于华宝信托投资有限责任公司与上海岩鑫实业投资有限公司信托合同纠纷案所涉及有管信托法规释义的批复》（银监办发〔2005〕2号）中明确了"如果信托文件没有限制性规定，受益人可以依法转让其受益权"。笔者认为，如果委托人没有在信托文件中做出相反的（限制性）规定，受益人有权根据自己的意思处置受益权。委托人无权禁止受益人转让受益权，但是委托人在不违背信托目的和法律的条件下，在信托文件中限制受益人处置受益权。

（1）资源类国有资产证券化和投资信托的受益权转让

根据我国《集合资金信托计划管理办法》第二十九条的规定，资源类国有资产证券化和投资信托的受益权（受益凭证）是可以转让的。[③]

[①] 高凌云：《被误读的信托：信托法原论》，上海：复旦大学出版社，2010年，第128页。
[②] 债权转让是指债权人通过协议将其享有的债权全部或者部分地转让给第三人的行为，是债的关系主体变更的一种形式，是在不改变债的内容的情况下，通过协议将债的关系中的债权人进行变更。参见杨立新：《债法总论》，北京：高等教育出版社，2009年，第149页。
[③] 《中华人民共和国信托法》第二十九条规定："信托计划存续期间，受益人可以向合格投资者转让其持有的信托单位。信托公司应为受益人办理收益权转让的有关手续。"资源类国有资产证券化的受益凭证转让目前并没有直接的法律依据，但是依据我国《信贷资产证券化试点管理办法》第2条规定第1款："在中国境内，银行业金融机构作为发起机构，将信贷资产信托给受托机构，由受托机构以资产支持证券的形式向投资机构发行受益证券，以该财产所产生的现金支付资产支持证券收益的结构性融资活动，适用本办法。"第十条规定："中国人民银行依法监督管理资产支持证券在全国银行间债券市场上的发行与交易活动。"

（2）资源类国有股权信托的受益权转让

我国信托立法，充分考虑到信托受益权是受益人的财产权的性质，只要信托文件没有受益权转让的限制性规定，股权信托的受益权可以转让。但是，资源类国有股权信托的受益权转让，应当与受托人协商一直，并经过主管部门核准。

5. 诉讼权利

《中华人民共和国信托法》对受益人诉讼主体资格、诉讼合法途径并没有明确的规定。笔者认为，当第三人或信托当事人侵害受益权，或危及受益权时，资源类国有资产受益人有权为维护受益权提起诉讼或其他法律行为；私益信托的受益人为不确定的多数人时，应当引入公益诉讼的模式；公益信托的受益人为不确定的多数人时，可以委托信托监察人提起诉讼或者由一个受益人提起诉讼，法院的裁定结果对全体受益人有效。

6. 清偿债务的权利

根据《中华人民共和国信托法》第四十七条的规定："受益人不能清偿到期债务的，其信托受益权可以用于清偿债务，但法律、行政法规以及信托文件有限制性规定的除外。"资源类国有资产私益信托的受益人不能清偿到期债务的，都有权以受益权清偿债务。在自益信托中，受益人可以解除信托以信托财产偿还债务。资源类国有资产公益信托的受益人，除信托文件另有规定，并不享有以受益权清偿债务的权利，因为资源类国有资产公益（慈善）信托制定了信托利益只能用于环境和生态的改善、环境难民的救助等公益目的。

三、受益人义务

《中华人民共和国信托法》没有规定受益人的义务；日本《信托法》第36条第2款以及韩国《信托法》第42条第2款规定，受托人可以请求受益人补偿费用或者赔偿损害。笔者认为资源类国有资产信托中，由于受益人是信托财产收益的实际获得者，因此资源类国有资产的相关立法和信托文件中应规定受益人承担一定的义务，包括：当信托财产不够支付相应费用和债务的，受托人可以要求受益人补偿、赔偿必要的费用或债务等；公益信托的受益人，根据信托目的，在不违背公共利益和公共政策的范围内，受益人可以承担一定的环境保护工作或履行在生产中节能减排的义务等。

第四节 资源类国有资产信托主体的法律责任体系

在资源类国有资产信托运营中，明确信托当事人的法律责任，是资源类国有资产信托目的实现的重要保障之一。对法律责任的研究有利于经营者和监管者基于重大责任的约束，从而谨慎履行职责。[1]

资源类国有资产信托法律责任和其他法律责任一样，也是指资源类国有资产信托法律主体对其违法行为应承担的具有强制性的法律后果。我国目前对资源类国有资产流失的法律责任的规范分散于近200个各规范性法律文件中，包括《中华人民共和国刑法》《中华人民共和国物权法》《中华人民共和国合同法》《中华人民共和国公司法》《企业国有资产监督管理暂行条例》《中华人民共和国企业国有资产法》《中华人民共和国水法》《中华人民共和国矿产资源法》等，包括一些部门规章和地方性法规中，具有资源类国有资产流失的法律责任规定。

---

[1] 钟成：《国有资产监管研究（博士学位论文）》，中共中央党校，2005年，第145页。

一、民事法律责任

现有少量的规范性文件中对资源类国有资产流失的民事责任作了原则规定。如《企业国有资产监督管理暂行条例》第四十条规定:"国有及国有控股企业的企业负责人滥用职权、玩忽职守,造成企业国有资产损失的,应负赔偿责任。"《企业国有产权转让管理暂行办法》第三十二条规定:"在企业国有产权转让过程中,转让方、转让标的企业和受让方有下列行为之一的,国有资产监督管理机构或者企业国有产权转让相关批准机构应当要求转让方终止产权转让活动,必要时应当依法向人民法院提起诉讼,确认转让行为无效。"第二款规定:"对以上行为中转让方、转让标的企业负有直接责任的主管人员和其他直接责任人员,由国有资产监督管理机构或者相关企业按照人事管理权限给予警告,情节严重的,给予纪律处分,造成国有资产损失的,应当负赔偿责任;由于受让方的责任造成国有资产流失的,受让方应当依法赔偿转让方的经济损失;构成犯罪的,依法移送司法机关追究刑事责任。"实践中,对资源类国有资产流失提起民事诉讼的并不多,正如高检院民行厅负责人在《民事行政检察工作面临的形势和工作要求》中指出:"目前,一些地方国有资产流失非常严重,然而,很多单位受到犯罪行为侵害后没有提起附带民事诉讼。"[1]

在资源类国有资产信托中,造成资源类国有资产流失的民事责任有重要意义,对于直接责任人的民事责任规定,对提高相关人员的责任意识有极大的积极影响。信托主体的民事责任应该主要包括:

---

[1] 刘国华、刘永存:《国有资产流失的法律责任》,《哈尔滨商业大学学报:社会科学版》,2008年,第2期,第119–122页。

（一）受托人的民事责任

受托人的民事责任是指受托人违背信托目的、违反受托人义务，违规违法经营管理，或受托人未达到相应的谨慎程度，从而造成资源类国有资产流失时，应该承担的民事责任。英国法院在 Target Holdings v. Redferns（1996）1 AC 421 一案中确立了受托人的"过错责任原则"，信托财产和受益人的实际损失是因为受托人违反义务所直接导致，受托人的过错、信托财产的损失、二者的因果关系，缺一不可；如果受托人违反信义义务，实施了未经授权的投资，虽然构成了受托人技术性违反信托，但是并没有造成信托财产的损失，反而还使得信托财产有所增值，那么受托人没有向受益人进行赔偿的责任。[1]

相比英美法系国家对损害程度计算、向受托人主张权利的范围、受益人的允诺和免责条款的明确、操作性强的限制和规定，我国信托法对受托人责任的规定过于简单、粗略。

1. 受托人违反信托的民事责任适用的归责原则不一致

《中华人民共和国信托法》在立法上没有专门规定"受托人违反信托的民事责任"，而是在规定受托人管理或处分信托财产的各项义务时，一并规定了受托人违反该项义务的民事责任。其中出现的适用无过错责任和过错责任原则不统一的情况：依据《中华人民共和国信托法》第二十五条第二款的规定，对受托人违反信托的民事责任应统一适用过错责任原则；但《中华人民共和国信托法》第三十条第二款却确认受托人对受托人之委托人承担无过错责任。可见，《中华人民共和国信托法》对受托人造成信托财产损失的民事责任适用的归责原则并不一致。[2]

---

[1] Edwards Richard, Stockwell Nigel : *Trust and Equity*, Landon : Longman, 2002, p.389.
[2] 文杰：《信托法专题研究》，北京：中国社会科学出版社，2012年，第63–65页。

2. 并未明确受托人违反信托的民事责任的免责事由

《中华人民共和国信托法》对受托人的免责事由并未明确规定。但是，赋予受托人免责事由，是民法和信托法精神的重要体现。这些免责事由一般包括：受托人执行委托人的指示，而导致信托财产损失；受托人忠于信托目的和信托文件、履行谨慎义务，因不可抗力或其他信托文件约定的事由导致的不利后果，如信托财产受损、受益人利益损失等，可以免除受托人责任；受托人违反或不履行义务，但由于可以适用信托文件中的免责条款，受托人不承担民事责任。[1]

3. 对资金托管人的法律责任规定不明确

《中华人民共和国信托法》第三十二条规定："共同受托人之一违反信托目的处分信托财产或者因违背管理职责、处理信托事务不当致使信托财产受到损失的，其他受托人应当承担连带赔偿责任。"然而如果共同受托人是各有分工、分别就不同事项对委托人和受益人负有义务，一些国家信托法也做出相应变通规定，即特定受托人严格履行了自己义务的，可免除对其他受托人造成损失的连带责任。如《美国统一信托法（2002）》第703条（f）(h)的规定，特定受托人在共同行为做出前通知其他共同受托人自己之异议的，可免除对该行为错误的责任。[2] 目前，《中华人民共和国信托法》和信托业的相关立法中并没有针对此问题加以规定。

在完善我国信托立法的相关规定、借鉴国外立法的基础上，笔者认为，资源类国有资产受托人的民事责任制度应从以下方面加以构建和完善：

第一，在资源类国有资产信托受托人选任过程中，在经营管理信托财产过程中，在资源类国有资产证券化和投资信托申报和发行过程中，受托人若

---

[1] 张军建：《信托法基础理论研究》，北京：中国财政经济出版社，2009年，第233页。

[2] 李勇：《美国统一信托法述评》，《邵阳学报》，2005年，第1期，第29-34页。

采用违反受托人选任规则的方法获得受托人的资格或违反信托义务，没有依法登记和公示，违反申报和发行监管规定的，不当甚至违法违规处分信托财产，造成受益人和信托财产损失的，受托机构和相关责任人要承担相应的民事赔偿责任，主要包括：（1）以受托人固有财产对受益人承担责任。信托利益包括信托财产本金和收益，受托人不支付受益人信托利益的，受益人有权要求法院强制执行。受益人可以要求受托人恢复信托财产原状或赔偿信托财产损失。①《中华人民共和国信托法》并没有明确规定赔偿额的计算，尤其是当自然资源作为信托财产，如何计算赔偿额，值得探讨。笔者认为，可以根据以下规则计算：受托人有义务出售自然资源产品，而没有出售或延迟出售的，造成损失的，应承担当时实际出售该产品所得的款项；受托人不当出售信托财产及其孳息的，应当追回信托财产及其孳息或由受托人补偿该产品出售的价款、因此造成的生态修复的价款、重置该项目的成本。②（2）受托人无法取得报酬。（3）法人受托机构的董事、董事长或执行人，存在主观恶意或重大过失的，该法人受托机构承担连带责任。

第二，受托人无过错情形下对受益人的有限责任。无过错的受托人，即对信托财产的管理和处分不存在故意或者过失，即可以不承担信托财产的损失。但资源类国有资产信托运营中，受托人履行不当很可能造成信托财产本身的生态价值的损坏，即自然资源破坏，因此对受益人的责任也应根据《中华人民共和国环境保护法》及其他环境污染防治法的"无过错责任"原则，

---

① 根据衡平法的追踪规则，受托人无力赔偿的情况下，受益人可以从持有信托财产的人手中取回信托财产，但只能在获取损害赔偿和恢复信托财产之间选择救济模式。Bogert George Gleason: *Cases and Text on the Law of Trusts*, New York: Foundation Press, 2001, p.614.

② 在赔偿数额的计算中，应该包括信托财产的直接损失和间接损失，间接损失即修复的成本。《中华人民共和国信托法》乃至日韩《信托法》均规定了赔偿范围是直接损失，但是英美信托法确认的赔偿范围是直接和间接损失两种。由于资源类国有资产涉及生态价值，可能导致生态和环境的破坏，因此笔者认为，对于有过错的受托人，这种赔偿范围的规定具有相当的约束力。

推定受托人的侵权责任，要求其承担相应的环境侵权法律责任。理论上，法律并不禁止受托人以其固有财产向受益人支付信托利益。

第三，受托人对第三人的责任，受托人无论是否有过错，在处理信托事务期间，对第三人必须承担无限责任；资源类国有资产信托运营中，受托人履行不当很可能造成环境污染和自然资源破坏，因此对第三人和受益人的责任也应根据《中华人民共和国环境保护法》及其他环境污染防治法的"无过错责任"原则，只要推定因果关系存在，则受托人应承担相应的环境侵权法律责任。笔者认为，有过错的受托人，应根据《中华人民共和国信托法》的规定由其自有财产承担赔偿责任；而无过错的受托人，盲目要求其对第三人承担无限责任，无疑增加了受托人的责任和负担，可能抑制受托人在处理信托事务时的主动性和灵活性，也挫伤了信托机构和其他机构参与资源类国有资产信托的积极性。笔者认为，应在修改《中华人民共和国信托法》中受托人对第三人法律责任的相关规定，并在资源类国有资产信托专项立法中明确，区分为两种受托人对第三人的责任制度：如果造成第三人的环境侵害，受托人仅以信托财产（如果是资源类国有资产使用权和股权为信托财产的，应折合为货币价格）为限承担责任；与第三人交易或合作的情形，受托人如果在信托文件明示自己的受托人地位，则仅以信托财产为限承担责任，否则承担无限责任；信托文件另有约定的遵照信托文件。

第四，规定受托人的免责条款。其一，如果信托文件明示了免责条款，免除了受托人由于疏忽而产生的责任，如果免责条款是合理的，法院也不应加以干预。其二，由于受托人接受委托人的指示而受托人尽到忠实、提醒义务的，导致信托财产的损失，可以免除责任。其三，如果受益人在事前已对受托人违反信托的行为表示同意，或者受益人事后追认，或者受益人表示放弃追究受托人责任的权利，除非信托文件另有规定，则受托人可以免除责任。①

(二)委托人不当指示受托人的民事责任

在委托人保留权利的资源类国有股权信托中,委托人给予受托人不当指示而导致信托财产损失的,委托机构的直接责任人承担赔偿责任。

(三)公益(慈善)信托监察人的民事责任

我国《信托法》以及《中华人民共和国慈善法》《慈善信托管理办法》均未对信托监察人的民事责任作出规定,借鉴日本《信托法》规定了信托监察人怠于执行职务或有其他重大过错时,将被指定或选任者解任。② 公益信托(慈善)监察人与受托人串通,或有其他违反职责的过错行为,应承担与受托人的连带责任。因疏忽大意等过失造成信托财产的损失,应承担恢复原状或赔偿损失的民事责任。

(四)资金托管人的民事责任

在英美信托法中,受托人应该对共同受托人的消极或者积极的共同过错或者疏忽大意承担连带责任,这种共同的过错或疏忽大意表现在:其一,将管理事务留给其他共同受托人而未加询问;其二,其他共同受托人违反信托时,明知却不问而且袖手旁观;其三,让共同受托人控制;其四,在知道其他受托人违反信托义务后,没有采取补救措施。但是,受托人自己没有过错,并且尽到了注意义务,在其无法控制的情形下,其他共同受托人实施了违反

---

① Baron Charles Bryan: *Self-Dealing Trustees and the Exoneration Clause: Can Trustees Ever Profit from Transactions Involving Trust Property*, St.John's Law Review, 1998, 72: pp.43-55.
② 日本《信托法》第128条第2项。

信托义务的行为，这一受托人不需要承担责任。[1]

我国《证券投资基金法》第八十三条规定："基金管理人、基金托管人在履行各自职责的过程中，违反本法规定或者基金合同约定，给基金财产或者基金份额持有人造成损害的，应当分别对各自的行为承担赔偿责任；因共同行为给基金财产或者基金份额持有人造成损害的，应当承担连带赔偿责任。"对此，笔者认为应该在《中华人民共和国信托法》中增加相应条款，或在相关司法解释中做出相应规定，规定各有分工，分别就不同事项管理信托财产的共同受托人（包括资金托管人）对受益人承担连带责任，但托管人履行了自己监督、保管、通知和报告等职责的情况下，应当免除因管理人违反信托造成损失的连带责任。但是，让受托人承担连带责任的目的是"防止受托人之一对信托资金的排他控制，而且使共同受托人中之任何一人不能通过其自己的行为取得对信托资金的排他控制"。[2] 受托人对外必须承担连带责任，但是对内要平均或按比例分担责任，一位受托人支付了超过其应该承担的份额的，可以向其他应当承担责任的受托人就其超过的份额进行追偿。在承担连带责任后，托管人可以就其超过应承担的份额，向管理人追偿。

（五）责任保险制度的构建

英国《受托人法》规定，受托人可以就私益信托财产进行投保，但是公益信托财产不得投保。[3] 由于在资源类国有资产私益信托中，很可能因环境侵害造成第三人或信托财产（自然资源）的严重损害，因为环境污染与破坏突

---

[1] Marin Jill E., Hanbury Harold Greville. : *Hanbury and Martin*: *Modern Equity*, London: Sweet & Maxwell Ltd., 1997, p.3.

[2] 陈雪萍、豆景俊：《信托关系中受托人权利与衡平机制研究》，北京：法律出版社，2008年，第194页。

[3] Trustee Act 2000. Part VI. Power to insure of Miscellaneous and Supplementary.

发性强，受害范围大，需要赔偿的金额大，采取无过错责任一方面可能因致害方经济能力的限制而使受害方得不到及时赔偿，另一方面也可能因为巨额赔偿导致致害方破产，这些都有损于法律的公正、社会的稳定和经济的发展。这已经是社会性的问题了，对于这类问题的解决，需要建立社会化的赔偿机制。损害赔偿的社会化，实际上是把环境侵害发生的损害，在某种意义上视为社会的损害而由社会分担损失，使受害人得到救济，注重实现损害补偿功能而将处罚和制裁作用降至最低。通过建立保险制度和责任分担制度则可以分散风险，既保证受害人得到及时赔偿，也减轻了致害方的经济负担。[①]因此，笔者认为，资源类国有资产信托的相关立法中，应规定强制环境责任保险的模式，要求受托人从其报酬中拿出一定比例的酬金购买环境责任保险（环境污染保险），由保险公司代为承担一定责任，分散和转移这一风险。[②]

二、行政法律责任

从造成资源类国有资产流失的信托当事人的行政法律责任看，其他主体造成资源类国有资产流失、投资者重大损失的，适用行政处罚；受托人以及国有企业经营人员造成资源类国有资产流失、投资人重大损失的，适用行政处分。

资源类国有资产信托主体的行政责任可以建立二种责任制度：一是政府部门主要负责人选任受托人的责任制度。对于由于受托人选择不当，造成资源类国有资产流失的，要追究委托人——国有资产监管管理委员会的直接领导或相关决策者的行政责任。二是对资源类国有资产信托监管机构和公益信

---

① 环境污染损害赔偿社会化的方式较多，主要有建立公害补偿基金或生态补偿积极，建立互助合作金、实行商业保险等。参见吕忠梅：《环境法学》，北京：法律出版社，2008年，第159-160页。
② 徐卫：《信托监察人的法律设置及完善》，《天津政法管理干部学院学报》，2003年，第3期，第24-25页；文杰：《信托法专题研究》，北京：中国社会科学出版社，2012年，第137-138页。

托监察人、负责人和直接责任人的问责制度。监管机构、监察人的相关工作人员由于故意或疏忽大意而不履行监督义务，甚至故意隐瞒信息的，追究直接责任人和相关负责人的行政责任。①

委托人保留权利的资源类国有股权信托中，委托人给予受托人不当指示，而导致信托财产损失的，应追究委托机构相关负责人和其他责任人的行政责任。

在资源类国有资产证券化和投资信托和投资信托的申报、发行和其他重大问题申报中，以及在此后的信托财产运用管理过程中，有违法违规行为的，受托机构要承担一定的行政法律责任，对于法人除了给予禁止其从事某种行为或吊销营业执照等行政处罚外，还要给予一定数额的罚款。监管部门审核不严的，也要对相关责任人的追究行政责任。对于作为共同受托人的信托机构和托管银行的行政处罚，我国在《信托公司集合资金信托计划管理办法》第四十七条、第四十八条、第四十九条、第五十条中均有具体的规定，但是这些行政处罚的规制也存在不尽完善之处，具体表现为：其一，罚款的限额规定不甚合理。受托机构掌握的信托资产数额少则几十亿，多则几百亿，30万～50万的罚款难以起到威慑作用。反观各国立法均采取固定罚款限额和利润倍数结合的方法确定罚款的最高限额，我国的规定罚款限额的模式，并不能适应我国资源类国有资产证券化和投资信托和投资信托的发展。②其二，我国的行政处罚一般采取内部作业的方式，处理过程和记过极少公开，也缺乏必要的透明度，并不利于受托机构和托管人寻求规范化指引。相比之下，美国 SEC 对调查过程和处罚结果均予以公开，在调查结果中阐明违法事实和法

---

① 刘国华、刘永存：《国有资产流失的法律责任》，《哈尔滨商业大学学报：社会科学版》，2008 年，第 2 期，第 119-122 页。

② 彭冰：《资产证券化的法律解释》，北京：北京大学出版社，2001 年，第 197 页。

律适用，实际上已经演变为解释法律、适用法律的工具。[1] 其三，我国对受托机构和托管银行的行政处罚是事后制裁，对受托人将要或者准备进行的违法行为，监管机构显得力不从心。而美国司法实践中的"禁止令"，也称为"终止令"，[2] 值得我国借鉴，SEC 对于受托人已经从事或者正在、将要从事的，可能构成或者构成违反信赖义务的行为，可以向法院提起禁止令诉讼，以寻求禁止令和其他附随性救济，且诉讼的开始也不能使之一命令停止。[3]

三、刑事法律责任

对资源类国有资产信托主体和监管、监察人进行刑事处罚的理论基础是，其违反信赖义务的行为损害国家利益、投资者利益，更损害了整体的生态环境利益、金融市场的健康运行，本质上侵害了社会公共利益。[4]

我国目前对造成资源类国有资产国有资产流失的刑事责任的规定，在《中华人民共和国刑法》以及自然资源相关立法中均有涉及。例如，《中华人民共和国森林法》第三十九条第四款规定："盗伐、滥伐森林或者其他林木，构成犯罪的，依法追究刑事责任。"《中华人民共和国刑法》第三十条和第三十一条规定了"单位犯罪"，对于单位犯罪构成、刑罚作了原则规定；在《中华人民共和国刑法》第二章、第三章、第六章、第八章中都对"单位犯罪"作了具体规定，为追究造成资源类国有资产严重破坏和损失的责任单位（机构、组织）的刑事责任提供了法律依据。《中华人民共和国刑法》中涉及资源类国有资产犯罪的有：重大环境污染事故罪，走私文物、珍贵动物罪等

---

[1] Gunningham Neil, Sinclair Darren: *Regulation and the Role of Trust : Reflections from the Mining Industry*, Journal of Law and Society, 2009, 36（2）: pp.167–194.

[2] Securities Act of 1933. Sec.8.（a）-（e）.

[3] Securities Act of 1933. Sec.9（b）.

[4] 对于相关责任人而言，是一种白领犯罪。Sytherland Edwin H.: *Is "White Collar Crime" Crime*, American Sociological Review, 1944, 10（2）: pp.132–139.

罪名。针对国有资产流失的刑事犯罪，《中华人民共和国刑法》第一百六十九条规定了"徇私舞弊低价折股、出售国有资产罪；背信损害上市公司利益罪"，第三百九十六条规定了"私分国有资产罪"等。此外，根据《中华人民共和国刑法》第一百六十二条规定："公司、企业通过隐匿财产、承担虚构的债务或者以其他方法转移、处分财产，实施虚假破产，严重损害债权人或者其他人利益的，对其直接负责的主管人员和其他直接责任人员，处五年以下有期徒刑或者拘役，并处或者单处二万元以上二十万元以下罚金。"受托人损害受益人利益的行为，造成资源类国有资产严重损失的，受托机构直接责任人应承担相应的刑事责任。

在资源类国有资产信托运营中，受托人违反信托目的、信托文件的约定和受托人义务，违法、违规操作，如故意或重大过失没有采取信托财产的独立化和公示的措施，造成资源类国有资产被善意第三人执行，或用于弥补受托人自身和其他受托事项的亏损，导致资源类国有资产流失的、损失巨大且社会影响恶劣，应该承担刑事责任；受托人是国有公司、企业、事业单位、人民团体的，根据《中华人民共和国刑法》，还应承担渎职、贪污等刑事法律责任。公益（慈善）信托监察人串通受托人，造成资源类国有资产损失巨大的，也应承担相应的刑事责任。委托人和监管部门在受托人选任程序中，存在审核不严、程序违法等行为，直接责任人和相关负责人也应承担相应的渎职、贪污、受贿等刑事法律责任。

本章小结

　　资源类国有资产信托的主体是资源类国有资产信托当事人，包括委托人、受托人、受益人。资源类国有资产信托的主体制度是资源类国有资产信托法律制度的重点，从委托人的资格和确立、受托人的选任、受益人的确立入手，探讨主体之间利益平衡机制即权利义务，进而探究主体的法律责任对平衡机制的保障以及对资源类国有资产所有人、受益人的救济。委托人虽然是资源类国有资产信托法律关系的创设人，但是在信托成立生效后，委托人不仅失去对信托财产的占有和控制，对信托事务的干预权也受到极大的限制，因此，信托法律也通常看重和强调委托人的资格。资源类国有资产信托委托人的权利除了信托文件中约定的保留权利外，极其有限，相应来看，委托人的义务也并不多。受托人是最重要的信托当事人，处于控制、管理、处分信托财产的中心位置，信托关系的核心内容，就是受托人与受益人的权利义务关系。受益人是委托人设立信托时，意图给予信托利益之人，受益人通常是纯粹享有信托利益的人，但却是信托不可或缺的重要当事人。在大陆法系的信托法中，受益人享有的获得信托收益的权利，是受益人的基本权利，其他受益人权利也基于此派生出来，因此受益权的保护，是信托关系的基础和目标。

第四章　资源类国有资产信托运营的实践与创新

国外自然资源的资产信托、投资信托已有多年的实践。英国信托制度起源于土地用益制度（USE），可以说，土地的所有权是最早的信托财产。[①] 信托在自然资源运营管理中所展现的独特功能，无论是对自然资源的生态价值的保护，还是对自然资源利用效率、效用的提高，也逐渐为实业界和理论界所关注、认同。

我国的自然资源所有制与国外多数国家的自然资源所有制不同，《中华人民共和国宪法》中已十分明确，即：矿藏、水流、森林、山岭、草原、荒地、滩涂等自然资源，都属于国家所有，即全民所有；由法律规定属于集体所有的森林和山岭、草原、荒地、滩涂除外。而美国国土面积中私人所有的土地占58%，主要分布在东部；联邦政府所有的土地占32%，主要分布在西部；州及地方政府所有的土地占10%。可见美国的土地以私有制为主，国有土地只占其中一部分。美国的土地所有权分为地下权（包括地下资源开采权）、地面权和地上空间权（包括建筑物大小、形状等），因此矿产资源也属于土地的一部分，矿产资源所有权也大多数为私人所有。在借鉴国外的自然资源信托

[①] Gaudiosi Monica M.: *The Influence of the Islamic Law of WAQF on the Development of the Trust in England: The Case of Merton College*, University of Pennsylvania Law Review, 1988, 136（4）: pp.1231-1261.

时，不得不考虑资源类国有资产的所有权问题而区别对待和移植。[①] 例如，国外自然资源信托所实现的土地信托流转的规模效益功能，已为我国集体所有的土地所借鉴。我国农村土地承包经营权采用土地信托流转的方式，实现对土地的规模经营，从而提高经营效率。笔者认为，借鉴国外的私有自然资源权利信托，我国也可以以资源类国有资产使用权、股权、收益权等权利为信托财产，从而摆脱资源类国有资产所有权不可转让的束缚。而国外通过土地信托流转成功运用社会资本，灵活解决投融资问题，促进经济、社会文化的可持续发展，值得我国资源类国有资产运营所借鉴。

在我国国有资产运营实践中，积累了丰富的实践经验。2008年汶川地震后，公益信托模式也在我国的慈善救济事业中崭露头角，为资源类国有资产公益信托模式的选择提供了实践基础。本章将通过对我国现有实践的实证分析，在实践中深入、具体地展开研究，通过法律制度类型化的方式总结，探索相应的资源类国有资产信托产品的创新和运作。

第一节　资源类国有资产私益信托运营的实践及我国的模式选择

资源类国有资产私益信托包括资源类国有资产证券化和投资信托、资源类国有股权信托。资源类国有资产证券化和投资信托，可以借鉴的国外经验很多，如不动产证券化和不动产投资信托。我国近年来在房地产投资信托、

[①] Brushett：*Examining the Role of Social Capital in Community Development：How the Creation of a Land trust Set a Small Town on the Path to Sustainability*, University of New Hampshire, 2004, pp.137-182；Haswell, Anthony,Levine Barbara B：*The Illinois land trust：A fictional best seller*, *DePaul Law Review*, 1983-1984, 33：pp.277-321.

矿产能源投资信托、林业和城市土地储备资源的"类资产证券化"等领域做出了一些有益的尝试，为我国资源类国有资产证券化和投资信托的模式创新，提供了宝贵的经验。源于美国"表决权信托"的股权信托，在欧美等国应用广泛，值得我国资源类国有股权信托所借鉴。

1. 资源类国有资产证券化和投资信托实践和评价

传统资源类国有资产开发经营的融资方式一般有：不动产直接投资，商业抵押贷款，合作开发或项目公司被收购，不动产企业上市，居民住房按揭贷款（间接为开发企业融资）。随着金融业的发展以及金融产品的创新，出现了越来越多效率高、流动性较强、成本低的新融资方式，如投资信托、资产证券化、融资租赁、土地债券、过桥贷款等。

（一）资源类国有资产证券化和投资信托的基本理论

1. 不动产的概念解析

不动产是指在空间上占有固定位置的物，是依照其自然属性或法律规定不可移动的财产，如土地、房屋、探矿权、采矿权等土地定着物，与土地尚未脱离的土地生成物（如未长成的林木等），因自然或者人力添附于土地并且不能分离的其他物和权利。① 法律上的动产与不动产的划分，是以物是否能够移动并且是否因移动而损坏其价值作为划分标准的。动产是指能够移动而不损害其价值或用途的物。不动产是指不能移动或者若移动则损害其价值或用途的物。② 动产和不动产之间并没有绝对的界限，是可以相互转变的。例如，资源类国有资产中的国有林木资源和矿产资源，林木未长成时、矿产资源未被开采时，都是不动产，一旦林木被砍伐、矿产资源被开采加工，则成为动

---

① 中国资产评估协会：《资产评估》，北京：经济科学出版社，2012年，第498页。
② 王利明：《民法》，北京：中国人民大学出版社，2000年，第91页。

产。不动产是指土地及其定着物，土地包含耕地、建设用地、林地、草原、水面、荒山、荒地、滩涂等，定着物是指尚未与土地分离的地上物，包括建筑物、植物、桥梁、隧道等。从法律上讲，土地使用权等不动产用益权、地役权等以不动产为客体的权利，也被视为不动产。国有土地使用权，也是不动产的重要类别。①

资源类国有资产证券化的信托财产、资源类国有资产投资信托的投资标的都是资源类国有资产使用权等权利，这些权利无疑是不动产的重要类别，因此笔者将资源类国有资产证券化，置于不动产证券化的视域中展开论述。

2. 资源类国有资产证券化的基本理论

证券化有广义与狭义两种解释，广义的证券化是指发起人将标的物的直接所有权，转换成为以凭证形式存在的间接所有，这时投资人所拥有的是具有债权或股权性质的有价证券。而狭义的证券化是指发行人所发行的凭证除了满足凭证化的要求以外，还必须符合细分化、规格化和流动化等三个要件。细分化，系每个单位的价格较低，所代表的只是总体资产的若干分之一，这样便于一般投资者可进行小额投资。规格化，表示相同标的物的证券，彼此完全相同，可以任意交换而不受影响，各证券之间不存在先后或优劣的问题。流动性，系投资人与有价证券持有人可以在公开的证券市场上自由买卖。②

一般来说，证券化可以细分为"传统企业资产证券化"与"资产证券化"。③

资产证券化，是指通过代表独立的、有现金收益流的股权或债权凭证为

---

① 周林彬：《物权法新论》，北京：北京大学出版社，2002年，第116页。
② 谢哲胜：《不动产证券化之研究》，《台大法学论丛》，1997年，第1期，第79-101页。
③ 传统证券化是借款人（企业或者国家）以本身的信用发行有价证券，通过承销商再转卖给投资者的一种融资方式，直接从金融市场募集资金，不必通过金融机构之中介，故又称为"企业金融资产证券化"。王文宇：《新金融法》，北京：中国政法大学出版社，2003年，第141页。

支持，发行有价证券，以实现这些缺乏流动性的资产的市场化和更多的流动性。[1] 其操作过程一般是，以特定的资信为信用基础，通过将资产真实出售给特殊载体、资产的信用增级等一系列结构重组手段，在开放性的金融市场上发行证券进行融资。资产证券化从广义上看，包括金融资产证券化、不动产证券化和其他资产证券化，资产证券化脱胎于金融资产证券化，并大多集中在该领域，三者是以基础资产的不同加以区分的：[2]（1）金融资产证券化包括汽车贷款证券化、房屋贷款证券化或其他不动产担保贷款、租赁、信用卡、应收账款证券化等，其基础资产主要是汽车贷款债权、房屋贷款债权或其他不动产担保贷款债权、租赁债权、信用卡债权、应收账款债权或其他金钱债权。（2）不动产证券化是特殊主体（特殊目的的信托和特殊目的的公司）将能产生预期现金流或者在出售之后能产生现金流的不动产物权和债权[3]集中形成资产池，经过专业机构的信用评级和信用增级程序以后，将大额、不易流通的不动产拆分成小额的具有较高信用级别的、可流通的股权或者债权，从而达到既能融资目的，又能满足广大中小投资者的投资需求的一种经济和法律制度。不动产证券化是一种侧重于资产负债表外融资的多元化融资体系，为不动产市场提供充足的资金，推动不动产产业和金融业的协调发展，是一种金融创新产品。[4]（3）其他资产证券化的基础资产则是生产设备、飞机、

---

[1] 应该说资产证券化是一个金融术语，即使在资产证券化的发源地美国，其立法机构或者监管部门也没有在立法或规章中给予明确定义，笔者采纳的这一定义。Shenker, Colletta; *Asset Securitization: Evolution, Current Issues and New Frontiers, Tex.Law Review*, 1991, 69: pp.1369-1375.

[2] 王卓:《不动产证券化的法律问题研究（硕士学位论文）》，东北财经大学，2006年，第7页。

[3] 住房抵押贷款证券化，也有学者将其纳入不动产证券化的范畴，如吴弘、许淑红、张斌:《不动产信托与证券化法律研究》，上海：上海交通大学出版社，2005年，第29页。由于本书的资源类国有资产证券化并不涉及住房抵押贷款，因此对这一问题不予深究。

[4] 吴弘、许淑红、张斌:《不动产信托与证券化法律研究》，上海：上海交通大学出版社，2005年，第28-29页。

汽车、矿产资源等。①

资源类国有资产权利人作为委托人，基于对受托人的信任，将不动产或不动产相关权利信托给受托机构，然后由受托机构向不特定人募集发行或向特定人私募交付受益证券，以表彰受益人对该信托的不动产、不动产相关权利或者其所生利益，从而达到募集资金的目的，并不排斥委托人可以购买一部分受益证券。②

3. 资源类国有资产投资信托的基本理论

资源类国有资产投资信托是指委托人将资金信托给受托人，由受托人汇集成信托基金，并由受托人按照信托目的，为受益人的利益进行资源类国有资产投资以获取收益。资源类国有资产投资信托是一种自益信托，受托人向投资者募集资金并颁发受益凭证（证券）。资金投向是经过主管机关核准的资源类国有资产开发经营项目。

与资源类国有资产证券化不同，资源类国有资产投资信托是一种先募集资金后投向资源类国有资产及其权利的投资方式，收益主要来源于不动产及相关权益。受托人一般通过向不特定人募集（公募）或向特定人私募资金，并将投资收益分配给受益证券持有人，即投资者。③

4. 资源类国有资产证券化与投资信托的异同分析

在不动产证券化和不动产信托的异同关系上，各国有不同的看法。按照欧、美、日的做法，不动产证券化是指以不动产资产为担保发行的证券，而不动产投资信托并不能以"证券化"称之，只有以不动产为信托财产的不动产资产信托才存在不动产证券化的可能。尤其是美国的所谓"证券化"多半是指资产担保证券，不动产投资信托并不冠以"证券化"之名，虽然不动产

---

① 朱崇实：《资产证券化的法律规制》，厦门：厦门大学出版社，2009年，第32页。
② 王文宇：《新金融法》，北京：中国政法大学出版社，2003年，第129页。
③ 许耿祯：《不动产证券化法律问题研究（硕士学位论文）》，清华大学，2006年，第4页。

投资信托证券也上市交易、流通。信托型不动产证券化可以细分为信托型房地产证券化（以房地产作为信托财产）、信托型基础设施证券化（以基础设施作为信托财产）、信托型土地资产证券化（以土地作为信托财产）。不动产投资信托可以细分为权益型不动产投资信托（受托人直接参与不动产本身的开发与投资，以筹集的资金购买不动产资产，出售或租赁后将收入分配给投资者）、抵押权型不动产投资信托（将募集的资金贷款给不动产开发，以不动产为抵押，获取贷款利息并享有不动产开发运营收入）、混合型不动产投资信托（不仅进行权益型投资，也从事不动产抵押信托贷款）。

根据中国证监会于 2013 年颁布的《证券公司资产证券化业务管理规定》第二条规定："本规定所称资产证券化业务，是指以特定基础资产或资产组合所产生的现金流为偿付支持，通过结构化方式进行信用增级，在此基础上发行资产支持证券的业务活动。"笔者认为，我国虽然没有"不动产证券化"的相关立法，但是根据上述法条的定义，资源类国有资产证券化应该是以"资源类国有资产"及其相关权利为基础资产和担保发行资产支持证券的业务活动。因此，笔者将资源类国有资产证券化定义为：是以证券化融资为目的，以资源类国有资产权利或权利组合所产生的现金流为偿付支持，在此基础上发行资产支持证券的业务活动。即将资源类国有资产上的财产权变成有价证券形态，实现资源类国有资产市场与资本市场的有机结合，使资源类国有资产的价值由固定的资本形态转化为具有流动功能的证券。笔者认为，资源类国有资产证券化是不动产证券化的一个重要类型。资源类国有资产投资信托，根据《信托公司集合资金信托计划管理办法》第二条的规定，笔者将其定义为委托人（投资者）给予对受托人的信任，将资金委托给受托人组成信托基金，由受托人按照委托人的意愿，以自己的名义，为受益人的利益从事资源类国有资产投资，以获取收益的行为。资源类国有资产投资信托是一种自益信托，受托人以私募或者公募的形式向投资者募集资金，并发给受益凭证。资金投资标的是经过监管部门核准的资源类国有资产及其相关权利。[①]

制度的比较应当注重实质上的比较，而非形式上的比较。无论是不动产证券化还是不动产投资信托，都是金融创新产品，只要不违反监管规则，采取什么形式创新，都属于微观主体意思自治的范畴。微观主体出于逐利的目的和需要，可以采取各种形式，也可以融合现有的形式，这些形式往往并不属于某种制度所专有。因此，上述两种做法并不能简单地分出孰优孰劣，可能更多的是结合不同国家和地区的金融体制、法律体系的背景去分析。从法律的角度来说，不动产证券化就是投资者与标的物之间，改变传统不动产投资形态，使不动产投资转化为更具流动性的资本证券。在实践中，通过不动产市场和资本市场的结合，以证券形式募集资金，以达到"资本大众化、产权证券化、经营专业化"[②]的目标，其本质是为了流动性。可见，不论是"不动产证券化"还是"不动产投资信托"，都围绕着"流动性"、融资[③]、投资收益等目标而进行，因此，本书也将资源类国有资产证券化和投资信托置于并列的信托产品类别展开讨论。

[①] 吴弘、许淑红、张斌：《不动产信托与证券化法律研究》，上海：上海交通大学出版社，2005年，第24页。

[②] 佚名. 资产证券化［EB/OL］. http://baike.baidu.com/view/11062.htm?fr=aladdin，2013-12-01.

[③] 资产证券化还为发起者提供了更加有效的、低成本的筹资渠道。通过资产证券化市场筹资比通过银行或其他资本市场筹资的成本要低许多，这主要是因为：发起者通过资产证券化发行的证券具有比其他长期信用工具更高的信用等级，等级越高，发起者付给投资者的利息就越低，从而降低筹资成本。投资者购买由资产担保类证券构成的资产组合的整体信用质量，而不是资产担保类证券发起者的信用质量。同时，资产证券化为发起者增加了筹资渠道，使他们不再仅仅局限于股权和债券两种筹资方式。参见扈企平：《资产证券化：理论与实务》，北京：中国人民大学出版社，2007年，第33页。

（二）不动产证券和投资信托的国外实践模式以及评析

在分析美国不动产信托和不动产证券化的发展历程中可以发现，美国早期的不动产证券化一般采取公司型的架构，在不动产证券化实行过程中发现，信托是具有长期规划性质的、富有弹性空间的、能充分保障受益人的机制，将其引入证券化，对于丰富不动产证券化的手段具有重要作用，于是，具有私人性质的信托型 SPV（即 SPT）也不断涌现，可以说，信托型不动产证券化是不动产证券化和不动产信托在考虑到实际情况出现的一种融合双方优点的金融创新方式。[①]

1. 美国的不动产投资信托和证券化

美国是不动产证券化的发源地，不动产证券化立法也相对完善。

（1）不动产投资信托

不动产投资信托（REIT）是一种将证券投资信托的投资标的扩及不动产的模式。REITs 的受益凭证既可以封闭运营，也可以作为受益证券上市流通，其中将近三分之二是公开上市交易的 REITs，可以在全国性的证券交易所上市交易。美国的不动产投资信托（REITs）根据商品种类可以分为权益型不动产投资信托（Equity REITs）、抵押型不动产投资信托（Mortgage REITs）和混合型不动产投资信托（Hybrid REITs）。权益型不动产投资信托，是受托人将信托财产（资金）直接投资经营已具有收益性的不动产或其相关权利，主要收入来源为租金及买卖不动产的交易利润，投资标的所有权属于整个信托基金。抵押型投资信托并不直接参与不动产的经营管理，而是通过向不动产开发公司提供贷款或投资于不动产抵押贷款债权证券，从而间接参与不动产的经营，信托收益主要来源于贷款的利息收入。混合型不动产投资信托，是权

[①] 吴弘、许淑红、张斌：《不动产信托与证券化法律研究》，上海：上海交通大学出版社，2005 年，第 35 页。

益型和抵押型的结合,投资标的是不动产和不动产抵押贷款,信托受益来源于不动产的经营管理收益和每年固定的利息收入。[1]

美国在1960版《国内税收法典》中,就确定了不动产投资信托的消极属性,因此,美国的不动产投资信托只能以不动产租金和不动产抵押贷款利息等消极收入为主体,而不能从不动产开发和销售以及经营等业务中获得收益。这一规定主要基于税收的角度考虑,避免应税主体借此逃税。美国此后也对这一规定有所缓和,如1976年《税制改革法》允许不动产投资信托可以向承租人提供与出租不动产相关的常规服务,但并没有界定"常规服务"所指范围。1999年《不动产投资信托现代化法》(REIT Modernization Act)允许由不动产投资信托的应税子公司向不动产投资信托的承租人提供服务。[2]

(2)不动产证券化

美国早期的不动产证券化的典型就是土地信托。土地信托在美国伊利诺伊州的发展超过百年,早在20世纪80年代,土地信托已经成为该州"物权法"规制的一个重要的方面,虽然没有明确信息表明土地信托在何种程度上应用于伊利诺伊州的房地产,但库克县几乎所有的土地都由土地信托所持有。当时的民众选择土地信托一般出于下列目的:有的受益人并不想公开他持有的不动产的股份,或者通过信托,在购买土地时,可能获得比公开受益人身份更低的价格;有助于信托财产从债务中分离出来;避税;如果不动产所有者众多,通过土地信托,转让协议中无须众多人签名,也无须调查即可进行;土地信托保护合法权利免受受益人的非自愿转让、留置的不利后果。[3] 我国目

---

[1] 周玉华:《投资信托基金法律应用》,北京:人民法院出版社,2000年,第672页。

[2] 杨秋岭:《论不动产投资信托的消极属性》,中南林业科技大学学报:社会科学版,2011年,第5期,第82–84页。

[3] Haswell, Anthony, Levine Barbara B. : *The Illinois Land Trust : A Fictional Best Seller*, *DePaul Law Review*, 1983–1984, 33 : pp. 277–321.

前也借鉴了这类土地资产信托模式（产品），推行农村土地承包经营权信托，以实现农业规模化生产经营并防止农地空置。时至今日，美国的土地信托已成为土地资产证券化的一种重要模式：委托人——开发者购买一块土地（raw land）[1]，通过签订信托契约，将该土地权利信托给信托机构——受托人，由信托机构将土地权利分割成小额的受益凭证，受益凭证代表对信托财产的受益权，投资人也由此成为受益人。受托人发行土地信托受益凭证，由委托人（或其他承销商）销售给投资人，所得资金用于改良和开发生地，再将土地出租给委托人组成的开发公司。受托人将租金支付给投资者，并将剩余租金用来买回受益凭证。[2]

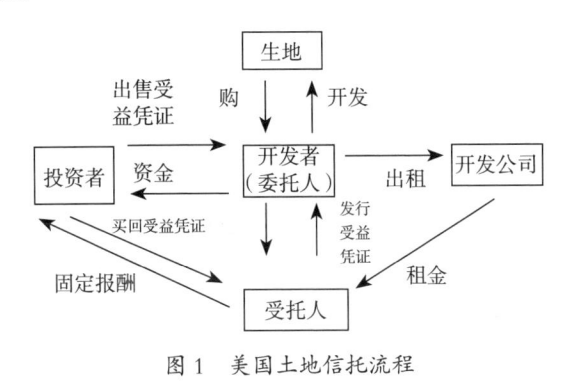

图 1 美国土地信托流程

美国不动产投资信托的发展，已经成为不动产投资基金。基金的组织形式更超出了信托的范畴，包括公司型不动产投资基金、信托型不动产投资基金和有限合伙型不动产投资基金。信托型基金或称单位信托基金，是基金管理公司与代表受益人权益的资金托管人签订信托契约，发行受益证券，由经理人管理信托资产，由托管人作为基金资产的名义持有人负责保管基金资产。公司型基金也称互惠基金、共同基金，基金公司以发行股份的方式募集资金，投资者通

---

[1] A piece of property that has not been developed and remains in its natural state.
[2] 土地信托 [EB/OL]. http://baike.baidu.com/link?url=n5t_n1SckHZeRT4bFxXVtzm-9R8WDnhdu7_oTs6uSqm30jC5_iqlLKESyoGXN1NMzkXxOSFfPBXY1TPe0bQVj_. 2011-11-20.

过购买公司股份成为基金公司股东，基金公司本身不从事运作，而是将资产信托给专业的基金管理公司管理运作，公司型基金也体现了信托关系，只是借用公司外壳来组织基金的法律结构、设计基金的运作模式。有限合伙型基金在不动产投资领域应用较少，大陆法系国家引进这一模式的也不多见。[1]

美国的不动产证券化和投资信托的实现主体，一般有特殊目的信托型、特殊目的公司型和有限合伙三种组织形态。[2]

特殊目的信托型，即日本的特殊目的契约型。资产运用型以信托合同的形式，由信托公司向投资大众募集资金，然后投资于不动产，投资者通过购买受益凭证成为委托人（又是受益人），投资者的信托财产也由信托公司予以管理处分，并分配利润。[3]资产流动化型则是委托人将其所有的不动产或与不动产相关的权利信托给信托机构，受托机构对委托人的收益权进行分割，通过发行受益凭证，并且将其在证券市场上流通而募集资金。通过对信托财产的开发利用、出售租赁而获得的受益，由受托人分配给取得信托受益凭证的投资者。

特殊目的公司型。在不动产证券化过程中，发起人应该将资产通过真实销售的方式转让给特殊目的公司，由特殊目的公司将受让资产的权益加以分割，投资者取得有价证券以表彰资产权益。依据特殊目的公司法，投资者与公司之间形成股东和公司的关系，换言之，在投资者与公司之间并不存在信托法律关系。

有限合伙是美国不动产证券化中重要的实现主体之一，在美国的不动产

---

[1] 吴弘、许淑红、张斌：《不动产信托与证券化法律研究》，上海：上海交通大学出版社，2005年，第25-26页。

[2] Bhattacharya Anand K., Fabozzi Frand J. : *Asset backed Securities*, New York : John Wiley&sons, 1996, pp.230-233.

[3] 谢哲胜、陈亭兰：《不动产证券化：法律与制度运作》，台北：翰芦图书出版有限公司，2003年，第25页。

证券化中，公开型和上市型的有限合伙可以发行证券。①

2. 日本的不动产信托和证券化②

其一，日本的不动产证券化。日本于2000年颁布的《资产流动化法》将不动产证券化定义为"资产流动化"。实际上这一概念是从日本的土地信托演变而来的。土地信托的信托财产是"土地及其定着物和地上权、土地的租赁权"，土地权利人（委托人）为了有效利用土地，以获得利益为目的，将土地上的权益信托转移给信托业者（受托人），信托业者则依照信托契约的规定为受益人（可能是委托人或者第三人）的利益就土地为管理或处分之法律关系。③日本主要通过《资产流动化法》和《信托业法》来调整不动产证券化，原土地所有人将资产信托给信托公司或受托银行，信托公司或受托银行作为受托人再分割信托财产的收益权并以证券形式在证券市场出售，投资者通过购买受益凭证而成为受益人，受托人管理和处分该信托财产并将信托财产的收益分配给投资者。日本的土地信托一般包括租赁信托、出售信托。

日本的私有土地信托始于1984年，通过土地信托，政府将民间活力引入公共事业，1986年，《国有财产法》《地方自治法》的修改以及《税法》的颁布实施，允许国有土地、地方政府的土地作为信托财产进行信托，大大加速了土地信托的发展。④日本于1998年12月通过的《特殊目的公司法》⑤引入了公司型投资信托制度，与《不动产特定共同事业法》中的匿名组合型（类似

---

① 王卓：《不动产证券化的法律问题研究（硕士学位论文）》，东北财经大学，2006年，第21页。
② 佚名. 日本不动产证券化协会"政策提言"[EB/OL]. http://www.ares.or.jp/polrec/impreq/archive/index.html，2012-12-03。
③ 张金鹗、白金安：《不动产证券化》，台北：台湾永然文化出版社，1994年，第175-185页。
④ 孙书元：《日本信托业中的土地信托》，《经济导刊》，1999年，第3期，第42-44页。
⑤ 日本《特殊目的公司法》于1998年通过实施，2000年对该法进行修改，并更名为《资产流动化法》，作为证券化的基本法律。

美国的不动产有限合伙制度）、日本传统的证券投资信托制度并称为证券化的三种实现主体（模式），即证券化的三种管道。

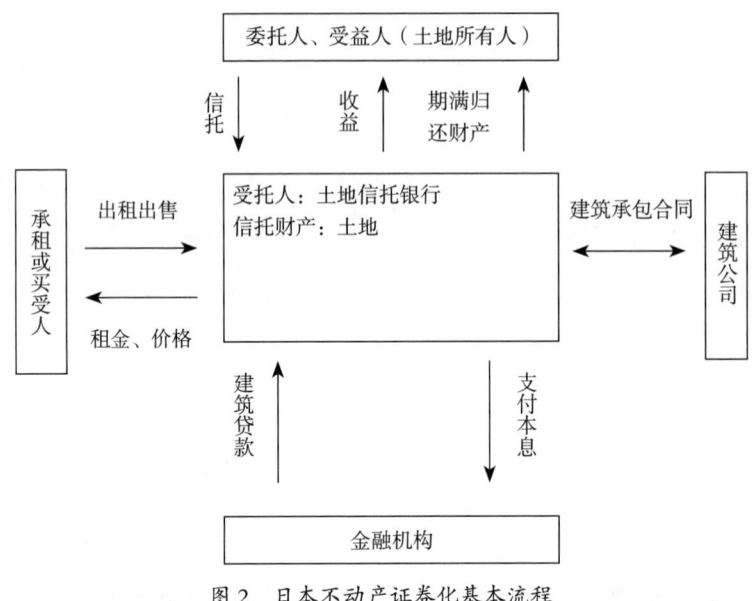

图 2　日本不动产证券化基本流程

其二，日本的不动产投资信托。这一概念是根据日本于 2000 年颁布实施的《投资信托及投资法人法》而定义。

与不动产证券化先有不动产然后发行证券的顺序不同，不动产投资信托先募集资金，然后投资不动产。日本在立法中明确了信托财产的 17 种投资范围。近年来，日本还推出了"开发型投资信托"产品。一般的投资信托集中于"以特定资产存在"，并能产生不动产收益"现金流量"的投资标的。而开发型投资信托的投资标的则尚在开发期，并未产生"现金流量"，这种产品的出现对日本的土地开发提供了一种有效的募集资金的管道。在投资信托的销售渠道方面，除了通过证券公司销售以及借用银行等金融机构的场所进行销售外，还可以委托金融机构直接进行销售。日本的不动产投资信托主要包括了三种形态："委托人指令型投资信托"模式，是以投资信托公司（相当于我国的基金管理公司）为委托人，以信托银行为受托人，以投资者为受益人，通过投资信托公司向投资者募集资金，以资金为信托财产与信托银行签订信托合同，信托银行根据投资信托公司的指令运用信托财产。"委托人非指令型投资信托"模式，是受托人与多个委托人（即投资者）签订信托合同、募集资金，这种形态是自益信托，一般以信托银行为受托人，负责运用和保管信托财产。"投资法人"模式，是投资法人向投资者发行投资证券募集资金，并以投资法人为委托人，以募集的资金信托给投资信托公司运用、信托给信托银行或证券公司保管，一般性事务信托给信托银行，而投资法人也是实际上的受益人。[1]

3. 域外国家和地区的不动产证券化和投资信托的借鉴

（1）完善的法律法规

1999年世界银行的研究报告中，弗兰克·拜姆吉萨（Frank Byamugisha）对不动产金融在整体经济中的作用进行了实证分析，他认为支持有效的土地金融，需要以合适的法律制度的存在为基础。[2] 不动产证券化是一项新型的金融创新品，客观上造就了金融混业经营的局面。完善的监管和配套法律制度，是保障投资者利益、保持金融市场秩序稳定的基本前提和保障。美国的金融产品创新和严苛的金融监管都基于完善的立法，对于不动产证券化也不例外，其中不动产信托与证券化的法律制度涉及信托法、税法、公司法、证券法等多方面法律规范，美国对此采用一系列特别法案的形式加以规范。如1933年的《证券化》、1934年的《证券交易法》、1939年的《信托契约法》、1940年的《投资顾问法》和《投资公司法》，对不动产受益证券登记、发行、受托人

---

[1] 刘晓兵：《美国日本房地产投资信托发展对中国的启示》，《金融理论与实践》，2003年，第10期，第22–23页。

[2] Schwarcz., Steven L. : *Towards a Centralized Perfection System for CrossBorder Receivables Financing*. U.Pa.J.Int'l Econ. L, 1999, 20 : 455–479.

义务和投资准则做出详细的规定。在不动产投资信托方面，《投资公司法》和1935年的《公用事业控股公司法》、1939年的《信托契约法》、1940年的《投资顾问发》，构建了投资公司经营不动产（房地产）投资信托业务管理规则的基本框架，其中《投资公司法》规定了投资公司的三种类型，其中包括了单位信托公司。1961年的《美国联邦税法典》，则为这一领域提供了税收优惠的法律依据。

美国、日本的不动产证券化和投资信托的制度、立法，对于我国大陆地区的资源类国有资产证券化和投资信托的法律规制问题，也有较多值得借鉴之处。

（2）税收优惠和流动性

在明确信托税收的实际课税对象是受益人的前提下，各国均给予不动产证券化、不动产投资信托相应的税收优惠，根据《美国联邦税法典》授予REITs特殊的所得税待遇。由于美国的REITs主要面向中小投资人，因此美国立法也必须将减少运作成本、保护投资人的利益纳入目标中，规定了"有条件的税收优惠"。即REITs的受托人必须满足一系列条件，即可享有免税收[1]和证券流通性的优惠：REITs资产中的75%必须由房贷、不动产相关权利、政府所发行之债券所组成；REITs所持有的资产不得以买卖为主要目的；每年至少将95%的课税所得发给REITs的股东；REITs课税前的收入，至少75%必须来自租金、房贷、不动产之买卖。[2]

美、日的不动产证券化和投资信托的受益凭证（证券），均可以交易。以美国为例，美国约2/3的REITs可以在公开市场交易流通，在交易所市场公开上市交易的REITs股份或受益凭证，具有较强的流动性，其他REITs也

---

[1] 即以法人身份进行纳税的非法人信托，只要具备相应条件，便可以不为分配给股东的应纳税收入纳税，只要受益人为分配所得的收入缴纳所得税。

[2] U.S.International Revenue Code（1961），Section 856-858.

可以转让，具体差异见表4。REITs股票或受益权凭证的高流动性，有利于REITs扩大投资者范围。因为流动性不仅是散户投资者的需要，也是一些机构投资者（如养老基金）的投资要求。公开上市的REITs的透明度也更高，受到独立的受托人委员会、独立的审计师、证券交易委员会和投资分析师等多方监督。随着机构投资者越来越多地参与到REITs市场，公众获得的信息也越来越多，REITs运作的透明度越来越高。REITs的透明化运作有利于保证REITs治理结构的有效性，并保护投资者的利益。

表4 美国公开上市交易REITs、非上市交易REITs和私募REITs流动性比较表

公开上市交易REITs	非上市交易REITs	私募REITs
股票上市并每日进行场内交易，有最低流动性标准	股票不在公开的交易所进行交易。股票赎回程序因公司而异，而且有一定限制。一般规定股票的最短持有期限。投资者的退出方式一般有两种：（1）一定时期（通常为10年）REITs清盘时退出；（2）REITs在全国性的交易所上市时退出	股票不在公开的交易所进行交易。是否存在股票赎回程序以及股票最短持有期限的长短，因公司的投资计划而不同，一般有一定限制

资料来源：美国房地产投资信托协会［EB/OL］. http://www.reit.com/PolicyIssues/Highlights.aspx, 2012-03-20.

（3）投资起点低、机构投资者的参与和支持

美国的REITs在1960年诞生时，其立法初衷是为了让散户投资者通过投资REITs股票，间接享受房地产投资的较高回报。投资者通过购买REIT股票或受益权凭证，公众投资者可以克服资金和专业投资技能不足的限制，间接投资于回报较高的房地产。与此同时，REITs的长期收益由其投资的不动产价值所决定，与其他金融资产的相关度较低，波动性较低，保值的功能也更稳定。一般而言，非上市交易的REITs和私募REITs的投资起点金额比上市交易的REITs高，非上市交易的REITs是1000~2500美元，私募REITs是

1000～25000美元。①

美国的机构投资者参与不动产证券化和投资信托，促进了REITs股票价格的形成，提高了公司的社会知名度和投资者认可的程度，提高了绩效。②

（三）环保产业投资信托的实践和评价

传统观点认为环境保护相关产业是公共产品领域，因此也只能由政府维持其资金需求，但随着人类对自然资源需求量的逐年增加，环保产业也并非只提供公共产品，在保障公共自然资源供给的同时，还必须满足市场对经营性资源类国有资产的需求，因此环保产业对资金的需求越来越大。但政府对环保的资金投入相当有限，每年定量的财政支出对庞大的环保资金需求而言无疑是杯水车薪。有偿使用国家所有的自然资源，也适用于环境容量资源的有偿使用费——排污费（税），环保产业的收益也由此产生。有了预期的稳定收益，大力开发环保产业的资本市场、开辟广泛的资金来源渠道也成为可能。环保产业的收益一般有两类：一类是污染治理、循环再生产业的收益，主要源自清洁的自然资源的有偿使用费、排污费等；另一类是节能减排产业、产品的销售利润，也成为此类产业的预期收益。环保产业的投资信托，实际上是通过环保产业的治理，可产生预期现金流或者在出售之后能产生现金流的自然资源（不动产）物权集中形成资产池，经过专业机构的信用评级和信用增级程序以后，将大额、不易流通的不动产拆分成小额的具有较高信用级别的、可流通的股权或者债权，从而达到既能融资，又能满足广大中小投资者的投资需求的一种经济法律制度。

发达国家和地区将投资信托与环保产业相融合的模式早已出现。例如，英国每年向泰晤士河排入16.8亿吨污水，治理如此规模的污水需要庞大的财

---

① 美国房地产投资信托协会（NAREIT）［EB/OL］.http://www.reit.com/. 2013-1-30.

② Whiting Dominic：*Playing the REITs Game*, Singapore：Jonh Wiley&Sons（Asia），2007, p.39.

政投入，而英国政府在财政拨款上有一定困难，为此，英国政府利用投资信托成功筹措了污水治理的资金。

（四）我国资源类国有资产证券化和投资信托实践及评析

1. 我国资源类国有资产证券化与投资信托实践

（1）我国城市土地储备证券化与投资信托

我国的城市土地储备，是指各级人民政府为调控土地市场、促进土地资源合理利用，按照法定程序收购、收回、征用等方式取得土地使用权，储存或开发整理这些土地，以满足社会提供建设用地的需求。[①]国土资源部、财政部、中国人民银行于2007年11月19日联合制定发布了《土地储备管理办法》，第一条规定："为完善土地储备制度，加强土地调控，规范土地市场运行，促进土地节约集约利用，提高建设用地保障能力……制定本办法。"

一类是，资源类国有资产投资信托。土地储备机构以土地使用权为担保，向信托公司贷款，信托公司以此向投资者发行信托受益凭证（主要是机构投资者），募集社会闲置资金。这实际上是以信托方式募集资金间接参与不动产的经营，将资金贷予不动产开发公司，而不直接参与经营，投资收益主要来源是放贷的利息。[②]2002年，北京国投推出的"CBD土地开发项目资金计划"，以信托贷款的形式贷款给朝阳区北京商务中心区（CBD）的土地分中心，信托公司通过该计划融资15亿元。重庆平安信托发行的"土地储备项目

---

① 参见《土地储备管理办法》第二条规定："本办法所称土地储备，是指市、县人民政府国土资源管理部门为实现调控土地市场、促进土地资源合理利用目标，依法取得土地，进行前期开发、储存以备供应土地的行为。土地储备工作的具体实施，由土地储备机构承担。"
② 我国中国银行保险监督管理委员会于2010年发布的《关于加强信托公司业务监管有关问题的通知》规定："信托公司不得以信托资金发放土地储备贷款。土地储备贷款是指向借款人发放的用于土地收购及土地前期开发、整理的贷款。"可见我国目前对资源类国有资产投资信托的积极投资有所限制，投资信托的资金并不能投向开发型的国有土地项目。

贷款集合资金信托"，计划金额2亿元，预计收益率4%，以土地使用权质押。江西的江信国际发行了信托期3年、计划金额10亿元的"袁州区土地储备贷款资金信托计划"，预期收益率4.2%。同时，南昌市袁州区土地收购储备交易中心将其365.51亩土地（评估价4600万元）抵押给江西省企业信用担保有限责任公司，作为信托贷款的反担保，通过双重保险的模式，提高信托财产的安全性。

另一类是资源类国有资产证券化。笔者认为这种模式是资源类国有资产证券化的雏形或变异。城市土地储备机构以自己的名义，将储备的土地信托给信托公司，信托公司发行信托受益凭证，所募集的资金用于土地开发专业企业进行土地开发，通过土地使用权出让或租赁获取收益，使受益人分享土地一级市场开发的项目收益。实际上这类信托计划当中需要设立两个信托合同，一个是不动产信托合同，即城市土地储备机构将土地信托给受托人；第二个是资金信托计划，即受托人向投资者发行资金信托计划，受让土地信托中的资产权利。这种双重信托，根据传统信托法的原理，一般并不允许。因为受托人将不同委托人的信托财产进行交易，影响受托人的管理行为，受托人容易通过交易从中渔利，给受托人的地位和义务带来瑕疵。当然，信托财产的相互交易也并非绝对禁止，在一些例外情况下，也不宜完全禁止这类交易：由于信托财产的特殊性或者基于委托人对受托人的特殊信托，信托文件明确允许受托人将信托财产混合运用，受托人的相互交易，也能够减少交易成本，有利于受益人的利益和信托目的的实现。[1]

---

[1] 全国人大《信托法》起草工作组：《〈中华人民共和国信托法〉释义》，北京：中国金融出版社，2001年，第88页，另外，《中华人民共和国信托法》第二十八条规定："受托人不得将其固有财产与信托财产进行交易或者将不同委托人的信托财产进行相互交易，但信托文件另有规定或者经委托人同意或受益人同意，并以公平的市场价格进行交易的除外。"

（2）我国林业资源证券化和投资信托

我国的林业资源主要是指森林的林木，包括乔木林地、疏林地、灌木林地、林中空地、采伐迹地、火烧迹地、苗圃地和国家规划宜林地等林木，并不包括动植物和微生物。林地则属于土地资源范畴。[1] 我国的林木所有权，可以由国家、集体和私人所有，而林地只能由国家所有或集体所有。

2004年，国家林业局（2018年3月，组建国家林业和草原局，不再保留国家林业局）下发了《关于合作（托管）造林有关问题的通知》（林策发〔2004〕228号）后，有学者提出了将信托应用于"合作托管造林"。此后我国的信托型林业资源证券化和投资信托也开始有了尝试。

其一，投资信托。信托公司（受托人）制定林业投资集合资金信托计划，投资收益一般来源于林产出售或林权租金、林业企业分红、利息，向社会投资者（委托人）出售，信托公司按照信托文件的约定将资金投入林业资源，受托人取得收益后向投资者分配投资收益。信托公司按照信托文件的约定，扣除必要的管理费用和其他税费后，按照合同约定，按期向投资者支付信托收益并分配信托财产。信托公司对林业资源的投资一般通过信托贷款、股权融资等方式进行。[2]

其二，林业资产证券化。我国目前的这类实践，主要是以私有林木所有权为信托财产；存在双重信托。这一模式是林业企业将林业资产及其权利信托给受托机构，受托机构以林木资源的预期收益为支撑，向特定投资者出售受益凭证，并将募集的资金通过股权、信托贷款等形式投入林业企业。2004年1月，上海世华科技投资有限责任公司与上海中泰信托投资有限责任公司合作发行的速生杨林木财产信托有限信托权益投资计划，即是资源类国有资

---

[1] 《森林资源》，http://baike.baidu.com，2012年11月23日。
[2] 郑宏：《林业信托创新模式研究》，《湖北大学成人教育学院学报》，2009年，第12期，第50-55页。

产证券化的首次尝试。该计划中,世华科技作为委托人,将其合法拥有的评估价值为4.25亿元的速生杨林木财产作为信托资产,上海中泰信托投资有限责任公司为受托人,向特定投资者出售受益凭证。信托计划到期后,享有优先信托权益的受益人可在每个信托年度结束前三个月要求回购其权益。2004年10月,重庆国际信托投资有限公司推出了信托周期两年、资金规模3亿元的"菲菲森旺经济用材林资金信托计划"。①

(3)污染治理和低碳产业投资信托

近年来,污染治理、低碳等环保产业的集合信托投资计划,也日益成为重要的产业融资渠道。环境和生态系统有自身循环更新的能力,而生产中的污染物排放可能由于事故或其他自然灾害或生产的短期效益而导致过量排放,超过了环境自我循环更新的容量,因此也必须缴纳排污费。我国目前对污染治理的经费来源主要依赖政府的投入,如2010年,江苏无锡的污染土壤修复工程,由当时的环境保护部、财政部、无锡市环保局以及企业所在地滨湖区政府共同投资实施修复,项目总投资890万元,获得2010年国家重金属污染防治专项资金280万元,其余的由市、区地方政府共同承担。②基于国家政策对环保、低碳等产业的资金扶持、政策扶持优惠等措施,使得公众对环保产业、低碳产业及其他自然资源类企业的投资意愿也愈发强烈。

我国都江堰市兴建了污水处理厂,但由于地下污水管道不配套,大部分污水仍不能有效收集。为筹措污水处理资金,2004年12月14日,衡平信托公司采用集合资金信托向社会募集4500万元资金,用于都江堰市的城区污水管道建设。该信托计划以污水厂设备厂房抵押、都江堰市污水处理费收

---

① 《信托理财》,http://www.bankrate.com.cn,2012-01-20;薛艳:《资产证券化与林业融资》,《农业经济管理》,2006年,第3期,第59-60页。

② 周艳、高杰:《被污染土壤修复有多难?》,http://gongyi.sina.com.cn/greenlife/2012-04-27/110034032_2.html,2012-04-28。

费权抵押、都江堰市政府承诺等作为风险防范措施,投资人的预计年收益率为5%。①

(4)矿产能源资产证券化

近年来的矿产资源品价格疯狂上涨,矿产能源业的行业利润率也较高,也能够承受较高的信托融资成本。2011年,房地产信托产品受到监管部门的限制后,矿业信托成为信托公司热衷开发的信托产品。2011年,信托公司发行了157个矿产能源信托产品,总规模达481.3亿元,较2010年增长253%,由于"十二五"规划中支持煤炭行业整合,因此其中超过90%的资金投向煤炭行业。2011年,山西及内蒙古等省开始煤炭行业整合,煤矿在整合过程中有极大的资金需求。银行对于停产技改过程中的煤矿难以给予贷款。信托公司却恰恰借助了信托产品的灵活性而介入煤炭行业,满足资源类国有资产经营的融资需求。②

2.我国资源类国有资产证券化和投资信托的评析

我国现有的土地、林业资源资产信托,可以说是不动产证券化在我国本土化过程中的一种变形产物,或者说是不动产证券化的雏形,与不动产证券化和投资信托有一定差距。其原因主要表现为:(1)在信用增级上,我国现有的"资产信托"和"投资信托"的信用增级并非必需条件,采取信用增级的模式,往往出于吸引投资者的考虑,且一般采取委托人向投资者(受益人)承诺信托计划到期后将回购信托财产,以委托人的信用作为担保和内部增级。此外,我国2007年发布的《中国中国银行业监督管理委员会关于有效防范企业债担保风险的意见》中禁止银行为资产证券化提供担保。对于资源类国有资产证券化和投资信托和投资信托的运营,在没有银行担保的情况下,如何

---

① 刘华:《4500万,成都信托首次介入环保事业》,成都日报,2004年12月15日。
② 《中国信托业发展报告(2012)》,http://wenku.baidu.com,2013年5月6日。

获得信用增级，也将是巨大的挑战。《中华人民共和国担保法》第八条规定："国家机关不得为保证人，但除经国务院批准为使用外国政府或国际经济组织贷款进行转贷的除外。"我国现有的城市土地储备信托计划由政府财政担保的方式并不合法。(2) 存在"双重信托"。然而，证券化只要一个信托就成立了，交易工具是可以上市流通、转让的"证券"。此交易工具是只能回购或转让措施不明的信托受益凭证。由于我国的信托机构不能发行证券，这类信托产品的流动性不足，信托计划到期前投资者持有的受益凭证不能像资产证券化中的证券自由流通，往往只能被发起人回购，但是受益权回购的价格、手续、场所均无明确规定，严重缺乏可操作性，信托产品在二级市场上缺乏变现能力，直接影响一级市场的发行及效率。(3) 信托登记不规范。城市土地储备机构以自己的名义，将储备的土地信托给信托公司，建立信托关系，却并未明确土地转移登记，即物权的转移和公示，由于涉及土地所有权和使用权转让问题，"城市土地储备投资信托"在一定程度上回避了这一问题。(4) 资金托管人义务规定不明。资金托管人疏于对投资者利益的保护，银行作为托管人仅仅负责对投资者受益凭证进行偿还和利息支付，没有向投资者公布资产的运行管理情况并承担监管职责。(5) 资产重组。实际上，在美国等地的"不动产证券化"和"不动产投资信托"都实现了"资产重组"。[①] 但是我国目前资源类国有资产投资信托，乃至"资产信托"中，都是单一的资源类国有资产（权利）为信托财产或投资标的，并没有将"资产重组"纳入证券化和投资计划。

值得庆幸的是，这些实践为我国资源类国有资产证券化和投资信托的发展提供了有益的尝试：(1) 充分利用和发挥了信托的资产隔离优势，确保了信托财产的安全和受益人利益的实现，也实现了一定意义上的风险隔离和破

---

① 何小峰：《资产证券化：中国的模式》，北京：北京大学出版社，2002年，第239-240页。

产隔离。(2)运用了信用增级的手段,使投资者的投资收益获得了保障。早期的资源类国有资产集合资金信托计划通常都有政府支持的信用担保,随着市场化程度的提高,第三方担保已成为重要的风险控制手段,担保主体也日益多样化,从最早的股东等关系人担保,发展为银行担保。例如,中泰信托将委托人的信托权益分割为优先收益权、剩余收益权,将优先权转让给投资者,实现内部信用增级。例如,上海光兆植物速生技术优先公司对优先信托权益的信托利益进行担保,实现外部信用增级。[①]2006年南京城建污水处理收费资产收益计划中,由上海浦东发展银行提供担保的外部信用增级。[②](3)在资金运用的方式上,主要是以信托贷款为主,风险控制和资金管理简单,收益相对稳定,同时也出现了信托贷款和股权投资相结合的方式。(4)受托人的报酬与业绩挂钩。受托人的管理费和报酬大多采取"分段计算管理报酬"的模式,当投资收益达到预期收益水平时,按标准管理费率收取;当获得较高收益时,可以享有超额收益部分的分成。这种报酬支付方式便于激励受托人,也符合现阶段投资的心理。[③](5)投资者的收益主要来源于基础资产(土地、林业资源等不动产)的开发、利用收入,与证券化的原理一致。(6)信托受益权流通的尝试。信托受益权的流通性是信托制度生命力和活力之所在。2006年南京城建污水处理收费资产收益计划中,发售南京城建污水处理收费资产支持收益专项资产管理计划受益凭证,可以通过深圳证券交易所大宗交易系统转让。[④]从2005年开始,北京产权交易所就与信托公司联手

---

① 田晓红、刘淑花:《林业投融资创新途径探析》,《经济师》,2010年,第3期,第280–281页;冯彦明、程都:《关于林业金融问题的国内研究综述》,《经济师》,2010年,第10期,第171–172页。
② 证监会:《南京城建污水处理收费资产支持收益专项资产管理计划成立公告》,http://www.longone.com.cn/news,2011年12月20日。
③ 吴弘、许淑红、张斌:《不动产信托与证券化法律研究》,上海:上海交通大学出版社,2005年,第82–83页。
④ 该计划由东海证券有限责任公司担任特殊目的机构,由证监会监管,且并不引入信托制度。

探索信托受益权交易，并成立了"信托产品受益权交易服务平台"，[①]虽然作为不多，但是也向信托二级市场迈进了一大步，并且也在某种程度上表明解决信托受益权流动性问题，并非一两家信托机构、中介服务机构可以解决。2006年的南京城建污水处理收费资产收益计划，受益凭证通过深交所大宗交易系统转让。[②]

（四）我国资源类国有资产证券化和投资信托的模式选择

1. 资源类国有资产证券化

资源类国有资产证券化的目的在于将价值量大、不可移动、难于分割、适合规模化投资运作的土地和林业资源，利用信托工具，将其资产化，同时也实现了资本的大众化和经营专业化。[③]资源类国有资产的权利人（委托人）为了有效利用土地，以获得利益为目的，将土地上的权利信托转移给受托机构，以资源类国有资产为资产池，受托人发行受益证券，投资者通过购买受益证券成为受益人，受托人则依照信托契约的规定为受益人的利益就土地为管理或处分的法律关系，并不排斥委托人通过购买受益证券成为受益人。关于信托事务管理和信托财产的管理和处分，受托人将资产合作开发给外包或建筑商、专业造林公司、自然资源管护公司等机构，并利用自己的专业知识来管理经营和开发信托财产，建设、改造、开发、整理、培育完成后，将土地、林地等资产租赁或出让使用权（以及建筑物所有权），经营开发该项目所产生的利润以信托利益的形式分配给受益人。从信托的类型上看，这类信托

[①] 中国信托业发展报告（2012）[EB/OL]．http://wenku.baidu.com，2013年3月20日。

[②] 证监会：《南京城建污水处理收费资产支持收益专项资产管理计划成立公告》，http://www.longone.com.cn/news，2011年12月20日。

[③] 袁彩云：《我国城市土地资产证券化及突破模式探析》，《广东财经职业学院学报》，2005年，第10期，第40–44页。

模式一般是他益信托，委托人是代表国家行使所有权的主体，受益人则是社会投资者。

2. 投资信托

信托机构汇集投资人的资金，将资金投资于资源类国有资产。其运营过程一般包括：受托机构寻找具有稳定收益的标的，向监管部门申请核准申报生效后，通过公募或私募的方式向社会发行（出售）受益凭证，投资者购买这类受益证券成为受益人，信托机构以所筹集的价款设立资源类国有资产投资信托基金。将这部分资金通过多种形式为自然资源开发利用注入资金，信托机构将收益（经营收益和放贷利息）按投资比例分配给投资者，投资者承担相应的投资风险。这类信托的信托财产主要是资金，投资者是受益人和委托人，受托人是信托机构，预期收益主要来源于自然资源开发利用经营的盈利。受托人根据合同约定，向受益人定期分配投资收益。资源类国有资产投资信托通过发行受益证券募集信托资金，资金运用方式一般可以有债权模式、股权模式、受益权模式和夹层模式。①

---

① 债权模式，是指受托人募集资金后，以向特定企业发放信托贷款的形式运用资金的一种模式。由于监管部门希望限制贷款类信托业务发展，《信托公司集合资金信托计划管理办法》规定，信托公司管理信托计划，向他人提供贷款不得超过其管理的所有信托计划实收余额的30%。此外，将信托资金先投资融资企业的股权（或其他某种权益），约定一定期限后，由企业的大股东（或第三方）以固定的价格进行回购，也属于债权模式。股权模式，是指受托人募集资金后，入股企业，并行使股东权利，受托人一般能够派员加入公司董事会，并监督公司的日常运营。收益权模式，是指信托资金投资于某项财产的收益权，只要保证基础财产不灭失、可控制、有收益，则不影响信托资金的投资回报。夹层模式。是指采用介于纯粹的股权投资和纯粹的债权投资之间的方式进行投资。参见中国信托业发展报告（2012），[EB/OL]．http://wenku.baidu.com，2013-05-06.

二、资源类国有股权信托的实践及我国的模式选择

肇始于表决权信托的股权信托，早已在我国的私人股权行使实践中得以广泛运用。家族信托基金信托持股在香港上市公司中非常普遍，如李嘉诚的长江实业、李兆基的恒基地产、郭氏家族的新鸿基地产等都采用这种方式。而我国大陆地区早在2008年龙湖地产的"吴亚军离婚事件"中，股权信托业已发挥了股权分割却能维持公司运营稳定的重要作用。[①] 这些实践均为资源类国有股权信托运营的模式选择和实际应用提供可借鉴的范本。

（一）资源类国有股权信托运营的运作方式

资源类国有股权信托是管理型股权信托，区别于投资理财型股权信托，其核心目标不是投资回报和融资，而是通过表决权和处分权的信托，使得受托人参与上市公司的经营，是一种经营管理权利的信托。委托人设立股权信托的目的是通过信托持股来达到特定的股权管理目的。

长久以来，我国学术界和实业界大都将关注的焦点集中于信托在金融资本领域的运用，对于信托在资源类国有资本、股权领域的运用，无论是理论界的研究热情和实践中的尝试都略显不足。

（二）股权信托的国外实践模式以及评析

1. 股权信托的国外实证分析

股权信托源自美国的表决权信托，在美国公司法实践中比较盛行。美国联邦最高法院在1867年Brown V. Pacific Mail Steamship判例中确认表决权信托行为的合法有效性，此后表决权信托也成为形成垄断的工具被广泛应用，

---

① 龙湖地产是在开曼群岛注册的地产企业，在我国大陆地区经营，于2009年在香港联交所主板挂牌上市，因此其"股权信托"并不在大陆地区的两大证券交易所公告，其股权信托的受托机构也是在英属维尔京群岛注册的全资子公司Silver Sea Asset Limited。

促成了垄断形式托拉斯（Trust）的形成，反垄断法也因此被称为"Antitrust"。目前美国的表决权信托也被用于上市公司资产重组和公司分拆过程中，以便对重组公司控制权进行临时性的接管，以平衡利益各方对公司的控制。[①]

由于大陆法系国家的信托制度并不发达，大陆法系的各国各地区的公司法更多地只承认表决权的委托代理，因此表决权和股权托管在大陆法系国家和地区的应用更为广泛。[②] 从立法上看，日本《信托法》规定对人身权、投票权、表决权等，不能设定信托，因此日本仅承认表决权委托代理。实践中，欧洲的大陆法系国家荷兰，是推行表决权信托较为成功的国家。荷兰的信托管理部是荷兰上市公司用以分离所有权和控制权、预防恶意收购的重要媒介。上市公司向信托管理部发行原始股份，信托管理部将这些股份发行给公民，公民获得的是凭证式股份，凭证式股份的持有者享有参加股东大会，对公司决议提出异议，获取股息和红利等权利，但是却没有权利行使表决权，所有的表决权由信托管理部行使，即股东名义上持股，表决权信托给信托管理部行使。[③] 从股权托管较为盛行和发达的国家看，以德国为例，20世纪70年代末80年代初，德国十大私人银行持有大公司股票合计达到51%～77%，除了银行自身持有一定的公司股份外，个人投资者都把股票委托给自己信任的银行保管，而银行则能够代表储户用其储存的股票投票。根据德国1963～1976年的统计，银行只拥有股票市值的5%～7.5%，但是保管的股票市值达到50%～55%。根据1995年德国的实证研究显示，在德国100家

[①] Michael S.：*Samuel Zell, the Chicago Tribune, and the Emergence of the S ESOP：Understanding the Tax Advantages and Disadvantages of S ESOPs*，http://ssrn.com/abstract=2173429，2012-05-13.

[②] 由于俄罗斯、东欧和我国的信托机制并不普及和发达，在上市公司资产重组和公司拆分过程中，尤其是国有股转让（转持）过程中，更多地采取"股权托管"。根据本书第一章的分析，委托代理与信托有其相似之处，笔者也将国外的股权（表决权）托管案例作为借鉴。

[③] Jongand A.D.，Kabir R.，Marra T.A.，Ailsa：*Ownership and Control in the Netherlands*，http://ssrn.com，2013-01-20.

最大上市公司的 24 家中，58% 的股份参加了公司年会的投票，银行仅持有 7% 的股权，却因为表决权（投票权）托管而享有 84% 的投票权。[1] 由于银行也是这些大型上市公司的股东和主要贷款人，不仅具有行使投票的权力，还有监控的权力和能力。作为贷款者，为了保持贷款的安全性和有效性，银行必然会进行事前、事中和事后的监督，在所有股东中，银行的监督成本是最低的，也能够有效地实现委托人投资收益的最大化。[2] 股权托管模式在俄罗斯和东欧国家的政治体制改革、国家私有化进程中，也有相当多的应用。俄罗斯在转型过程中对国有股份的管理模式有两种：一种是通过国家在股份公司管理机关的代表进行管理；另一种是实行委托管理，受托人包括国有控股公司、私人和外国经营集团。俄罗斯国有股份托管首先在煤炭工业 5 家股份公司实行，根据国有股份委托管理合同的规定，受托人的义务是按照委托人的利益管理并持有股份，不允许这些股份投入其他股份公司的法定资本、也不允许在合同期间内转让和出售股份，此外也规定了受托人定期提交文件和经营活动的信息。[3] 捷克在 1992～1995 年和 1993～1993 年两次私有化中，分别将 1491 家公司和 861 家公司私有化，私有化的主要方式是凭证化。捷克公民通过支付少量费用购买凭证券，然后用凭证券购买企业股票，或通过凭证向基金管理公司换取一定的基金份额，基金公司则用累积的凭证认购国有股份。大量国有企业股份为私人和基金持有，这些投资者和基金的股份大都托管给银行或非银行金融机构管理，银行因此成为大股东或者享有控制权。[4]

---

[1] 李维安、武立东：《公司治理教程》，上海：上海人民出版社，2002 年，第 243 页。

[2] 冯根福：《西方主要国家公司股权结构与股东监控机制比较研究》，《当代经济科学》，1997 年，第 6 期，第 33-35 页。

[3] 许新：《转型经济的产权改革：俄罗斯东欧中亚国家的私有化》，北京：社会科学文献出版社，2003 年，第 119 页。

[4] Cull Robert., Matesova Jana., Shirley Merry M.: *Ownership and the Temptation to Loot : Evidence From Privatized Czech Republic*, *Journal of Comparative Economics*, 2003, 30（1）: pp.1-24.

2. 评析

尽管美国的立法早已承认"表决权信托"和"股权信托"的合法性，但是美国业界对表决权信托（广义和狭义）的消极和积极功能均没有定论。但是并不妨碍表决权和管理型股权信托在美国的应用，主要依托企业分散的股权结构，以及高度发达的资本市场。俄罗斯和捷克的股权托管则依托于股权高度集中的结构以及不发达的资本市场。德国的"委托投票"，则依托于股权相对集中的所有制结构以及相对发达的资本市场。我国上市公司的股权结构与俄罗斯、捷克的企业股权结构颇有类似，但是我国的资本市场相对成熟和发达。[①]

此外，美国的表决权信托的立法较为完善，信托合同内容十分明确地约定了受托人的责任，并且一般在受托人期间受托人义务不能转让，以美国证券交易委员会为监管主体的监管手段的相对齐全。相比之下，俄罗斯和捷克的立法、行政监管明显不足，一开始就是建立在国家统一规定上的，因此在托管过程中，也出现了不少问题。具体而言，在俄罗斯的国有股权托管中，颇受质疑的是代理人的选任标准和公开性问题，国家从中获得的收益缺乏保证，代理人的酬金具体来源不明等问题。此外，为了强化对代理人的激励，提高代理人管理国有股权的效率，俄罗斯通过《私有化法》规定在委托期满、委托合同条款履行的情况下，托管人有权按照合同规定的数量和价格购买其接受委托的股票，从而导致了国有股权迅速集中于几个大公司手中。捷克的银行和基金公司虽然成为大股东或管理者享有控制权，但是缺乏有效的监管和信义义务的约束，也没有动力耗费资源实现公司重组，反而利用手中的控制权在企业交易中谋取私人利益。

[①] 刘东辉：《我国上市公司股权托管与公司控制研究》，北京：中国金融出版社，2009年，第70页。

（三）我国大陆地区的国有股权托管和表决权信托的实践

在中国资本市场运营实践中，上市公司的股权托管现象非常普遍，也成为国家股权间接行使制度的基本工具之一。我国目前"股权托管"现象产生的主要原因可以表述为：首先，由于国有股份在法律上难以顺利过户登记，股份托管成了规避现有法律的制度安排。根据《中华人民共和国公司法》等相关法律规定，股份公司的发起人股份在公司成立后三年内禁止转让，而国家或地方政府基于种种考虑，需要变现或减持国有股，通过股权托管的方式即可实现。其次，在国有股交易中，国有股主要的买受方主要是民营资本和外资，但民营资本和外资难以合法进入相关领域，只能通过股权托管来达到股份实际转让的目的。目前的上市公司的国有股份（权）信托的实践中，股权的出让方即委托人（主要是政府或其他社会法人股东）将国有股权中的自益权和共益权基本上全部转让给了买受人即受托人（最终的处置权除外），通过签订《股权托管协议》来规定双方的权利义务关系。[①]

我国从 2003 年开始，已有经营资源类国有资产的企业通过股权托管和信托实现股权转让和股权管理。如大连盛道集团有限公司将包括林业资源在内的国有股权托管给沈阳菲菲企业集团有限公司；湖北鄂州武昌鱼集团有限公司将国有法人股分别托管给北京华普产业集团有限公司和北京中联普拓技术开发有限公司，以实现国有股权转让。[②] 根据深圳证券交易所和上海证券交易所的"股权托管"公告显示，从 2012 年 1 月～2013 年 11 月，有 10 个国有企业签订"股权托管"协议。[③] 但是，我国目前上市公司大多采用"股权托

---

① 张振华：《国有股权信托制度研究（硕士学位论文）》，西南政法大学，2011 年，第 3 页。
② 刘东辉：《我国上市公司股权托管于公司控制研究》，北京：中国金融出版社，2009 年，第 155-183 页。
③ 《股权托管公告》，http://www.sse.com.cn/marketservices/servicesupport/websuport/search_result.shtml，2013 年 11 月 7 日。

管"的形式,依照《中华人民共和国民法通则》《中华人民共和国合同法》和《中华人民共和国公司法》设立,根据《中华人民共和国公司法》第一百零六条的规定:"股东可以委托代理人出席股东大会会议,代理人应当向公司提交股东授权委托书,并在授权范围内行使表决权。"实践中,国家股权托管制度只是国家股权转让协议签署与获得相关政府部门批准之间的过渡安排和手段,最终目的在于转让国家股权,因此国家股权托管合同通常与国家股权转让协议一并签署。① 虽然股权信托在我国香港地区有较多的实践,我国目前仍旧停留在"托管"的狭小视域内。前文也已分析过"股权信托"相对于"股权托管"的比较优势,但是现有的"股权托管"也足以为管理型股权信托提供有价值的经验。值得庆幸的是,2002年10月21日,青岛啤酒股份有限公司和世界最大的啤酒酿造商安海斯—布希公司(简称"A–B公司")通过战略性投资协议,使得A–B公司成为青啤最大的非政府股东,该协议约定A–B公司将7%的股权信托给青岛市国资办,自己只保留不多于20%的股权和自己的股份收益权,在重大方面不再保留更多的介入和控制。② 在青岛啤酒和A–B公司的股权转让案例中,采取了表决权信托的方式,保留了国有大型的企业的国有股的控制权,值得资源类国有股权信托所借鉴。

(四)我国资源类国有股权信托模式选择③

资源类国有股权信托,只能是在以资源类国有资产折合股本的上市或非上市公司中,从而形成的资源类国有股权。资源类国有股东在信托存续期内,

---

① 马俊驹、李茂年:《国有财产法律制度研究——以国有股权信托研究为中心》,清华大学法学院课题,2005年,第74页;转引自慕丹:《国家股权信托制度研究(硕士学位论文)》,中国政法大学,2008年,第9页。
② 《管理型股权信托》,http://baike.baidu.com/view/2708346.htm,2013年5月3日。
③ 股权信托中,也有以国有股减持的股权转让为目的、以管理为目的,本书主要探讨以管理为目的的股权信托。

将其所持有的股份以及法律上的股东权利包括表决权,转移给受托人,由受托人持有并集中行使股权。委托人通过与受托人缔结股权信托合同具体规定相关主体的权利义务,其中包括:受益人的受益权主要包括股利请求权、委托人享有信托终止时的股份返还请求权等,此外一般还应规定受托人以何种方式来行使股票的投票表决权和处分权,以实现委托人或者委托人的关联方对公司的表决控制力。

第二节 资源类国有资产公益信托运营的实践及我国的模式选择

公益信托是为了公共利益目的,使整个社会或社会公众的一个重要部分受益而设立的信托。[①] 一般是指为了救济,发展科技教育、文化艺术、医疗卫生、环境保护等社会公益事业,依法设立的信托。公益信托的最终目的是促进公共福利,是一种利他行为。公共福利原本是国家通过税收的方式获得财政收入,然后再通过预算重新分配到福利领域,公益信托则扩大了公共福利的参与面、增加了分配方式。由于20世纪60年代以来环境恶化对人类的威胁日趋显现,许多国家先后把环境保护、污染治理作为公益信托的信托目的,以英国的"国民信托"组织为代表的公益信托,在世界范围内获得了广泛的影响力。

---

① 何宝玉:《信托法原理》,北京:中国政法大学出版社,2005年,第319页。

一、资源类国有资产公益信托的运作方式

在公益信托发达的国家，公益信托的范围广泛、复杂、灵活。以英国为例，公益信托是个范围广泛的综合体，包含各种各样有益于公共利益的目的，但是必须符合《1601年慈善用益法》序言中所规定的"精神和意图"。英国《2004年慈善法》除了传统的救济贫困、促进教育、倡导宗教的信托外，还列举了一些其他公益信托的类型，涉及社会生活的多方面，包括促进环境保护和改善的公益信托。[1]英国也是最早承认动物福利公益信托的国家。1915年的Re Wedgwood案中，一位女士设立信托，将其剩余遗产留给她的哥哥和用于保护动物以及动物利益，法院认可了这项公益信托。[2]美国《信托法重述（第二版）》也规定了为了促进社会成员幸福和福利的举措是公益性的，其中包括自然保护。[3]《中华人民共和国信托法》第六十条规定了公益信托可以以"发展环境保护事业，维护生态环境"为目的。

目前各国自然资源（包括资源类国有资产）公益信托的特征主要表现为：这类信托的受托人一般是信托组织，有民间组织和官方组织两类；信托目的涉及环境保护、社会福利等；信托财产包括资金（社会公众的投资资金、国家的自然资源收益、捐赠的资金）、非经营性自然资源；信托类别涉及金融信托和管理信托。这类信托在实践中表现为两种运作模式：

基金式。委托人（一般是国家）将经营自然资源（可以是各种经营模式）的部分收益作为信托财产，设立自然资源信托基金，受托机构也可作为金融中介，在控制风险、保本的同时，将自然资源收益进行投资经营管理获取利

---

[1] 何宝玉：《英国信托法原理与判例》，北京：法律出版社，2001年，第339页。
[2] Maudsley R. H., Burn E.H.：*Trusts and Trustees：Cases and Materials*, London：ButterWorths, 1978, p.209.
[3] 何宝玉：《英国信托法原理与判例》，北京：法律出版社，2001年，第330页；赵磊：《公益信托法律制度研究》，北京：法律出版社，2009年，第123页。

润，将收益用于社会分红，将具有无可消磨的公共性特征的所有自然资源的经营收益重新造福于民。还有一种相似的模式是，委托人（一般是慈善团体、一个或多个捐赠者）将一定数额的资金设立信托基金，由专门的投资机构运营管理这笔信托基金，将收益按照信托目的和信托合同用于自然资源保护、修护等公益项目开支。

资产信托管理式。自然资源所有人即委托人将自然资源信托给信托受托人，通过信托组织的经营、接受捐赠、政府扶持等，实现对信托财产（自然资源）的保护、修护、再生，受益人一般是社会公众。在资源类资产公益信托中，并不排斥受托人的经营行为，如出售纪念品、自然资源（加工转换后的）成品乃至收取门票，其经营收入旨在公益事业，用于该信托或者转移其他类似的公益信托或公益组织，收入的使用途径包括：信托财产的保存、改良等，或捐赠其他公益事业。

二、域外国家或地区的自然资源公益信托的实践及评析

发达国家的自然资源公益信托已有多年的发展历史，虽然大多数涉及私有自然资源信托，但是其公益信托的实践模式和经验也值得我国大陆地区资源类国有资产公益信托借鉴。

（一）信托基金模式及评析

1. 香港的公有土地基金[①]

中国香港特别行政区政府通过拍卖公有土地使用权而获取原始资金，以

---

① 目前，我国内地、美国等均有公有（国有）土地基金，一般而言，土地基金的管理模式分为两种：一种是由独立的专门组织机构分别负责基金的运作管理与基金的使用管理，获取投资利润而实现增值，我国香港地区和美国的土地基金属于这一类型；一种是由统一的机构负责基金的使用，而并不运作管理、实现增值，我国内地现有的土地基金属于这一类型。此外，美国和我国内地的土地基金主要是公益用途，美国的土地基金主要用于教育公益，我国则主要是用于土地储备、征收、旧城区改造等。

这一资金设立土地基金，信托给专业单位管理土地基金，使基金规模不断扩大。香港土地基金的投资，以保存本金为前提。1986年香港"土地基金"成立时，资产净值只有7.72亿港元，以后逐年增长，到1997年3月累计地价收入达1094亿港元，投资盈利近400亿港元，至1997年7月1日交给特区政府的款项超过1700亿港元，2010年3月1日基金结余为1，758.460亿（港币）。① 土地基金是盈利型土地基金，其中的公益目的是将基金资产用于免费医疗。②

2. 南非的自然资源基金

南非的两个自然旅游项目成立了自然资源信托基金：一是，尼加拉私人狩猎保护区将该狩猎保护区的部分收入信托或捐赠给非洲保护协会，协会通过资助该地区的基础设施、教育、商业等多种项目，以让当地居民获得收益。二是，洛克泰湾的当地居民持有旅馆的股份，居民每季度收到他们股息分红，红利被存入社区信托基金会经管的一个银行账户中，信托基金会召开社区大会，由整个社区投票决定如何使用这笔红利。③

此外，1985年智利设立了"铜稳定基金"；1998年委内瑞拉用石油收入设立了"宏观经济稳定基金"；俄罗斯从2004年期设立了"联邦预算稳定基金等"；1990年挪威设立了"国家石油基金"，2007年与政府养老基金合并，组成"国家养老基金"，是全球最大的主权财富基金之一。这些国家的自然资源信托基金，目前仅维持国家财政收入，尚未像阿拉斯加和南非那样向社会分红，因此严格来说是资源类国有资产私益信托的 类。

---

① 香港特别行政区土地基金备忘录，http://www.doc88.com/p-947569501543.html，2013年5月28日。
② 《香港经验有助于国家土地基金运作》，http://www.cnstock.com/v_news/sns_gdbb/201310/2788834.htm，2013年10月30日。
③ 任瑛：《南非、肯尼亚自然保护区管理考察及启示》，《预算管理与会计》，2008年，第2期，第26页。

自然资源信托基金模式,成功地借助了信托的财产管理功能实现社会公益的目的。在实现国家（或地方）的自然资源红利和权利金的财政收入的同时,让国民或者当地居民获得自然资源的福利,包括现金分红、基础设施的建设和改善、教育投入等多种公益形式。在这些信托基金的运作中,有三点值得我国借鉴:通过立法的模式确立和规范信托基金的运营和监管;通过立法明确规定政府将每年的自然资源收入按照固定比例信托给信托基金。无论是保留本金、分配信托收益还是分配本金和信托收益,均强调对原始的信托财产（自然资源收益本金和有价证券等）的保值,因此,在信托财产的管理和经营、投资中,风险控制也是至关重要的内容。

由于英美法系的公益信托,并不适用"反永久性规则",确保该公益信托的长期延续性,客观上有利于社会福利的稳定增加。

(二) 自然资源资产公益信托模式及评析

1. 英国的国民信托[①]

"国民信托"("National trust")组织由 Octavia Hill、Robert Hunter 和 Canon Hardwicke Rawnsley 于 1894 年 1 月 12 日创立,Duke of Westminster（1825～1899）则是成立协会的主要捐款者。"国民信托"组织的公益目的是:保护国民对土地、建筑物的观赏权,保护土地的其他自然特征和附存的动植物,保护描绘了民族艺术、历史文化的家具、图片和其他动产。国民信托组织在 1894 年作为"非营利性组织"被纳入英国的公司法（1862～1890）的管辖,这一组织被视为非营利性的担保有限责任公司,在 1919 至 1978 年期间的议会法案修正并扩大了信托的权力和豁免权,此后根据 1993 年的《慈善

---

① 参见"国民信托网站"[EB/OL].http://trust.hexun.com/2011-07-11/131329058.html,2011 年 7 月 11 日。

法案》注册成为慈善组织，接受英国《国民信托法案》(National Trust Acts)的约束。该信托以全体会员、资产所有者为委托人，公益信托机构为受托人，受益人是包括委托人在内的英国公民。

协会早期致力于保护公共土地和若干濒危的历史遗迹。协会的第一幢物业是Alfriston Clergy House，而第一片自然保护区则是Wicken Fen。20世纪中叶，协会意识到很多业主无法或无力保护他们的乡郊宅邸和花园，于是这些建筑开始大量成为协会的资产，英国著名童书作家和插画家碧雅翠丝·波特也成为最重要的捐助者之一。这一组织目前已拥有许多自然（历史）遗产，包括历史名居、纪念碑和一些社会历史遗迹，已成为英国目前最大的土地所有者，拥有许多风景区，照顾了2700平方公里的土地，近900公里的海岸线，以及超过300座的古迹与庭园，绝大部分的风景区都免费对公众开放。由于该组织所拥有的资产越来越多，单靠门票已不能维护及管理，因此监事会同意国民信托组织可以另外"置产"或经营事业以赚取维护费用，由此而获得的资产为其"经营资产"，以有别于不能转让（变卖）的"信托资产"及"保存资产"。

信托基金由12人组成的董事会作为受托人管理、运营，全体会员选出的26人组成的顾问小组（监事会）负责任命和监督董事会。信托的业务分不同的官方行政区域运营管理，其总部设在史云顿。截至2010年1月28日，该组织的总收入达4.06亿英镑，其收入的主要来源是其会员的捐赠（大约1.252亿英镑）。此外，该信托组织下设"国民信托有限公司"，承担了营利性经营的商业业务，包括经营与信托财产相关的纪念品商店和餐厅，利润大约有5470万英镑；同时，积极进行旅游、养殖等多样化的开发经营，扩大盈利。其信托基金的支出主要包括日常的信托财产（古迹、景区、海岸线、土地等）维护、重要工程的成本费用。现在国民信托组织已经成为世界上最大的团体之一，该组织的出版物也成为其最重要的收入来源。该组织的维系还依赖众多的志愿者，志愿者工作50万小时创造了大约2920万英镑的价值，该团体从3名志愿者发展到2010年的61000名志愿者，发挥了重要作用，包括为整修、保护有历史价值的庭园筹款并免费提供技术服务。

2. 日本的国民信托

日本于1923年颁布的《信托法》就确立了公益信托制度，但是一直没有得以推广，直至1977年（昭和52年），今井保太郎以500坪的土地为信托财产，设立了以促进国际交流为信托目的的"今井纪念海外协力基金"。① 截至平成20年3月底，城市环境治理、自然环境保护的公益信托有33件，信托资产9198百万日元；动植物繁殖和保护的公益信托1件，信托财产382百万日元；促进绿化的公益信托1件，信托财产41百万日元。② 日本的国民信托运动以城市环境治理和自然环境保护为目的，始于1964年，当时作家大佛次郎和其他镰仓市的居民合力拯救古都镰仓的历史文化遗产，使其免于无节制的开发。现今日本各地有近50个不同的国民信托运动正在进行，其中包括北海道的知床半岛以及和歌山的天神崎。③

3. 美国的土地信托联盟 ④

美国土地信托联盟（Land trust Alliance）的信托目的是保护土地资源，同时也包括保护重要的野生动物资源、农地和乡村中景色优美的开放性空地。该信托以全体成员包括会员和土地所有人或权利人（需要交纳一定的土地信托报酬）为委托人和受益人之一，受托人即土地信托联盟。土地信托联盟的

---

① 方国辉译：《日本公益信托文萃选集》，中国台北：台北市信托商业同业工会，第61-64页；转引自赵磊：《公益信托法律制度研究》，北京：法律出版社，2008年，第204页。
② 《国外公益信托发展历程》，www.law365.net.，2011年1月20日。
③ 《国民信托》，http://trust.hexun.com/2011-07-11/131329058.html，2013年2月4日。
④ 《美国的土地信托联盟》，http://www.landtrustalliance.org，2011年12月23日。

成员因为土地信托在议会中有了投票权,个体土地信托者还可以通过选举成为官员或议员。这一组织已经被公认为成功保护了农业用地、历史建筑、景致、湿地和野生动物保护区的生物。

目前这一组织大约有1700个土地信托,超过10万个志愿者和200万的成员。到目前为止,土地信托对超过 37 000 000 亩的美国土地实施保护,其面积超过了整个新英格兰州。土地信托联盟通过接受土地捐赠、私人谈判、签订志愿保护土地协议,来保护土地以及为下一代管理养护土地。大多数的土地信托都是以社区为单位土地并且与当地的实际需要紧密相连,所以这类土地信托为该区域内的其他个人的私有土地提供了必要的自然栖息地以及其他休闲、农业等其他保护价值。

4. 美国的社区土地信托

美国的社区土地信托(CLTs)以向低收入家庭提供住房、防止社区功能衰退等为目的,有明显的公益信托的性质。由土地所有人或权利人即社区居民、非营利性组织、政府作为委托人,CLTs(即社区土地信托公司)作为受托人,受益人是符合购买或承租条件的低收入者,信托财产是CLTs接受的捐赠资金及土地社区居民、非营利性组织及政府捐赠资金及土地(同时CLTs也利用募集的资金购买土地或住房),CLTs在土地上建造或改造房屋,将房屋、土地出租或出售给受益人,并负责售后(租后)监管(包括对房屋、土地的合理利用及出售限制等)。这一模式对低收入者而言是确保其使用权创新模式,并提供了一系列受限制的其他权利,有学者指出CLTs是最经济、最有价值的模型(University of Salford,2005)[1],在美国也成功运作多年。但这一模型在英美等发达国家有效运用,在发展中国家的肯尼亚运作6年的社区土地信托则并不理想,其原因主要有:法律的不配套;缺乏政府对该模型的持续

---

[1] University of Salford:*The Community Land Trust Model*, www.creativecommons.org, 2011-05-23.

支持；在剩余土地的分配上有不同的设想。[①]

5. 墨西哥的土地公益信托

在墨西哥–美国边境地区，风景和野生动物栖息地迅速恶化，鸟类栖息地以惊人的速度消失，但墨西哥公益土地信托却对土地保护发挥了作用，是一种有效的模式作为补充或替代缓慢发展的政府间保护协议（组织）。[②]

（三）评析

以英、美两国为代表的普通法系国家，公益信托制度发展较为成熟，调整公益信托的法律法规和配套规定也相对完备。日本、中国等大陆法系国家引入公益信托的时间短暂，社会习惯难以整合相容，公益信托尚未发挥太大的作用。

1. 政府扶持

作为"国民信托"的发源地，英国和美国的环境保护公益信托历史悠久，得益于两国政府对公益信托的扶持。第一，虽然英国的公益信托设立准则为强制登记注册设立，但设立程序简易、成本低廉。第二，统一的监管机构降低公益信托设立成本，也降低了监管成本，从而维护公益信托目的的纯粹公益性。以英国为例，根据《1960年公益法》，英国设立公益事务署，作为公益信托统一的监管机构。[③] 第三，税收优惠。英美的公益信托均以立法的形式规定了税收优惠，政府的政策制定也以税收优惠引导企业和个人的捐赠和信托，如英国1891年在Pemsel.s案中确认了Morice v Bishop of Durham一案提

[①] Bassett Ellen M.：*Tinkering with Tenure：the Community Land Trust Experiment on Voi*, Habitat International, 2005, 29（3）：pp.375-398.

[②] Corcuera Elisa, Steiner Frederick, Guhathakurta Subhrajit：*Potential Use of Land Trust Mechanisms for Conservation on the Mexican-U.S. border*, Journal of Borderlands Studies, 2000, 15（2）：pp.1-23.

[③] 高亚红：《公益信托监管制度比较研究》，《西安社会科学》，2009年，第1期，第124-125页。

出的慈善目的的法律定义，并且将其延展到政府税收的问题。[1]美国规范公益信托的不仅是信托法，更多的调整公益信托的法律规范散见于错综复杂的税法以及非营利组织法中。这些法律规范为公益信托的组织形式提供了依据，更为重要的是刺激了公益信托的委托人从事公益的积极性，因为这些法律法规以减免税收的形式保证了捐助者的经济利益。在现代的美国，传统的慈善定义已经在很大程度上被税法方面的定义所取代，税法对此慈善组织的定义是"收入无须缴税，而且其捐助者因其捐款而获得税收减免的组织"，正是由于美国的税收优惠，保证了捐赠者的经济利益，刺激了公益信托委托人的积极性，使得美国的公益事业和慈善基金会发展迅速。[2]截至2011年，美国规模最大的基金会 Bill & Melinda Gates Foundation 的资产规模达到34,640,122,664美元；截至2012年，规模最大的公益信托利盖蒂信托资产规模达到10,502,514,302美元；[3]仅以社区基金会为例，从1981年208个发展到2011年的750个，其资产规模从1981年的2 174美元发展到2011年的23,413美元，向公益事业的投入从1981年的183美元，发展到2011年的4 311美元。[4]第四，对公益信托受托人的严格限制和约束。美国联邦政府对包括公益信托在内的公益组织进行严格限制，对低效经营的私人基金会进行惩罚，目的是通过惩罚高开销、低收益的公益信托，而保证委托人的捐赠更加有效。例如，美国《联邦税法典》第4942条对每年不能贡献相当于捐赠价值5%的

---

[1] Moffat Graham, Bean Gerry, Probert Rebecca: *Trust Law: Text and Materials*, Cambridge: Cambridge University Press, 2009, pp.887-888.

[2] 贝奇·布查特·阿德勒：《美国慈善法指南》，NPO 信息咨询中心译，北京：中国社会科学出版社，2002年，第1-4页。

[3] 《美国基金会中心统计数据》，http://foundationcenter.org/findfunders/topfunders/top100assets.html，2012-12-23；http://fdo.foundationcenter.org/search/results，2013年11月30日。

[4] 《美国基金会中心统计数据》，http://foundationcenter.org/findfunders/statistics/pdf/02-found_growth.，2013年3月30日。

收益的私人公益基金会实行税收惩罚,如果基金会的收益低于其当年接受捐赠的5%,为了避免税收,基金会就需要用本金来补足差额。① 当然,在我国公益信托并不发达的当下,这种做法的借鉴意义并不大,《中华人民共和国信托法》也并未明确对公益信托的限制。

2. 社会制度的导向作用

英国是有着悠久慈善传统的国家,慈善文化根基深厚。美国人乐于捐赠,除了其深厚的工业文明和移民文化背景外,社会制度的导向发挥了重要的推动作用。例如,美国的各级政府都设有专门机构,每年有专项资金,对志愿者绩效进行评估,志愿者经历可以加学分,对于升学、就业都有利,杰出的志愿者还会得到政府的表彰和奖励。②

3. 专业信托机构的参与和组织形式的灵活多样性

日本《信托法》虽然规定了公益信托,但是长期没有推行,因为当时的日本颁布实施了学校法人、宗教法人、医疗法人等特殊法规的实施,通过公益法人和特殊法人的形式进行公益活动,早已深入人心,公益法人制度已经非常成熟。在日本《信托法》引入公益信托制度时,就有不少反对的声音,认为已经设立了公益法人制度,无须再设立公益信托制度。③ 日本的首例公益信托在三菱信托银行的介入下,为日本公众所熟知,加之日本政府一系列针对公益信托设立便利政策、税收优惠政策的出台,公益信托的数量也迅速增长。1993年之后,日本银行的信托子公司及地方金融机构开始承办公益信托业务,为日本公益信托制度增强了活力和生命力。1998年日本颁布实施了《特定非营利活动促进法》,以社会福利、环境保护等目的设立的公益信托日

---

① 高凌云:《信托法原论》,上海:复旦大学出版社,2010年,第200–201页。
② 《走,当志愿者去》,《周末画报》,2007年3月3日。
③ 川崎诚一:《信托》,刘丽亲译,北京:中国金融出版社,1989年,第117–118页。

益增加。①

美国的基金与信托的融合相当灵活，不少基金会采取公益信托的形式；②也有不少公益信托最终成立基金会，还有不少采取信托与基金会复式运作的办法。基金会与信托为独立的法律实体，单独做账并接受审计。应该说，基金会、公益信托和其他公益事业组织都肩负着一项使命：实现公共利益。不同组织形式的选择都是基于更好地实现公共利益的目标，正如美国的公益信托所展现的"形式上的随意性与实质上的同一性"。③

三、我国资源类国有资产公益（慈善）信托的实践及存在的问题

我国在 2008 年之前，出现过几个"准公益信托"的案例，如重庆国际信托投资公司与中国残疾人福利基金会签订的"爱心满中华集合资金信托计划"、云南信托的"爱心成就未来"、北京国际信托投资公司的"同心慈善"新股申购集合资金信托计划等。这类产品的成立属于商事信托基础上的延伸，信托产品兼具营利性和公益性，兑付投资人（受益人）约定的受益和受托人等报酬后，将剩余部分用于公益捐赠和定向资助。

2008 年汶川地震后，2008 年 6 月 2 日，中国银行业监督管理委员会发布了《中国中国银行业监督管理委员会办公厅关于鼓励信托公司开展公益信托业务支持灾后重建工作的通知》，规定"公益信托的委托人可以是自然人、机构或者依法成立的其他组织，其数量及交付信托的金额不受限制"，由此打破了专业信托机构开展信托业务时的委托人资格限制，也打破了信托单位金额

---

① 星田宽：《日本的公益信托》，《金融时报》，2002 年 4 月 4 日，转引自赵磊：《公益信托法律制度研究》，北京：法律出版社，2008 年，第 92 页。

② 参见《美国基金会中心关于"慈善（公益）信托基金"的介绍》，http://fdo.foundationcenter.org/search/results，2013 年 12 月 2 日。

③ 赵磊：《公益信托法律制度研究》，北京：法律出版社，2008 年，第 89 页。

的限制，同时也规定了鼓励信托公司依法开展以救济贫困、救助灾民、扶助残疾人、发展医疗卫生、环境保护，以及教育、科技、文化、艺术、体育事业等为目的的公益信托业务。此后，我国第一个由信托公司（西安信托）发起的较大规模的公益信托问世（1 000万元人民币），信托期限暂定3年，视情形可提前结束或延长。委托人只限于企业法人机构；信托目的是用于抗震救灾的公益项目；受益人是不特定的多数人，受益人的确定由陕西省民政厅负责协调安排，或由其他合法组织推荐，或由受托人亲自选定，并由受托人最终确认；由受托人与民政部门或其他公益机构签订定向捐赠协议，就捐赠资金的使用、资助项目的管理等进行约定；确立了信托监察人，从法律要素上完全符合公益信托的构成要件。这一信托还规定，在信托资金未划付的闲置期，受托人可以运用于流动性好、变现能力强的国债、政策性金融债及中国银行业监督管理委员会允许投资的其他低风险金融产品，在维护信托资金的安全的前提下，实现保值和增值。此外，河南百瑞信托也推出了资金规模160万元人民币的公益信托。①

我国的公益信托发展相对迟缓，许多信托机构也并不擅长公益信托，但并不能否认他们对于公益信托的关注和研究。② 我国资源类国有资产公益信托实践中所面临的问题，主要源于我国目前并未就公益信托专门和单独立法，目前仅有的《支持灾后重建工作的通知》，在立法层级上相对较低；现有立法对信托公司担任公益信托受托人也并未有具体、可操作的规定。一旦缺少公益信托的相关立法，资源类国有资产公益信托则无法摆脱"一法两规"的限制，每个信托单位的最低金额限制、委托人资格的限制，并不利于资源类国有资产公益信托的发展。

---

① 张军建：《信托法基础理论研究》，北京：中国财政经济出版社，2009年，第254-255页。
② 王方：《我国公益信托法律制度的缺陷和完善》，《经济法论坛》，2006年，第1期，第518-534页。

在《中华人民共和国慈善法》颁布实施后，信托公司参与慈善信托的热情高涨，2017年有33支慈善信托备案，规模达到6.75亿元，公益慈善组织参与慈善信托的数目逐步增加，截至2021年12月31日，全国累计慈善信托备案达773单，财产规模达39.35亿元。其中2021年新设立慈善信托共计227单，财产规模达5.71亿元，较上年增加32.48%。自2016年至2021年，全国共有62家信托公司设立了慈善信托，占全国68家信托公司总数的91%；有66家基金会成为慈善信托的受托人或共同受托人，其中2021年有46家慈善组织第一次参与设立慈善信托。① 其中，资源类国有资产慈善信托也有了初步尝试，万向信托设立的中国首个水源地保护慈善信托2017年在杭州市民政局完成备案，阿里巴巴公益基金会、民生人寿保险公益基金会共同发起作为委托人，并首期资助1000万元作为慈善信托财产，由万向信托担任受托人，大自然保护协会（TNC）作为保护项目设计与科学顾问。慈善信托目的是科学的方法减少农业面源污染，通过绿色消费帮助流域生态产业的发展，以探索流域面源污染治理的长效治理机制。

四、我国资源类国有资产公益信托的模式选择

根据信托资金的不同，笔者将我国大陆地区资源类国有资产公益信托可选择的模式分为以下两类：

（一）资源类国有资产公益（慈善）信托基金

诺贝尔经济学奖的获得者詹姆斯·米德认为，国企成立之初的宗旨就是

---

① 《2021年中国慈善信托发展报告》发布［EB/OL］. http://www.mca.gov.cn/article/xw/mtbd/202201/20220100039415.shtml，下载日期2022年3月11日.

为了构建和谐的福利社会。[①] 笔者认为，资源类国有资产运营的宗旨也是为了全体公民的利益，为了构建福利社会。因此，资源类国有资产运营的公益目的必不可少。资源类国有资产公益（慈善）信托基金是指委托人将资源类国有资产的权利金、红利、经营收入等收益信托给公益（慈善）信托基金，由受托人负责基金的保值和增值；委托人一般是各政府财政部门、国有和私营的资源类国有资产经营企业，受托人可以是基金会、信托公司等（慈善信托仅能是信托公司和慈善组织），受益人的范围较广，可以是灾害救济、医疗投入、教育经费、生态环境改造项目投入或某些低收入群体、环境难民等。信托资金的运作方式，委托人可以约定以保留信托本金而分配收益，或分配本金和收益等方式分配给受益人。此外，在信托资金未划付的闲置期，受托人可以运用于流动性好、变现能力强的国债、政策性金融债、中央银行票据、政府债券、金融债券及中国银行业监督管理委员会允许投资的其他低风险金融产品，维护信托资金的安全和实现保值增值。

（二）资源类国有资产的资产使用权公益（慈善）信托[②]

这类公益（慈善）信托的信托财产是资源类国有资产使用权，这部分资源类国有资产是公益性的资源类国有资产，或具有观赏游览价值、生态价值、历史文化价值的经营性国有资产。委托人是各类自然资源的行政主管部门，受托人是现有的景区（园区、历史遗迹）管委会或环保公益组织等机构。受托人可以招募会员，并收取会员费，接受各类捐赠，也可以适当利用信托财产从事相关的经营活动（如参观门票、纪念品出售等）。受益人是全体国民、

[①] 廖承红：《补充货币的理论及其实践经验借鉴》，《河北经贸大学学报》，2011年，第1期，第49-54页。
[②] 资源类国有资产公益信托并不排斥具有历史文化价值的庭园、建筑物等私有财产成为信托财产，私人作为委托人和受益人，也有必要缴纳一定的管理费用。

生态环境等，也包括会员、捐赠者、志愿服务者。信托目的是通过公益组织的管理、全民参与，实现资源类国有资产的保护和修缮，并可以选择性地对全民开放游览和参观。资源类国有资产使用权公益（慈善）信托，一般要求维持甚至恢复资源类国有资产的生态原貌或价值。

第三节 资源类国有资产信托运营模式创新的基本原则

我国庞大的资源类国有资产借助信托这种工具实现保值和增值，就意味着运用信托工具为资源类国有资产提供更灵活的运营服务和工具。[①]

对此，笔者就资源类国有资产信托产品的创新提出三项基本原则：

一、低风险原则

风险控制是资源类国有资产乃至所有信托产品成功的关键所在。在信托产品的开发上，近几年来各家信托公司在资源类国有资产信托产品的风险控制方面采取了多种措施，如政府提供财产支持；采取资产抵押或质押；由第三方提供担保；贷款保险；银行信誉担保，由银行承诺到期支付本金和收益或承诺到期回购资产；有的采取优先/刺激分层结构。资源类国有资产信托产品的创新，首先应当坚持的就是低风险原则，根据具体情况在风险控制措施的使用上也应有所侧重，充分发挥银行、担保公司和信用评级公司等专业化中介作用，并严格选任评级公司。对于资源类国有股权信托，健全公司内部治理结构，通过减少股权集中度、保留委托人董事席位、独立董事的设置等减少风险。

---

① 王连洲、陈雨露、周小明等：《走出盘局：核心业务模式的全面转型》，《中国证券报》，2008年8月13日。

二、灵活性原则

资金信托业务和财产信托业务，是资源类国有资产业务中的两大基本形式。资金信托业务，发挥信托的财产管理职能的同时，也发挥了信托的融资功能和投资功能，为资源类国有资产经营管理实现财产管理和投资职能的同时，解决了融资问题。公益信托基金是资金信托的一种高级表现形式，包括信托公司在内的受托人可以从事投资基金业务，力求稳健的同时，也促进更多信托业务的开展，使信托作为金融超市的优势得以发挥。[1]资源类国有资产使用权等资产权利信托、管理型股权信托是财产信托业务的一系列信托产品，促进了信托业务职能的全面发挥。

三、流动性原则

这一原则主要适用于作为金融产品的资源类国有资产信托产品。资源类国有资产信托的金融产品，其收益性、安全性和流动性都会直接影响该产品的成败，甚至关系资源类国有资产的流失。通常，金融产品的投资价值可以通过收益性、安全性和流动性来评价，任何一个性质的缺陷都可能影响到该产品的投资价值。对于信托产品而言，收益性和安全性都较其他金融产品有比较优势，但是在流动性上，由于受制于监管部门对现有信托产品的严格限制，却始终是一个"软肋"，无法满足投资者日益增长的转让和上市流通的需要。[2]近年来，各类资源类国有资产信托产品，也都受到了流通性的限制，上文对我国现有实践的探析中已有分析。

---

[1] 席月民：《国有资产信托法研究》，北京：中国法制出版社，2008年，第292页。
[2] 杨彦如：《中国金融工具创新报告》，北京：中国人民大学出版社，2004年，第174页。

本章小结

在前三个章节分析了资源类国有资产信托的法理基础、资源类国有资产信托的可行性的基础上,本章主要介绍了国内外的土地信托、证券化、自然资源公益信托的实践,在深入研究国内外实践模式和经验的基础上,阐释了自然资源信托运营的功能和意义,剖析了经营性资源类国有资产信托的制度功能。尤其是对资源类国有资产流失的有效防范,以及信托在资源类国有资产经营中的融资功能;非经营性的资源类国有资产,通过公益信托的模式,提供更充足的公共产品,更简便、有效地实现资源类国有资产的生态属性的保护和修护再生,也通过公益信托基金的运作,使资源类国有资产的经营收益造福于社会弱势群体和提高整体社会福利。

第五章　资源类国有资产信托运营的法律监管

广义的国有资产监管，是享有监管权的国家机关、中介机构和组织、党群组织、社会公民组织作为监管主体，对被监管对象（资源类国有资产运营机构）及其员工的经营活动进行的合性、合法性、合理性的评价和评判，对违法行为加以纠正的活动。[①] 狭义的国有资产监管，特指享有监管权的特定监管机关执行的监管，是国家凭借政治权力对经济个体自由决策所实施的强制性限制。[②] 在狭义的定义上，党、社会、公民的监管都不被纳入资源类国有资产监管的范畴。人们之所以对人类经济活动的某些领域和行为进行干预、施加某些限制，是因为如果不对这些经济领域的行为或活动进行必要的限制和干预，这些行为和活动自身的发展可能会偏离人们为这些经济活动和行为所设定的目标。就政府对经济活动的监管目标而言，是最大可能地消除或避免市场失灵所带来的诸如社会资源配置不经济、收入分配不公平、经济不稳定、产权关系不明等问题，以确保市场机制、法律契约关系能够更好地发挥其应有的作用。[③] 本章所探讨的资源类国有资产信托运营的监管，是狭义的监管，是指通过特定行政监管主体行使监管权力、履行监管职责而对被监管的经济关系发生威慑力和影响力，达到对资源类国有资产控制的目的，确保资源类国有资产信托主体遵守经营法规、制度和秩序的体系或机制。

[①] 杨文：《国有资产的法经济分析》，北京：知识产权出版社，2006年，第48页。

[②] Breyer Stephen G. : *Regulation and Its Reform*, Boston : Harvard University Press, 1982, p.4.

[③] 杨文：《国有资产的法经济分析》，北京：知识产权出版社，2006年，第45–46页。

在前文关于资源类国有资产信托运营的主体法律制度、信托财产法律制度构建和完善的基础上,本章着眼于资源类国有资产私益和公益信托的运营面临的监管和配套法律障碍,监管立法的完善是资源类国有资产信托的良性运行的前提。资源类国有资产信托运营的监管法律制度,在很大程度上是管制法,正如美国 SEC 主席弗兰克(J.Frank)所言:"以行政规制处理今天复杂的社会、经济问题,是必要的民主方式。"[1]

第一节 资源类国有资产监管体制存在的问题和模式选择

本书所探讨的资源类国有资产信托运营的监管,目前涉及的监管主体众多、监管内容涉及金融监管和资源类国有资产生态价值的保护性监管,其复杂性可见一斑。资源类国有资产和信托业的监管体制,实际上是资源类国有资产信托良性运行的前提和关键因素。

一、资源类国有资产监管体制存在的问题

(一)监管主体和监管模式的法律障碍

1. 金融信托业监管机构和监管模式的缺陷

金融业自身的脆弱性使得其成为各国监管最严厉的行业,但信托业在不同产业主体之间的灵活设计和融资功能奠定了其现代金融市场的支柱地位,却不得不受到相应的监管。[2] 资源类国有资产信托运营,首先面临的就是金

---

[1] 陈春山:《证券投资信托契约论》,中国台北:五角图书出版公司,1987年,第303-305页。
[2] Long Millard., Vittas Dimiri. : *Financial Regulation : Changing the Rules of the Game*, http ://books.google.com.hk/books, 2012-12-30.

融信托监管的障碍，尤其是资源类国有资产证券化和投资信托，必然涉及金融业的混业经营，我国金融业目前的分业经营、分业监管也将因此遭遇重大挑战。

金融业分业经营和分业监管的制度源于美国1933年的《格拉斯－斯蒂格尔法案》。这一法案确立了美国当时商业银行和投资银行分离的体系。资金供给者和资金需求者之间结合的过程就是资金的融通，商业银行和投资银行均可以实现这一融通，商业银行的核心业务是存款和贷款，投资银行则以证券承销和交易作为核心业务。简而言之，银行业和证券业的混业经营，使得证券业固有的风险很大程度上影响了银行业的安全和稳定，银行既是储户利益的保护者又是证券投资者，银行失去公众信任的风险也随之增加。混业经营增加了金融业的风险，分业的体制则有利于避免上述金融风险，美国的《格拉斯－斯蒂格尔法案》明确禁止了商业银行和投资银行的相互参与、建立关联关系。[1] 在20世纪70年代，美国银行开始逐渐介入证券业务中，资产证券化提供了金融混业经营的最优契机。此后的1999年，在长达60年的分业经营后，美国通过了《金融服务现代化法》，允许金融业务交叉，混业经营的模式在美国正式确立。

美国的金融监管模式及其法律制度，一向是新兴国家学习和效仿的对象，我国也从不例外，《中华人民共和国公司法》和《中华人民共和国证券法》的数次修订，都存在着浓重的唯"美"主义情结。[2] 在美国发生金融业经营和监管巨变的同时，英国、日本、比利时等国则已从分业转为混业经营。我国从1993年起，金融业分业经营的政策正式确立，此后的《中华人民共和国商业

---

[1] Publishers Aspen, Macey Jonathan R., Miller Geoffrey P.：*Banking Law and Regulation*, Amsterdam：Wolters Kluwer Law & Business, 2001, p.502.

[2] 罗培新：《美国金融监管的法律与政策困局之反思》；应勇、郭锋：《金融危机背景下的金融发展与法制》，北京：北京大学出版社，2010年，第227页。

银行法》《中华人民共和国保险法》《中华人民共和国证券法》均对分业经营做了规定。1993年12月25日国务院颁布的《国务院关于金融体制改革的决定》，正式提出对"信托业"与银行业、证券业、保险业实行"分业经营、分业管理"；引发金融业分业体制改革的，正是信托公司和专业银行兼具商业银行与投资银行功能的全能银行模式，造成我国金融业的混乱，严重威胁了我国的金融安全。[1]随着我国金融业分业经营模式的逐步突破，我国成为一种原则上仍然属于分业经营但是同时存在例外的金融体制。[2]我国目前的混业经营主要表现在两个方面：首先是金融控股公司[3]的出现，但是由于缺乏监管，金融产品损害投资者利益、内部关系人违规交易等问题层出；其次是现有的银行、信托、证券和保险机构不断推出各种横跨货币、资本、外汇等多个市场的金融产品或工具。根据资料显示，我国信证合作（证券投资信托）的业务已有多年实践，从2010年至2012年，信证合作业务的规模呈现出相对平稳过渡，截至2012年5月，全国66家信托公司开展信证业务的规模达2,886亿元，占全行业信托资产的5.03%。[4]2012年投资基金与信托公司合作的基础更加坚固。证券公司进军资产管理业务，拓展了信证合作的空间，如证券公司代销信托产品、证券公司和信托公司合作开发产品等。但证券公司和基金公司可以进入信托公司的传统信托领域，信托公司进入资本市场的路径却依然受阻，如集合信托计划不能开设证券账户，信托计划不被允许作为拟上市公司的股东等。2012年8月31日中国证券登记结算有限公司发布了《关

---

[1] 罗志华：《信托在我国金融分业体制下的定位研究》，重庆：西南财经大学出版社，2012年，第192页。

[2] 王延川、王瑀：《金融混业经营框架下我国金融监管模式之构建》，应勇、郭锋：《金融危机背景下的金融发展与法制》，北京：北京大学出版社，2010年，第227页。

[3] 我国目前的金融控股公司如中国国际金融有限公司、中银国际控股有限公司、中信集团、中国平安保险股份有限公司等。

[4] 《中国信托业发展报告（2012）》，http://wenku.baidu.com，2013年5月6日。

于信托产品开户与结算有关问题的通知》重启了信托公司（信托产品）开启证券账户或委托基金公司专户理财等业务，此后证券投资信托产品在集合资金信托产品的资金运用方式（投向）中所占（募集资金）比例呈相对平稳增长的态势，2016年证券投资运用方式信托资金1002.18亿元，占比5.34%；2017年证券投资运用方式信托资金1904.60亿元，占比7.58%；2020年证券投资运用方式信托资金2603亿元，占比9%。[①] 与此同时，证券投资信托产品也不断创新，如平安信托的TOF产品等。

  随着我国金融业混业经营和资产证券化脚步的加快，对分业经营和分业监管体制的冲击也不可遏制。我国目前的金融监管，属于金融分业监管的格局，然而近年来我国金融监管的困境和面临的挑战也逐渐涌现，其中最主要的表现就是混业经营导致的监管真空。实际上我国已出现各金融监管机构政策难以统一的问题，不同的金融机构因为所属监管机关不同而享受的监管政策不同。[②] 我国信托业在金融行业中一直扮演着拾遗补缺的角色，但是，我国的信托业涉猎的金融业务广泛，信托业务范围几乎涉及金融业的每一个领域，对信托的监管要求相当高，但又缺乏统一的信托业立法和监管机构。我国目前对金融业实行分业监管体制，因为监管部门不同，因此业务产品的名称也有所差别，信托公司及其信托业务目前由中国银行业监督管理委员会监管，保险公司和银行作为企业年金信托的受托人亦由中国银行业监督管理委员会监管，而保险公司从事的资产管理业务、商业银行从事的理财业务，本质上也属于信托关系，但却游离于信托监管之外；产业投资基金则由国家计委统

[①] 中国人民大学信托与基金研究所：《中国信托业发展报告2017》，北京：中国财富出版社，2017年；中国人民大学信托与基金研究所：《中国信托业发展报告2018》，北京：中国经济出版社，2018年；清华大学法学院金融与法律研究中心：《中国信托业发展报告2021》，北京：中国经济出版社，2021年。
[②] 刘朝晖：《全球金融自由化改革的制度经济学分析》，国际金融研究，2003年，第8期，第18–22页。

筹管理，证券投资基金由证监会管理，而数量巨大的私募基金目前还处于监管空白状态。金融分业监管导致信托业的政策和法律冲突，但实际上都是信托产品，只是在实践和法律法规中并没有统一和明确信托法律关系。如：（1）我国证监会颁布的《证券投资基金法》并没有明确"证券投资基金"的定义，却规定了"适用《中华人民共和国信托法》"，实际上这种"证券投资基金"带有明显的信托性质。我国《证券投资基金法》始终回避"信托"的提法，尽管规定了证券投资基金受托人履行受托职责，却没有明确其权利和义务，暴露出受托人违背信托精神、损害受益人（投资人）利益的"老鼠仓"等行为。（2）商业银行在代客理财业务中，并不适用信托法律关系，更不适用信托公司和集合资金管理办法所规定的准入条件，部分商业银行在理财业务中存在误导销售和错误销售等情况，使得客户合法权益和商业银行声誉受到损害。①（3）同是"资产证券化"业务，在证监会颁布的《证券公司资产证券化业务规定》中，证券公司为特殊目的载体，确立了公司型的SPV，并规定"资产支持证券可以按照规定在证券交易所、中国证券业协会机构间报价与转让系统、证券公司柜台市场以及中国证监会认可的其他交易场所进行转让"。但中国银行业监督管理委员会颁布的《信贷资产证券化试点管理办法》《金融机构信贷资产证券化监督管理办法》并未将证券公司纳入特殊目的载体的范畴，将信托作为信贷资产证券化的唯一管道，且受益证券并不能在证券交易市场交易、转让，只能在银行间债券市场上发行和交易。笔者以"信托型资产证券化"的法律法规为例，就两大监管机构的法律法规框架作一比较分析，见表5。

---

① 中国中国银行保险监督管理委员会负责人就《商业银行理财产品销售管理办法（征求意见稿）》答记者问［EB/OL］.http://www.gov.cn/gzdt/2011-06/29/content_1896352.htm，2014-04-09.

表5　证监会与中国银行业监督管理委员会关于信托型资产证券化监管法规的比较

	证监会法规体系	中国银行业监督管理委员会法规体系
主要适用的法律法规和管理办法	《中华人民共和国证券法》《中华人民共和国合同法》《证券公司客户资产管理业务实行办法》《金融机构信贷资产证券化监督管理办法》《证券公司资产证券化业务管理规定》等	《中华人民共和国信托法》《信贷资产证券化试点管理办法》《资产支持证券交易操作规则》《资产支持证券信息披露规则》《关于规范银行业金融机构信贷资产收益权转让业务的通知》等
合格发起机构	企业	银行金融机构、不动产经营机构等
发行主体	券商（专项资产计划管理人）	特殊目的的信托、信托公司经过中国银行业监督管理委员会许可后也可作为受托人
发行或转让	交易所大宗交易系统	银行间债券市场
税收	《证券投资基金法》第八条规定；财政部、国家税务总局《关于证券投资基金税收政策的通知》（财税〔2004〕78号）	《关于信贷资产证券化有关税收政策的问题的通知》（并不适用不动产证券化）
审批部门	证监会	人民银行、中国银行业监督管理委员会

2. 公益信托监督机构不明确

《中华人民共和国信托法》规定公益信托活动的设立和部分业务活动均需要通过公益信托事业管理机关的审批，但我国目前并未设置统一的、明确的公益信托事业管理机关。我国目前是依照职权分别主管有关公益项目，如卫生行政主管部门分管医疗卫生公益项目，教育行政主管部门主管审批教育事业的公益项目等。资源类国有资产公益信托可能涉及多个公益项目，多个公益项目的管理机关，审批程序和标准的差异使公益信托设立的交易成本过高。当信托公司作为受托人和基金会运行公益信托基金时，还存在中国银行业监督管理委员会、民政部门、公益组织行业协会（如中华慈善总会）等多个监管机构，监管中也容易出现监管空白、相互推诿或权力争夺等多种弊端，更无法充分保障公益信托受益人利益。[①]

---

① 徐孟洲：《信托法学》，北京：中国金融出版社，2004年，第209页。

在公益信托监察人立法上,也存在不足。第一,《中华人民共和国信托法》缺失公益信托监察人资格的规定。第二,有关公益信托监察人的权利和职权的规定不完善。监察人职权、职责范围的规定过于简略,缺乏监察人的内部议事规则,难以适应现实需要。第三,《中华人民共和国信托法》没有规定监察人享有的权利,如报酬请求权和辞任权等,并不利于激励监察人。第四,缺少义务与责任方面的法律规定。这些立法上的障碍和弊端,一定程度上影响了信托监察人履行职责的积极性,易发生监察人与受托人串通、私吞信托财产等违法违规行为,使信托监察风险增大,难以平衡当事人权益、维护受益人利益。

二、资源类国有资产信托监管体制的模式选择

资源类国有资产信托涉及金融信托和管理型信托、私益信托和公益信托,因此监管机构也并不仅仅是信托业监管和公益信托监管机构。

1. "信托业监管"和"信托监管"的科学界定

信托的基础是财产,缺乏信托财产,也无法实现信托业务。可以信托的财产,并不单是货币资金、有价证券等与金融业相关的财产,还可以是不动产等。因此,信托从本质上看是一种制度工具,而并非金融业务,是可以实现民事行为的工具、营业行为的工具、公益行为的工具。可见,信托本身是中性的,是一种制度工具,它在与金融资产结合后,形成金融信托,可以是金融工具,但是与银行业、证券业、保险业之间并不具有同质性。[①] 从"信托业"的概念上看,应该确认的是信托业是一种制度安排和功能发挥,指代的是营业信托,包括非金融信托和金融信托,而并不是单纯的金融业务。非金

---

① 罗志华:《信托在我国金融分业体制下的定位研究》,重庆:西南财经大学出版社,2012年,第176页。

融类营业信托的受托人还涉及非金融机构，但这类机构（组织）对金融市场并不产生直接的影响，也并不完全适用金融机构的相关监管规范；但是，非金融机构担任受托人时，也可能遭遇金融监管，比如资源类国有股权信托发生在上市公司时，就面临着证券业监督管理机构关于股权信托的核准、信息披露、关联交易等问题的监管（二者关系见表6）。

表6 金融信托业监管、非金融类营业信托监管和民事信托监管的比较分析

	营业信托监管		民事信托监管
	金融信托业监管	非金融类信托业监管	信托监管
监管主体	国家金融监管主体	私益信托监察人、委托人和受益人	受益人、委托人、信托监察人、约定或法定的其他信托监察人
涉及范围	信托营业机构的注册资本、组织机构和经营活动（包括信托公司、银行等从事营业信托的金融机构）	受托人履行义务的情况	受托人履行义务情况
法律依据（法律适用）	金融监管立法	中华人民共和国信托法、国有资产相关立法	中华人民共和国合同法、中华人民共和国信托法
法律关系的性质	金融监管法律关系	民事法律关系、（国家参与）经济法律关系	民事法律关系

资料来源：李勇：《信托业监管法律问题研究》，中国财政经济出版社，2008年第一版，第20页。

从目前世界其他国家的金融业监管来看，无论是英美两个信托业的发源国，抑或是大陆法系移植信托业和信托业立法最典型的日本，对信托业的监管都以开展信托业务的金融机构为监管对象，以集合投资类业务以及销售信托契约等业务为业务监管。此外，英、美、日的信托业监管主体，并没有形成专门、具有独立法律地位的监管主体，对监管功能的发挥以及金融信托业的发展并不必然产生决定性影响。[1] 我国信托业的监管机关为中国银行业监督

---

[1] 李勇：《信托业监管法律问题研究》，北京：中国财政经济出版社，2008年，第95页。

管理委员会的非银行机构管理部，具有一定的内在合理性，并且在较长时间内也并没有改变的必要。然而美、日、英各国的监管对象，均是"经营信托业务的金融机构"。相比之下，我国在金融分业监管的大背景下，对信托业的监管主要是以信托公司为受托人的金融业监管，尤其侧重对集合资金信托投资类的业务监管，而我国信托业混业经营的现状，使得金融机构监管的力不从心，对经营信托业务的银行、证券机构等金融机构缺乏监管依据，也成为制约信托业可持续发展的根源。[①] 表7将对美、日和我国的金融信托业监管体制作出比较分析。

表7 美国、日本、中国的金融信托业监管体制比较

	美国	日本	中国
监管对象	经营信托业务的信托机构的设立、退出和集合投资类等经营业务	信托银行（日本的信托业基本上仍然由原来的7大信托银行经营，当然也有摩根信托银行株式会社等信托银行经营信托业务），信托契约销售代理机构和信托受益凭证发售机构的注册、退出和经营业务（包括集合投资类业务、信托契约销售业务等信托机构的所有业务）	信托公司的集合投资类业务（近年来，也囊括了信托公司所经营的其他信托业务，如股权管理信托等）
监管主体	多头监管（主要是银行监管者：FRB、OCC、OTS、FDIC和负责证券化业务、不动产证券化和REITs监管的SEC）	金融厅监管局下辖的银行一部	银保监会下设的非银部

---

① 日本金融厅：《金融厅所管法律一览》，http://www.fsa.go.jp/html，2012年12月20日；李勇：《信托业监管法律问题研究（博士学位论文）》，中南大学，2006年，第244页；席月民：《我国信托业监管改革的重要问题》，上海财经大学学报，2011年，第2期，第34—40页。

续表

	美国	日本	中国
监管规则（立法）	没有专门、统一的法律，主要是监管机关根据授权制定的监管手册和指南	《兼营法》《信托业法》及其实施细则，《保险法》《金融机构兼营信托业务的法律》及其实施细则，《信托公司营业保证金》《附担保公司债信托法》《投资信托及投资法人法》《贷款信托法》《资产流动法》《公益信托法》等	《信托公司管理办法》《集合资金信托计划管理办法》以及监管部门根据授权制定的监管规范

资料来源：根据 FSA、OCC、OTS、FDIC、FRB、FFIC 网站数据整理；日本金融厅监管局"各课所事务"，http://www.fsa.go.jp/common/about/fsainfo.html.2013-11-2；英国 FSA，http://www.fsa.gov.uk，2013-11-02；李勇：《信托业监管法律问题研究》，中国财政经济出版社，2008 年版，第 96–112。

2. 金融信托的监管机构和模式的确立

在全球范围内，金融混业经营主要有两种监管模式：综合型（单一型）监管模式和分散型监管模式。目前主要金融发达国家的金融经营和监管体制大多经历了"综合 - 分散 - 综合"的制度变迁（见表 8）。从全球 73 个国家的监管体制看，至少有 39 个国家采取了综合型监管，所占比例为 53.4%。[①] 综合监管模式即统一监管模式，由同一个机构负责不同的金融机构和金融业务。分散型的监管模式也称为分业监管模式，是按照行业或者功能各自设立金融监管机构。美国虽然是混业经营的典型国家，但是始终保持分散型的监管传统。相比之下，日本则采取了"统一型"信托业监管的体制，信托业监管的职权高度统一。

机构监管、功能监管、伞式监管[②]是分业监管的三种典型模式。机构监

[①] 赵渤：《中国金融监管》，北京：社会科学文献出版社，2008 年，第 298 页。
[②] 伞式监管实际上是一种功能监管，即由美联储对所有从事相同业务的银行控股公司实施监管，监管模式图像伞的形状。美国 1999 年《金融服务现代化法案》确定了美国伞式监管模式，实现对金融控股公司的监管。参见黄梅波，范修礼：《金融监管模式的国际比较》，福建论坛，2010 年，第 12 期，第 10–16 页。

管是按照不同的金融机构来划分监管对象、设立监管主体的监管模式，如银行监管机构、证券监管机构、保险监管机构、信托监管机构等。其优势在于：当金融机构从事多项业务时易于评价金融机构产品系列的风险，尤其在越来越多的风险因素如市场风险、利率风险、法律风险等被发现时，机构监管也可避免不必要的重复监管，一定程度上提高了监管功效，降低了监管成本。要求将一个金融机构的所有业务作为一个整体进行监督检查，使监管机构能够超越某类具体业务而评估整个金融机构的风险和管理。[1] 这类监管方法有一定的弊端，如可能形成同类业务因金融机构不同而按不同标准进行监管，正如我国证监会所监管的证券投资基金业务和中国银行业监督管理委员会所监管的集合资金信托业务，适用不同的标准，不利于公平竞争；或者因为混业经营而导致监管空白；也可能由于混业经营的新业务的增长，监管机构可能会因不擅长对新业务的监管而使监管效率受到影响。[2]

表8 部分国家和地区近年来金融业经营和监管体制变化对比

国家（地区）	金融业经营体制		监管方式	
	过去	现在	改革前	改革后
美国	分业	混业	分业监管	伞形＋功能监管
英国	分业	混业	分业监管	统一监管
韩国	分业	逐步混业	分业监管	统一监管
日本	分业	混业	分业监管	统一监管
德国	混业	混业	分业监管	向统一监管转变
法国	分业	逐步混业	分业监管	分业牵头监管
中国香港地区	混业	混业	分业监管	开始研究混业监管

表格及数据来源：赵渤：《中国金融监管》社会科学文献出版社，2008年第一版，第298页。

---

[1] 黄绥彪:《金融学》,南宁：广西人民出版社,2008年,第258页。
[2] 陈岱松、陈献茗:《试论美国金融监管制度的发展——兼谈对我国的启示》,《中国商法年刊》,2008年,第741-749页。

功能监管概念出现于20世纪90年代的美国,功能监管是指对性质相似的监管(即经营业务和金融产品)对象适用相同的监管,而不管履行该功能的机构属性。[①]相比机构监管,功能监管可以实现对金融业跨产品、跨机构以及跨市场的协调,更容易判断金融机构资产组合的总体风险,减少监管重复和监管冲突,使各金融机构获得平等的竞争地位,有利于提高监管的有效性。[②]也有学者提出尽管我国金融分业监管的格局还要持续相当长的时间,但金融信托—理财市场的发展在一定程度上呼唤功能监管的到来。[③]

综观目前金融监管的监管模式,笔者认为各有其优劣。其一,单一(综合)监管模式有其一定的优势,因为监管立法和执法都具有较高的统一性,减少监管部门间的冲突,缩小金融监管套利活动的产生空间,也有利于及时调整监管规则,以适应新业务的产生,避免重复监管和监管真空。信息资源得以充分运用,监管成本相对比较低。缺点表现在监管任务重,对监管人员素质要求较高。其二,机构监管模式对于大多数国家而言,已经过时,伴随着金融控股集团的出现,很难从法律上界定监管机构的监管边界,而导致监管空白;此外,机构监管者难以掌握整个金融市场信息,容易导致金融系统性风险。因此,20世纪80年代以后西方国家开始转向另一种监管模式。我国信托业的经营主体早已经不再局限于信托公司,证券、银行等金融机构都参与经营信托产品。证券监管和银行监管、信托业监管的传统机构监管方法已经明显不适应这种变化,差别监管在市场上已经不断制造越来越多的不公平竞争,参差不齐的市场准入和经营业务规范也在很大程度上累聚并加大了

[①] 黄绥彪:《金融学》,南宁:广西人民出版社,2008年,第258页。
[②] 席月民:《我国信托业监管改革的重要问题》,《上海财经大学学报》,2011年,第9卷,第2期,第34—40页。
[③] 俞靓、易纲:《理财市场呼唤功能监管》,《中国证券报》,2007年6月11日;席月民:《我国信托业监管改革的重要问题》,《上海财经大学学报》,2011年,第1期,第34—40页。

金融风险。[1]表面上看，美国目前的金融信托监管是机构监管，但是实际上，美国信托业始终处于混业经营的状态，逐渐形成了多个监管机关监管多个营业机构的交叉格局，没有按照业务进行监管分工，也没有将监管权力集中于同一机构。[2]现实中，美国各信托业监管机构之间对于信托业监管的规则是趋于一致的，虽然信托业务由多个机构"多头监管"，但是各个机构所依据的法律是一致的，即根据"统一信托法"和"监管机构间统一信托评价体系"（UITRs）。实际上美国对于信托业的监管，更接近功能监管。[3]功能监管与机构监管模式比较，更容易实现同行业内监管标准的统一，为金融市场的公平竞争提供保障。但是功能监管的有效性建立在良好区分产品边界的基础上，随着金融创新的不断发展，界定金融产品的边界也越来越困难；即使能有效界定金融产品，由于各监管机构之间存在行业监管差异，使得各监管机构对监管资源共享程度、协调程度的要求较高，美国因此也出现了伞式监管模式。[4]笔者认为，我国维持目前的金融分业监管模式并不失为稳妥之举，短时间内对监管模式进行全方位的改变，并不容易实现。因此，引入功能型及伞式监管模式，对于我国目前的金融信托业较为合适。将金融监管机构的职能定位于信托功能监管综合机构，放宽其他金融机构开展信托业务（担任受托人），商业银行、证券公司、保险公司等设计的信托业务，由信托监管部门负责审批和监管。同时放宽信托公司进入商业银行、证券投资基金管理公司等

---

[1] 席月民:《我国当前信托业监管的法律困境与出路》，http://www.iolaw.org.cn/showarticle.asp?id=3145. 2012年3月10日。实际上，美国也面临着信托产品和衍生品更新过快、监管机构多、权限重叠而出现的监管盲点等问题，监管人（牵头监管者）的协调也显得相当重要。

[2] 李勇:《信托业监管法律问题研究》，北京：中国财政经济出版社，2008年，第117页。

[3] 同上。

[4] 陈岱松、陈献著:《试论美国监管制度的发展——兼谈对我国的启示》，《中国商法年刊》，2008，年，第741-749页；黄梅波、范修礼:《金融监管模式的国际比较》，《福建论坛》，2010，第12期，第10-16页。

金融业务，由银行、证券监管部门负责审批和监管。根据前文对美国、日本和英国的金融信托监管机构的分析可以看出，各国并没有设立专门、独立的"金融信托监管部门"，也都与银行业监管密切关联，换句话说，金融信托从来没有形成过一个专门的、有独立法律地位的监管主体。在目前看来，监管主体是否具有独立的法律地位，并不必然对信托监管体制的整体功能和行业发展产生决定性影响。美国根据具体的监管手册、指南等规范金融信托业的监管，而日本的监管部门依据专门的信托业法律、法规和规章来监管。其次，有必要建立专门的牵头监管机构。美国的 FRB 作为"伞尖机构"即是超然的综合协调监管者（牵头监管者），发挥了重要作用，各"伞骨机构"（OCD、OTS、FDIC、SEC 等）在必要情形下必须服从 FRB 对信托业的特别限制监管要求，即使 FRB 更为注重履行其促进金融信息共享、互换的服务职能。[1] 因此，在某种意义上，我国以银行监管机构来监管金融信托的体制，具有内在和合理性，在较长时期内，保持不变也有一定的依据。针对目前银行、证券等金融机构兼营信托业务的现状，我国原有的"三会协调"制度[2]无疑也提供了一条解决的路径，但是这一监管协调机制对监管各方没有直接的管辖权，不具有强制力和决策性质的制度安排，其决策效力也远未达到当初的设想。长期来看，这种缺乏足够的行政权力和控制力的协调会议，并没有能力对金融体系施加足够的总体监管，只有具有行政权力和控制力的监管机构，才有可能更好地与大型金融集团相"抗衡"，全方位地把握整体风险和经营绩效等情况，也有利于降低监管成本，获得规模经济和方位经济的好处，也避免为

---

[1] Fein Melanie L.: *Functional Regulational: A Concept for Glass-Steagall Reform, Stanford Journal of Law*, 1995, 2: pp.89-128.
[2] 我国中国银行保险监督管理委员会、保监会和证监会三家金融监管机构签署的《金融监管方面分工合作的备忘录》。

大型金融集团金融控股公司所俘虏。①同时，有必要制定《信托业法》，引入信义义务，统一资产管理行业的监管模式，明确不同金融机构的受托人义务和法律责任。此外，我国也有必要设立包括信托监管信息在内的金融监管信息共享机制，具体内容包括：一是依法明确信息共享范围，对信托业监管的业务信息可以在金融监管机构之间相互交流；二是建立统一的数据报送系统，及统一的信托监管信息平台。②

3. 融合与独立——资源类国有资产公益（慈善）信托的监管

无论是普通法系还是英美法系，各国和地区都对公益信托加以监管。英国"慈善委员会"作为英国公益信托的监管主体，负责慈善事业（包括公益信托在内）的登记与监管。③美国加利福尼亚州则由作为"公共利益保护人"的"总检察长"履行公益信托监管职责，负责公益信托的登记和监管，并享有诉讼的权利。④日本《信托法》第67条规定公益信托由主管官署监督。

（1）资源类国有资产公益（慈善）信托的行政监管主体

资源类国有资产的公益（慈善）信托涉及金融业监管，更涉及公益事业主管部门的监管。我国《慈善法》明确了慈善信托的监管主体为民政部门，公益信托的监管部门则有待进一步明确。从我国慈善信托的监管现状看，民政部门与银保监会的监管协调机制运行良好，和慈善信托同根同源的公益信托也应由民政部门监管。可以在民政部门设立专门的职能机构，专门管理公益（慈善）信托的相关事务。此外，《中华人民共和国信托法》规定了公益信托的设立和确定受托人，应该经过公益事业管理机构的批准。资源类国有资

---

① 廖凡:《竞争、冲突与协调——金融混业监管模式的选择》,《北京大学学报：哲学社会科学版》, 2008年, 第3期, 第109–115页。

② 唐雪琴:《金融信托监管的制度构建（硕士学位论文）》, 中国政法大学, 2009年, 第31页。

③ Charities Act 2011. Part 2: The Charity Commission and the Official Custodian for Charities.

④ California Government Code. Sections 12580–12599.5.

产公益信托的设立,由受托人申请审批,由公益事业信托管理委员会负责对受托人资格和公益信托的设立进行审批。受托人资格不符的,在批准公益信托设立后,另外选择符合条件的受托机构。

(2)公益(慈善)信托监察人

公益信托监察人在各国的立法中,均是强制设立的原则。信托监察人被喻为委托人的"守门员",[1]实际上在英美法系国家,委托人委托监察人监督受托人,确保信托目的的实现,弥补自己不能涉足信托事务的不足。但是,委托人赋予信托监察人的权利越大,信托监察人成为委托人的代理人的风险也就越大,因为授权过多,可能被税务部门或委托人的债权人认为信托是虚假的,因为信托监察人过多的权力,违背了委托人设立信托的初衷。[2]因此,信托监察人的主要作用是监督受托人,保护受益人。[3]

由于公益信托的受益人并不特定,甚至还可能是某些环境生态要素、历史文化遗产等,一旦信托受托人不能妥善履行受托义务、有损受益人的利益时,受益人也难于救济,公益信托监察人制度的设置也源于此。[4]《中华人民共和国信托法》第六十四条规定:"公益信托应当设置信托监察人。信托监察人由信托文件规定。信托文件未规定的,由公益事业管理机构指定。"同时,第六十五条也规定信托监察人的权利和职责,"信托监察人有权以自己的名义,为维护受益人的利益,提起诉讼或者实施其他法律行为"。《中华人民共和国慈善法》第十九条规定"慈善信托的委托人根据需要,可以确定信托监

---

[1] 雷宏:《信托监察人制度研究》,北京:知识产权出版社,2011年,第67页。

[2] Alexander Gregory S. : *Trust Protectors, Cardonzo Law Review*, 2006, 27(3): pp.2809–2833.

[3] 当信托文件授权监察人决定信托利益的分配,信托监察人就成为信托利益分配的决策人,而不仅仅是监督者。Steck Stevart E. : *Trust Protectors, Agency Costs, and Fiduciary Duty, Cardonzo Law Review*, 2006, 27,(3): pp.2761–2808.

[4] 薛智胜、王海涛:《论我国公益信托监察人法律制度的完善》,《天津大学学报:社会科学版》,2009年,第2期,第123–127页。

察人",可见并未强制慈善信托设立监察人。因此资源类国有资产慈善信托的委托人可根据其自身的监管能力选择是否设立监察人。

资源类国有资产公益（慈善）信托监察人的任职资格、权利和职责在信托文件中应予以明确。

其一，公益（慈善）信托监察人的任职资格规范。公益（慈善）信托监察人与受托机构的内部监事会不同，是独立于受托机构的外部监管人（机构）。并且，大陆法系国家在引进信托制度时，所引进的信托监察人制度，并不带有公权力色彩，是在公益信托外部设置的一个独立和平行的监督人（机构）。[①] 从我国为数不多的公益信托案例看，担任公益信托的监察人多为基金会或会计事务所等组织机构。我国目前的慈善信托案例中，监察人的类型相对多样化，一般有律师事务所、自然人等。资源类国有资产公益（慈善）信托项目的规模一般较大，适宜选择合适的组织和机构，如民政部门登记注册的基金会和其他公益组织、律师事务所等，并在机构内选择3～5个监察成员组成信托监察部门（小组）。[②] 监察人的任职资格可以借鉴《中华人民共和国公司法》上对于公司董事、监事的资格要求；信托监察人或机构成员必须具备履行监管职责所必需的专业技能，包括财务、法律和财产管理等方面。[③]

其二，公益（慈善）信托监察人的职责和权利的完善。我国资源类国有资产公益（慈善）信托的监察人职责和权利完善也主要围绕着监督受托人和保护受益人展开，主要包括：一是完善公益（慈善）信托监察人的职权范围。

[①] 雷宏：《信托监察人制度研究》，北京：知识产权出版社，2011年，第109页。
[②] 薛智胜：《论我国公益信托监管机制的完善》，《政法学刊》，2011年，第6期，第17-22页；薛智胜、王海涛：《论我国公益信托监察人法律制度的完善》，《天津大学学报：社会科学版》，2009年，第2期，第123-127页。
[③] 陈晓军：《公益信托监察人制度评析》，《中国商法年刊》，2008年，第128-145页。

根据《中华人民共和国信托法》的规定，监察人享有三项职权：监督权、认可权、提起诉讼权。笔者认为，信托文件可以对此做出更具可操作性的规定。可借鉴《中华人民共和国公司法》中的相关规定，规定公益（慈善）信托监察人享有监督受托人的权利，包括查阅、摘抄、复印受托人管理信托事务的账目等资料的职权；批准并监督受托人自由裁量地选择受益人和分配利益，并向受益人支付信托利益；质询权，要求受托人说明信托事务处理情况的权力；同意或批准受托人计划进行的投资，要求受托人定期向其汇报信托财产保值增值情况及信托事务处理情况等权利，充分保证信托监察人享有广泛的知情权。[1] 有必要完善"提起诉讼权"，赋予监察人协调和诉讼权。信托监察人可以因本身的职权和权利受到侵害或其他侵害受益人利益的行为，要求受托人修正；受托人不服从指示的，监察人可以向公益事业监管部门报告，请求处理或直接以自己的名义，为受益人的利益向法院起诉。此外，还应建立信托监察人的议事规则，由多个自然人、组织担任监察人的具体议事规则可在信托文件中加以细化。[2] 二是完善信托监察人其他权利范围。《中华人民共和国信托法》并未赋予信托监察人权除职权外的其他权利，笔者认为，资源类国有资产公益（慈善）信托监察人的其他权利，应在信托文件中有所规定，其他权利具体包括：

报酬请求权和合理补偿请求权。中华人民共和国《信托法》并未规定公益信托监察人的报酬请求权，这与其他国家的普遍做法并不一致。因此，有必要赋予公益信托监察人的获取报酬的权利，除了激励其监督的积极性，更

---

[1] 赵磊：《公益信托法律制度研究（博士学位论文）》，西南政法大学，2007年，第170页；赖源河、王志诚：《现代信托法论》，北京：中国政法大学出版社，2002年，第171页。
[2] 杉本久男：《公益信托经营阶段上的各种法律上及实务上问题》；转引自方国辉：《公益信托与现代福利社会之发展（博士学位论文）》。

有利于切实保护受益人利益。①此外，还应赋予监察人"合理补偿请求权"，公益（慈善）信托监察人可以就其执行职务时的合理支出申请＝由委托人支付。②

辞任权。如果监察人出现不能继续履行其职务行为的客观事由，如担任监察人的机构发生清算、解散等情况时，应向公益事业管理机构或委托人（慈善信托）提出辞任请求，经批准后才能离职。而信托监察人无正当事由而不愿担任，只要监管机构或委托人同意其辞任，也可以辞任，但无正当理由辞任时，应当对所造成的损失承担赔偿责任。同时，有必要建立新旧监察人衔接制度，保证公益（慈善）信托的目的得以持续开展。③

其三，明确公益（慈善）信托监察人的忠实义务和公平义务。忠实义务表现在，当受益人利益与其自身利益发生冲突时，应忠于受益人的利益，监察人不得将自身利益凌驾于公益信托受益人之上，不得为保全自身利益而损害受益人利益。为了督促信托监察人履行义务，委托人或公益事业管理机构人应要求信托监察人应定期汇报，随时接受质询和监督，以督促其忠实、勤勉地履行监督义务。④公平义务表现在，当同一公益（慈善）信托中有多数受益人时，监察人必须为受益人诚实公平地执行职务。不同受益人在信托财产上的利益可能有冲突或者竞争，对此，日本《信托法》第126条第2款即规定监察人须公平地对待受益人。在资源类国有资产公益（慈善）信托文件中，可以借鉴这一规定，明确要求监察人公平地对待每一个受益人。

其四，明确公益（慈善）信托监察人的法律责任。英美法系的学者认为，

---

① 王江：《公益信托监管制度研究（硕士学位论文）》，中国政法大学，2010年，第15页。
② 赵磊：《公益信托法律制度研究（博士学位论文）》，西南政法大学，2007年，第170页。
③ 胡卫萍、杨海林：《我国公益信托法律制度的完善》，《江西社会科学》，2011年，第7期，第66-68页。
④ 薛智胜：《论我国公益信托监管机制的完善》，《政法学刊》，2011年，第6期，第17-22页；薛智胜、王海涛：《论我国公益信托监察人法律制度的完善》，《天津大学学报：社会科学版》，2009年，第2期，第123-127页。

享有权利的人倾向于一位受信者,必须承担一定的责任,信托监察人应该被视为像自由裁量信托的受托人一样,承担一定的责任。①根据英美法系国家关于慈善信托监察人制度的规定,当信托监察人行使指示和监督受托人的权利时,会被视为一个受信者,如果信托监察人违背了信义义务,也要承担与受托人相似的信义责任。为保证受益人的民事权利能够得到有效救济,应规定信托监察人违背监督职责和信义义务,应承担相应的民事责任和行政责任;行为后果极为严重的,应承担相应的刑事责任。由于公益(慈善)信托监察人的民事责任是最常见和最主要的责任形式,其民事责任可以分为违约责任和侵权责任,由于信托监察人的责任主要基于合同而产生,因此其民事责任也主要表现为违反信托文件约定的违约责任。因此公益(慈善)信托监察人承担民事责任的主要方式一般有:恢复原状和赔偿损失;为了保护受益人的利益,当信托监察人出现可能会重大影响受益人权益的情形时,公益信托监管机构或慈善信托的委托人有权解任监察人。②

第二节 资源类国有资产信托运营监管存在的问题与完善

资源类国有资产信托在我国现有的信托业监管法律体系中,乃至行政监管的实践中,均有章可循,但面临的监管障碍却让这一制度的运营并不顺畅。

---

① Oakley A.J., *Trends in Contemporary Trust Law*, Oxford: Oxford University Press Inc., 1996, p.64.
② 日本《信托法》第128条有关于"解任"的规定,但是仅仅承担这种非财产性责任,并不足以约束监察人,因此,如果监察人的违反信义义务行为造成损害后果,则必须同时课以财产性责任。

一、资源类国有资产信托准入机制的法律障碍和完善

资源类国有资产信托准入机制主要体现在设立私益和公益信托时的主体准入和客体准入两个方面。

资源类国有资产信托监管的客体准入是指私益信托和公益信托财产的范围，设立信托的最低资金限额。[①]《中华人民共和国信托法》对于信托财产范围的准入限定较宽，有利于信托产品的创新和信托业的发展。本书在第一章和第二章的"信托财产部分"已对客体准入问题做出了探讨，明确了资源类国有资产权利和资源类国有资产收益成为信托财产的可行性，本章主要分析监管机构对具体的资源类国有资产信托产品的审批问题。当然，SPT除了获得资格许可外，在每次签订特殊目的信托契约时，应该向主管机关进行申报，同一般证券的发行一样，实行申报审批制或备案制，SPT不经核准，不得发行受益证券。除了资产证券化信托产品外，我国目前对信托产品实行备案制和审批制混合监管的体制，对房地产和土地储备信托产品的客体准入有相对严格的限制，除了金融风险监管的原因外，与我国房地产市场的调控政策也有密切关系。2010年中国银行业监督管理委员会《关于加强信托公司房地产信托业务监管有关问题的通知》中，禁止信托公司以信托资金发放土地储备贷款，土地储备贷款是指向借款人发放的用于土地收购及土地前期开发、整理的贷款。其他房地产信托产品的准入，在2011年由原来的备案制转变为更为严格的审批制，风险评估也更为严格。在资源类国有股权信托产品的准入中，由于管理型股权信托中出现的受托方"掏空"上市公司等问题，我国证监会从2004年1月开始对上市公司通过股权托管方式转移上市公司控制权的行为不予审批，并建议使用在转让审批过渡期内由股权委托方和受托方共同管理的做法。但股权托管和信托作为上市公司的一种资本运营手段并没有停

---

① 盖永光：《信托业比较研究》，济南：山东人民出版社，2004年，第237页。

止,证监会也并不禁止。①

主体准入是指担任信托法律关系主体资质的最低要求。信托法律关系中涉及委托人、受托人和受益人,以及其他相关主体如信托财产的保管人(银行)、中介服务机构(律师、会计师)以及投资顾问等主体资格问题。笔者认为,资源类国有资产信托准入机制的障碍,主要表现在"主体准入"方面。

(一)主体准入的法律障碍

第一,受托人准入的障碍。《中华人民共和国信托法》规定自然人和机构、组织可以成为私益信托的受托人。资源类国有资产信托的受托人资格,除了信托公司外,还应扩大到其他国有、私营和合资企业。在我国目前的金融业中,信托业监管部门,在受托人准入的监管上,强调的不是信托业受托人的合格标准,而是参照美国的对冲基金,提高委托人和受益人准入的合格标准,期望实现"受益人承担风险"的机制。然而这一期待并未得到市场的认同,信托公司几乎吸纳了所有的固定收益类信托业务的风险,很大程度上源于信托类金融产品提供者的受托能力并未得到市场和投资者认同。如果继续以信托公司作为信托业的标准受托人,以信托公司准入标准选择受托人,而不接纳具有主要金融资源、经营实力与社会信誉的商业银行、保险公司、证券公司等金融机构作为合格的金融信托受托人,将难以改变我国信托业的行业信誉和社会地位,也难以发挥信托工具的积极作用。②

公益信托受托人主体准入制度的缺陷。目前我国《信托公司管理办法》规定了信托公司经有关公益事业管理机构批准,可以从事公益信托业务。我国已有的公益信托也主要由信托机构作为受托人,可是,信托机构是营利机

---

① 刘东辉:《我国上市公司股权托管与公司控制研究》,北京:中国金融出版社,第144页。
② 罗志华:《信托在我国金融分业体制下的定位研究》,重庆:西南财经大学出版社,2012年,第208页。

构,对金额少的公益信托,又搭上人力成本,还不能收取报酬,缺少利益刺激,所获取的仅仅是社会责任的承担,以提高企业的社会形象。因此,信托机构对公益信托的热情也有限。《中华人民共和国信托法》并没有限定信托公司作为公益信托的唯一受托人,但是《中华人民共和国信托法》也并未对公益信托的受托人除了信托公司外的其他主体资格作具体的规定。[①]

第二,资源类国有资产证券化和投资信托的委托人和受益人准入的障碍。我国目前对集合信托计划的投资者资格有严格的限制。首先,根据我国《信托公司集合资金信托计划管理办法》第五条和第六条的规定:"单个信托计划的自然人人数不得超过50人,合格的机构投资者数量不受限制。"以土地储备证券化为例,土地储备所需资金数额巨大,动辄上亿元,50人的限定使得每份合同的资金量增大,资金通常在几十万、几百万。合格投资者应符合下列条件之一:"(一)投资一个信托计划的最低金额不少于100万元人民币的自然人、法人或者依法成立的其他组织;(二)个人或家庭金融资产总计在其认购时超过100万元人民币,且能提供相关财产证明的自然人;(三)个人收入在最近三年内每年收入超过20万元人民币或者夫妻双方合计收入在最近三年内每年收入超过30万元人民币,且能提供相关收入证明的自然人。"(1)自然人投资集合信托受到严重的限制。对于自然人投资者而言,资金数目庞大,风险也较高。(2)我国目前出于保持金融稳定的考虑,有关法律规定严格界定了机构投资者的市场准入资格,将银行、保险等金融机构与不动产证券化市场进行了隔离。《中华人民共和国证券法》规定证券、银证券法行、信托、保险实行分业经营、分业管理;《中华人民共和国商业银行法》严格限定的金融业经营范围并没有包括不动产证券化,同时还明确规定,商业银行在我国

---

① 邱细钟:《公益信托制度研究(硕士学位论文)》,中国政法大学,2003年,第68—69页;张军建:《信托法基础理论研究》,北京:中国财政经济出版社,2009年,第264页。

境内不得从事信托投资和股票业务,不得投资于非自用不动产,不得向非银行金融机构和企业投资。

(二)主体准入机制的完善

首先,金融信托监管机构应建立以"合格受托人"为准入标准的受托人准入机制,而摒弃传统的"信托公司准入标准"机制,制定合格受托人设立、业务范围的规范和审批制度。金融受托人的设立是特别许可管理,必须具备一定条件,最低限额注册资本,内控机制、从业人员的数量和质量要求。[①] 实际上,合格受托人准入机制在我国"企业年金基金管理受托人"的选拔和授予中已有实践。2004年原劳动和社会保障部联合中国银行业监督管理委员会、保监会和证监会根据《中华人民共和国劳动法》《中华人民共和国信托法》《中华人民共和国合同法》《证券投资基金法》,颁布了《企业年金基金管理试行办法》,并在2005年、2007年分两批授予4家信托公司、5家保险公司、3家商业银行企业年金信托财产管理的受托人资格,并授予保险公司、商业银行、证券投资基金管理公司、证券公司等金融机构账户管理人(托管人)资格。2011年,人力资源和社会保障部联合中国银行业监督管理委员会、证监会和保监会颁布实施了《企业年金基金管理办法》(以下简称《办法》)。《办法》对于金融信托业的理解和运用水平远远超越了信托目前在我国金融业的定位,企业年金基金(信托)受托人的准入机制,对我国金融信托业和受托人准入机制的完善有积极的借鉴意义。允许具有长期信誉、责任、实力和品牌的各类金融机构担任信托受托人,包括新的、单独的证券化SPT,是我国

[①] 杨林枫、罗志华、张群革:《中国信托理论研究与制度构建》,重庆:西南财经大学出版社,2004年,第282-292页;吴弘:《信托法论》,北京:立信会计出版社,2003年,第129页。

资源类国有资产信托长足发展的重要基石。[①]笔者认为，我国的资源类国有资产证券化和投资信托的主体准入制度中，监管机构对SPT的准入资格可以借鉴日本的模式，从日本2007年最新修改的《资产流动化法》来看，特定目的公司没有关于最低资本额的规定，删除了2000年资产流动化法规定的最低资本额为10万日元的规定。我国在设立特定目的机构的最低资本额方面可以借鉴日本的做法，最低资本额的可以适当降低。[②]同时，还有必须完善信托公司从业人员资格的规定，包括规范信托机构的从业人员需具备相应的技术（包括资格证等）、经验等标准。

其次，扩大资源类国有资产公益信托受托人范围、降低公益信托受托人的门槛，发挥社会各种公益性组织参与公益事业的积极性。根据现有立法资源类国有资产慈善信托的受托人限于信托公司和慈善组织，但立法并未对公益信托受托人做出明确规定，对此仍有探讨之空间。资源类国有资产公益信托的受托人，首先必须是具有完全民事行为能力的法人和组织，其次必须经过公益事业管理机构和资源类国有资产监督管理机构的批准，如果是资源类国有资产收益的公益信托，还需要经过金融监管部门的审批。我国目前公益信托受托人主要是信托公司，借鉴英美国家的经验，结合我国慈善事业以基金会为主的现状，应允许慈善基金会作为资源类国有资产收益公益信托的受托人；同时，鼓励发展各类环保公益组织，并选择依法成立、运作良好的环保公益组织作为资源类国有资产使用权公益信托的受托人。同时有必要设立一定的准入门槛，如对部分运作规范的基金会和依法成立的公益组织可取得公益信托的受托人资格；为提高公益信托的运作效率，可允许从事公益信托

[①] 罗志华：《信托在我国金融分业体制下的定位研究》，重庆：西南财经大学出版社，2012年，第217页。

[②] 黄亮：《我国不动产证券化法律制度研究（硕士学位论文）》，暨南大学，2007年，第24–25页。

的基金会委托聘请投资顾问。①

最后,统一投资主体的资格的规定,并适当放宽资源类国有资产证券化和投资信托的投资主体资格。金融市场上的投资主体有两大类:个人投资者和机构投资者。不动产证券化和投资信托历史最久也最成功的美国,最主要投资者是(包括金融机构)机构投资者。我国目前的这类限制,在控制金融风险的同时,却阻碍了资源类国有资产证券化和投资信托的发展。机构投资者资金雄厚,能够投入大笔资金,又拥有专业的投资人员队伍,其投资行为较为专业和稳健,有利于防止对资源类国有资产证券的过度投机,从而有利于不动产证券化的健康发展。随着不动产证券化优势的逐步增强,资源类国有资产信托也将吸引越来越多的机构投资者,特别是社会保障资金和保险资金。因此,应修订有关规定,允许银行、保险、养老基金、社保基金和其他金融机构等机构投资者进入资源类国有资产证券化和投资信托市场。由于资源类国有资产证券化和投资信托借助信托融资的流动性、分散单一投资的风险的设立初衷,允许中小投资者进入资源类国有资产证券化和投资信托市场也是需要修改和完善的内容之一,应修订《信托公司集合资金信托计划管理办法》关于自然人投资的限制性规定,放宽中小投资者的资格限制,并统一证券投资基金的相关投资主体和监管立法。

此外,有必要跳出"集合资金信托计划的模式",放宽公益信托委托人和受益人的资格和捐赠(信托)的资源类国有资产收益的数额限制。②2008年,中国银行业监督管理委员会在《关于鼓励信托公司开展公益信托业务支持灾后重建工作的通知》中明确公益信托的委托人可以是自然人、机构或者依法

---

① 王方:《我国公益信托法律制度的缺陷和完善》,《经济法论坛》,2006年,第1期,第518-534页。
② 在我国现有的公益信托和"准公益信托"中,委托人一般限制为法人,如汶川地震后的第一个公益信托,以上海证大投资管理有限公司、西安国际信托公司等4个机构为委托人,并限定每个信托单位的最低限额,如云南信托的"爱心成就未来"以5万元为最低限额。

成立的其他组织，并且规定委托人交付信托的金额不受限制。我国传统的慈善捐助是自愿捐助的行为，捐助数额通常是"众多小额"的模式，实际上，小额公益信托具有独特的优势。2008年以来，受美国次贷危机引发的世界性金融危机的影响，英国国民收入明显减少，但是，小额公益信托却风靡英国金融市场，只要2万英镑就可以成立一家小额慈善基金会的信托基金，英国的慈善业因此并没有因为金融危机而显著下降。[①]日本的公益信托基金"爱媛县灾害志愿基金"每个捐助单位为500日元，在日本只是街头餐馆的一碗最普通的面条钱。[②]笔者认为，公益信托监管立法中应明确对公益信托的设立不做最低金额和份数的限定，实现小额化。因此，有必要放宽资源类国有资产公益信托的委托人和受益人的资格限制，允许具有完全民事行为能力的自然人和其他限制民事行为能力人的监护人甚至法人和其他组织机构，通过购买受益凭证或其他志愿活动，而成为资源类国有资产使用权公益信托的受益人；允许小额的资源类国有资产收益信托给资源类国有资产公益信托基金。同时赋予资源类国有资产慈善信托公开募集的资格，作为慈善组织享有公开募集慈善资金的资格，但作为慈善信托受托人时慈善组织却丧失了公开募集的资格，这一限制并不利于慈善信托的发展壮大。

二、资源类国有资产信托运营监管的法律障碍和完善

（一）信托运营监管的法律障碍

1. 信托受益凭证在我国发行交易所面临的问题

根据《中华人民共和国信托法》《信托公司集合资金信托计划管理办法》

[①] 刘京：《2009中国慈善捐赠发展蓝皮书》，北京：中国社会出版社，2010年，第189页。

[②] 张军建：《信托法基础理论研究》，北京：中国财政经济出版社，2009年，第250页。

的规定，信托受益权（凭证）可以清偿债务、依法转让和继承。但根据《信托公司集合资金信托计划管理办法》第二十九条的规定，在信托计划存续期间，受益人可以向合格投资者转让其持有的信托单位，信托公司应为受益人办理受益权转让的有关手续。无论受益人是自然人还是机构，受益权（凭证）转让都不能转给自然人，只能转让给机构（投资者）。受让人必须要符合2018年出台的《关于规范金融机构资产管理业务的指导意见》中"合格投资者"的规定，受让机构需具备相应风险识别能力和风险承担能力，且最近1年末净资产不低于1000万元的法人单位；投资于单只资产管理产品不低于一定金额的法人（或其他组织）。

在美国、日本、中国香港地区等运作不动产证券化和投资信托的国家和地区，信托受益凭证经过证券监管部门许可，可以上市交易并自由流通。笔者认为，上市交易、自由流通是不动产证券化和投资信托的生命之源。由于我国信托受益权（受益凭证）的转让缺乏公开的市场，其流动性也远远低于储蓄和证券投资。[1] 依照我国2006年1月1日起生效的《中华人民共和国证券法》第二条规定："在中华人民共和国境内，股票、公司债券和国务院依法认定的其他证券的发行和交易，适用本法；本法未规定的，适用《中华人民共和国公司法》和其他法律、行政法规的规定。政府债券、证券投资基金份额的上市交易，适用本法；其他法律、行政法规另有规定的，适用其规定。证券衍生品种发行、交易的管理办法，由国务院依照本法的原则规定。"《中华人民共和国证券法》规定的证券品种有股票、公司债券、政府债券、证券投资基金份额以及国务院认定的其他证券。我国《信贷资产证券化试点管理办法》第三条规定："资产支持证券由特定目的信托受托机构发行，代表特定目的信托的信托受益权份额。资产支持证券在全国银行间债券市场上发行和

---

[1] 初昌雄：《正确认识信托投资的收益和风险》，《上海证券报》，2002年9月26日。

交易。"可见,以受托机构发行的受益证券,不能在证券交易所发行交易,只能在银行间债券市场上发行交易,但目前我国银行间债券市场的流动性不足。可见,资源类国有资产证券化和投资信托发行的信托受益凭证(证券),《中华人民共和国证券法》没有明确规定受益凭证可在证券市场发行和交易。此外,我国目前对"集合资金信托计划"(投资信托)的受益权的转让也做了严格的限制。根据我国《信托公司集合资金信托计划管理办法》第二十九条的规定,信托公司为受益人办理受益权转让手续,受益人只能向符合条件的投资者转让;受益权进行拆分转让的,受让人不得为自然人;机构所持有的信托受益权,不得向自然人转让或拆分转让。①

2. 关联交易监管存在的问题

从《企业会计准则——关联方关系及其交易的披露》对"关联交易"的定义看,在企业财务和经营决策中,如果一方有能力直接或间接控制另一方或对另一方施加重大影响,视为关联方;如果两方或多方同受一方控制,也视为关联方。关联方之间发生转移资源或义务的事项,而不论是否收取价款,都称之为关联交易。从经济学的角度看,关联交易只是一个中性的概念,有利于内部资源的优化配置,节约交易成本和时间。但是由于关联交易特有的内部性和信息不对称等原因,容易造成利益冲突,特别是公司与中小股东之间、经理人与公司之间的利益冲突。②从宏观的角度看,通过关联交易实现关联企业减少流转税,也具有相当的不利影响。③

我国营业信托中的关联交易普遍,监管机关也高度重视,2007 年信托公

---

① 《信托公司管理办法》和《信托公司集合资金信托计划管理办法》中并没有明确"受益凭证"的概念。
② Cinar E. Mine: *The Issue of Insider Trading In Law and Economics:Lessons for Emerging Financial Markets in the World*, Journal of Business Ethics, 1999, 19(4):pp.345–353.
③ 李国秀:《简论关联交易》,《广东商学院学报》, 2003 年,第 3 期,第 58–61 页。

司整顿后,许多信托公司的经营业绩仍对股东及关联公司有较多依赖。监管层制定了信托公司关联交易指引,在诸多信托业监管的文件中,强调对关联交易风险的防范。①但是监管制度仍存在一定问题,如不当关联交易发现难、评判难、控制难;监管机关、受益人限于信息成本的问题、监管成本、法律限制等原因,不能深入信托交易内部并及时控制;由于关联交易的封闭性较强,在记录、保存和披露过程中,极有可能为关联方有意干预,因此信息欠真实、不全面,客观上使得不当关联交易发现难、评判难。②

3. 信息披露制度监管的缺陷

由于我国信托公司内部治理机制不够完善、违规操作频繁、关联交易泛滥、风险管理制度不完善,信息披露义务主体也不愿意将其真实经营管理情况予以披露,所以披露信息的真实性大打折扣。此外,还存在具体操作不规范、缺乏统一的操作性条款,导致实际操作中如在不良资产的统计上,计算方法不同,可比性不高,年报的会计准则不一,会计报表格式不一,内部治理和重大临时实现的披露标准执行不严格,关联交易等重要行为披露信息过于简单等问题。③非金融信托的营业信托的受托人,主要依据《上市公司信息披露管理办法》的相关规定披露信息,《中华人民共和国信托法》赋予受益人和委托人的监督权对相关运营信托进行监管,但非上市公司和其他企业(机构)在信托业务中的信托信息披露制度并未建立。由信托公司组建的 SPT 是否适用关于信托产品运作信息披露的《信托公司集合资金信托计划管理办法》,关于信托公司自身经营管理信息披露的《信托公司信息披露管理暂行办法》,还有待明确。

---

① 中国中国银行保险监督管理委员会非银部:《非银行金融机构监管立法文件汇编》,2007 年,第 67 页。
② 汪其昌:《信托公司年报显露两种非常现象》,http://www.on118.com/news/newsDetail.asp?id=7055,2005 年 5 月 23 日。
③ 王众:《我国商事信托信息披露制度的问题及其对策》,《云南警官学院学报》,2012 年,第 4 期,第 89–92 页。

4.信托合同的格式和内容缺乏标准化的规范，信托合同的登记备案法律制度空缺

（1）信托文件中缺少对信托存续期间的规定

公益信托本身为了公共利益，信托时间越长，越有利于社会公共利益，各国信托均将公益信托作为"反永久性规则"的例外，允许公益信托无限期存续。而英美法系国家，以及大陆法系的日本，对私益信托的存续期间设立了限制，如日本的《国有财产法》规定，以国有土地设立的信托，信托期限不得超过20年。[①] 而我国信托法对公益信托和私益信托的存续期间均没有规定。

（2）对公益信托运营过程中的投资、经营管理方式等合同约定的内容缺乏监管

在资源类国有资产公益信托基金中，根据公益信托的目的和信托原理，信托资金的本金可以或者运用于流动性好、变现能力强的国债、政策性金融债等低风险的金融产品，甚至可以投资于相关变现期限较长的事业投资产品，我国现有的公益信托和"准公益信托"中均有类似的信托合同约定，但是金融信托的监管守则中对公益信托资金（除慈善信托外）的运作缺乏明确指引和规定。资源类国有资产使用权的公益信托中，受托机构也可以从事相关的经营活动，对这类活动的监管，我国目前也处于空白状态。

（二）资源类国有资产信托运营监管立法的完善

1.允许受益凭证在证券交易所发行和交易，将受益凭证定义为"受益证券"

综观各国不动产证券化和投资信托的相关立法，受益凭证（证券）上市

[①] 田中实、山田昭、雨宫孝子：《新版信托法》，学阳书房，1998年，第117页；转引自张军建：《信托法基础理论研究》，北京：中国财政经济出版社，2009年，第240页。

交易均已确立合法性，如马来西亚《房地产投资信托准则》第 8 章 "公开发行和在马来西亚证券交易所上市"。根据《中华人民共和国证券法》，规定可以在证券交易所上市交易的还包括"国务院依法认可的其他证券"，受益凭证在得到国务院相关监管机构认可的情况下则可以依据证券法发行和交易，为信托受益凭证的发行和交易创造了条件。在金融业功能监管模式确立的前提下，笔者认为，在统一信托业监管立法的基础上，修改原有的《信托公司管理办法》和《信托公司集合资金信托计划管理办法》中关于禁止信托公司不得发行任何受益证券的规定；或借鉴日本《信托法》的立法模式，在《中华人民共和国信托法》中制定"发行受益证券信托的特例"的单独章，允许符合资质的 SPT 发行受益证券，允许受益凭证上市交易。

2. 信息披露规范的制定和监管

资源类国有资产信托的风险根源在于信息不透明和信息不对称，尤其是资源类国有资产证券化和投资信托、公益信托的委托人和受益人众多、公益信托的受益人甚至不确定，建立信息披露机制就是一种廉价、高效的监督机制。[①] 监管规范应当针对不同披露主体来安排信托机构的最低披露义务。对于公众投资者而言，最重要的是了解信托机构的基本经营信息，如果公众想了解其他更具体、专业的信息，可以通过与具体机构沟通或查阅相关资料，以及通过监管机关建立的教育平台（金融监管机关应担负起部分教育社会公众的责任）；制定原则和统一的信息披露内容与格式规范，对信托机构的最低要求仅规定披露公司概况、会计报表和重大事项（发生重大事项应及时报告监管机构）；其他披露的内容和方式，可以由信托机构与委托人自行约定，由委托人（受益人）自行监管。对于金融业监管者而言，最重要的是掌握经营机构的证券化和集合资金类业务品种的规模和开展方式、信托资金的去向和托

---

① 孙立：《信托市场信息监管与法制建设》，http://www.trust-one.com，2013 年 1 月 20 日。

管情况、信托产品投资者和其他客户反映等信息,以便及时判断和调节市场。因此监管法律只需明确信托机构在年报、时报告和及时事件报告对客户的告知义务,在此基础上规范信托机构与客户可以通过合同形式规定披露的格式和内容,敦促和监督受托人建设信息披露平台。①

3. 关联交易监管规范

法律法规和监管机构并不是一般地限制和禁止关联交易,而是限制和禁止不当关联交易。②关联交易监管的重要环节是对于不当关联交易予以认定,判定标准应予以规范化。

(1) 关联方的范畴

按照我国《企业会计准则》和相关监管规则的规定,关联方包括:直接或间接地控制其他企业或受其他企业控制,以及同受某一企业控制的两个或多个企业;联营企业;合营企业;主要投资者个人、内部关键管理人员、自然人股东或与其关系密切的家庭成员;受主要投资者个人、关键管理人员或与其关系密切的家庭成员直接控制的其他企业。

(2) 是否根据信托文件授权

在监管方与受托人的博弈中,经营者为经营的便利以及投资者出于对投资效率的期待,都会在信托文件中赋予受托人进行合理关联交易的权利,因此,判定标准之一就是信托文件的有关约定。日本《信托业法》第29条规定:"信托公司依据信托契约,除去该交易中在信托合同中已有约定……不得从事交易。"笔者认为,资源类国有资产信托的信托文件对关联交易的约定,至少应该包括下列内容:合理关联交易的范围、方式;限制进行的关联

---

① 李安民:《从当前信托产品的风险看完善信托业的信息披露制度》,《南方金融》,2004年,第4期,第22-24页;李勇:《信托业监管法律问题研究(博士学位论文)》,中南大学,2006年,第167-170页;张斯源:《论我国信托业的监管体制》,北京交通大学硕士学位论文,2008年,第17页。
② 李忠诚、汪其昌:《信托业务关联交易辨析》,《上海金融》,2004年,第10期,第50-51页。

交易应向委托人和受益人披露的内容、时间和方式；禁止事项等。

（3）是否符合公平市场价格

公平市场价格，包括最近时期的证券、期货市场交易价格，公开拍卖或招投标的中标价格等。关联交易的价格也应有一定的浮动区间，笔者认为，高于或低于公平市场价格的10%为宜。

资源类国有资产信托监管机构可以从以下层面完善关联交易的监管：

第一，完善关联交易记载、报告、信息留存、保存期间的程序规则的规范。第二，规定关联交易事前报告的原则，保证委托人和监管机关权利人获得的信息最接近真实。第三，建立和完善信托财产托管人规范，以制约信托机构的自由裁量权的权力过于集中。第四，更多地赋予委托人和受益人自我救济的权利。英国信托法专家马修斯认为"传统上认为自救措施更重要，我们不相信为监管目的而颁布的监管措施能起到多大作用"。[1] 监管部门可以建立相应的规范，保证受益人和委托人的知悉权，明确自我救济的方式和程序；完善民事救济制约机制，如建立惩罚性赔偿制度，加大不当关联交易的违规成本。[2]

4. 建立资源类国有资产信托合同备案制度

金融信托监管部门、公益信托监管部门、各自然资源行政主管部门应会同资源类国有资产监督管理委员会，制定资源类国有资产信托标准合同的基本格式、内容规范以及合同备案制度。

一方面，资源类国有资产信托合同内容应包括：信托目的；委托人、受托人的姓名（名称）和住所；受益人或受益人范围；信托合同的存续期间，

---

[1] 魏甫华、高如华：《如何监管信托——专访英国信托法委员会副主席海顿教授和伦敦大学国王学院马修斯教授》，《中国法律人》，2004年，第3期，第23—27页。

[2] 李勇：《信托业监管法律问题研究》，北京：中国财政经济出版社，2008年，第229页；柳志伟：《基金业立法和发展：比较与借鉴》，北京：中国政法大学出版社，2003年，第134页。

借鉴英国信托立法的"反永久性规则",资源类国有资产权利和其他资金信托,并不应该在长久或无限期地存留在一个信托中,而应该增强其市场流动性和效率,以促进融资和资源的有效配置。例如,美国的表决权信托的有效期限通常不得超过10年,而对于财产信托则可以有更长的期限,也可以由当事人自由约定。[1]但资源类国有资产的经营和开发利用又有周期长的特性,因此可以借鉴日本的规定,以国有土地和其他资源类国有资产权利设立的信托,信托期限不得超过20年。而公益信托本身为了公共利益,信托时间越长越有利于社会公共利益,公益信托则可以无限期存续;信托财产的内容、种类、估价金额,信托财产的管理及处分权限和方法,信托财产的本金及其收益分配;受托人报酬、新受托人的选任方式;证券发行方式、交付方法、转让(回购)方式,基金管理人的支出费用、报酬计算方法;建筑商的招投标方式、承包方式和核算方案;公益信托受益人的确定方案和程序、受益人收取信托收益的方式;信托终止后的清算、财产归属等;信托终止的事由。除此之外,委托人和受托人在自愿、平等的基础上也可以协商于信托合同中载明其他不违反法律法规的事项,如信托财产的管理方法,委托人保留的权利等。

另一方面,资源类国有资产信托合同备案制度。笔者认为,资源类国有资产信托登记制度的构建,即信托财产登记制度,并不等于建立了信托合同备案制度,因此完成信托财产登记后,并不意味着完成信托合同备案。资源类国有资产监督管理委员会作为委托人,可以委托"信托登记中心"建立全国性的"信托合同登记备案"的书面和电子系统,并提供查询服务,让第三人能够查询,也提供了社会监督的途径。备案时将信托合同和相关文件装订成册制作,包括申请书、信托合同、受托人和委托人的身份证明、委托人的

---

[1] Hayton David: *Modern International Developments in the Trust Law*, Amsterdam: Wolters Kluwer Law & Business, 1999, p.308.

权利凭证等信托财产登记必备文件；投资信托计划、投资说明书、出租和出售计划方案、投资分析报告、环境影响评估报告、信托财产评估报告、会计事务所报告、工程投资咨询意见书、律师的法律意见书等；信托目的和信托期限等；并记载不动产的自然状况、不动产权利状况，并注明财产的范围、数量和转移情况进行概述，信托财产范围、管理方式、权限；注明委托人、受托人、受益人等当事人的基本情况。

5.适度限制资源类国有资产公益（慈善）信托基金的投资范围

根据《慈善信托管理办法》第三十条的规定，资源类国有资产慈善信托基金的信托文件中应对投资范围做出约定，信托基金的投资范围应限于银行存款、政府债券、中央银行票据、金融债券、货币市场基金等低风险资产。由于资源类国有资产的国有、公益属性，委托人仅是资源类国有资产的代理人，且并无其自有资产，委托人对投资范围不应做出超过《慈善信托管理办法》第三十条关于"低风险资产"投资的界限。

《中华人民共和国信托法》并未对公益信托的信托财产投资范围做出限制性规定。从现有立法来看，我国目前基金会与公益信托不同之处在资金的运作和管理方式不同。公益信托可以将众多资金进行投资，实现公益信托财产的保值增值，也可以静止不动只维持本金；而慈善基金会等组织是将捐赠资金放置静止不动。[①] 由于公益信托与商业性的营业信托还有区别，公益信托并不以追求盈利为目的，公益信托基金的投资首先考虑的应该是信托财产的保值，即保证信托财产的安全和稳定，因此，应对公益信托的投资范围做出一定的限制。根据中国银行业监督管理委员会《关于鼓励信托公司开展公益信托业务支持灾后重建工作的通知》（2008年）第六条的规定，公益信托只能投

---

① 我国在2004年之前，基金会的资金也可以进行投资。参见我国《基金会管理办法》（1988年颁布实施，于2004年废止）第七条规定："基金会可以将资金存入金融机构收取利息，也可以购买债券、股票等有价证券，但购买某个企业的股票额不得超过该企业股票总额的20%"。

资于流动性好、变现能力强的国债、政策性金融债及中国银行业监督管理委员会允许投资的其他低风险金融产品。可见，公益信托财产和收益的投资对象和范围，应该经过金融信托监管部门的审批，投资于低风险的金融产品。

与此同时，也可以借鉴英国国民信托的经营方式，经委托人、监察人和监管机构的同意，资源类国有资产使用权公益（慈善）信托的受托人，可以允许其投资不动产的转让和租赁、开设门店等实业；还可以借鉴我国《基金会管理条例》第二十九条的规定，公益信托受托人的办公经费和人员工资福利不得超过信托财产总额的10%。[①]

三、资源类国有资产信托退出机制存在的问题与完善

（一）退出监管的法律障碍

我国目前私益信托和公益信托的监管存在重设立审批监管、轻运营和退出监管的倾向。[②]《中华人民共和国信托法》对信托退出（终止）的规定主要是原则性规定，而缺乏实际可操作的规定或解释，对资产证券化、公益信托的退出则并没有做出明确的规定。

同时，在退出监管中，还存在信托投资者（受益人）保护监管机制的缺失。随着市场的发展，我国信托业未来可能存在个别信托机构退出市场的风险。我国《信托公司管理办法》第四十九条对"信托赔偿准备金"做出了规定，但是资源类国有资产信托中，融资信托的受托人除信托公司外还有SPT；股权信托和公益信托中还涉及除信托公司外的其他受托人。且资源类国有资

[①] 我国《基金会管理条例》第二十九条规定："公募基金会每年用于从事章程规定的公益事业支出，不得低于上一年总收入的70%；非公募基金会每年用于从事章程规定的公益事业支出，不得低于上一年基金余额的8%。基金会工作人员工资福利和行政办公支出不得超过当年总支出的10%。"

[②] 高亚红：《公益信托监管制度比较研究》，《西安社会科学》，2009年，第1期：第124-125页。

产权利作为信托财产的环境和生态风险更加大,在强制环境责任保险的同时,SPT 和其他受托人的"赔偿准备金"是否应作为风险监管的措施之一,具体措施如何,也有待进一步明确。

(二)退出监管机制的完善

资源类国有资产信托的退出监管,主要是对受托机构退出的监管和资源类国有资产信托终止的监管,因此退出监管机制的完善也主要围绕这两个方面展开。

1. 金融机构担任受托人退出的监管

第一,申请解散的核准。对受托机构申请解散核准,最为重要的是对受托机构所管理的信托财产的清算进行监管,必要时应进行相应指导。我国商业银行解散的程序如下:(1)申请。《非银行金融机构行政许可事项实施办法》第九十六条规定了解散的情形,包括:公司章程规定的营业期限届满或者规定的其他解散事由出现时;股东会议决定解散;因公司合并或者分立需要解散;其他法定事由组建财务公司的企业集团解散;财务公司不能实现合并或改组的,应当申请解散。该办法第九十七条规定:"中国银行业监督管理委员会直接监管的非银行金融机构解散,向中国银行业监督管理委员会提交申请,由中国银行业监督管理委员会受理、审查并决定。中国银行业监督管理委员会自受理之日起 3 个月内做出批准或不批准的书面决定。中国银行业监督管理委员会、银监分局监管的非银行金融机构解散,向所在地银监局提交申请,银监局受理并初步审查、中国银行业监督管理委员会审查并决定。中国银行业监督管理委员会自收到完整申请材料之日起 3 个月内做出批准或不批准的书面决定。"我国《信托公司管理办法》第十三条规定:"信托公司出现分立、合并或者公司章程规定的解散事由,申请解散的,由监管机关批准后解散,并应当组成清算组清算。"因此对于金融受托机构解散的核准,由受托机构主动提出申请开始,受托机构应当附上解散理由和债务清偿计划、解散理由和债务清偿计划等。监管机构的主要任务是保证其程序的合法公正和信息的公开,信托财产的评估和清算,以及对受益人的利益交付。同时,监管机关应当亲自或委托中介机构进行调查审计,在确认各方当事人利益都得到合理安排,信托机构无违规行为时,取消其金融牌照并进行公告。[1]

第二,责令并指导受托机构的整顿和重组。对于金融受托机构经营状况恶化,继续原有经营状态会导致更大损失的,监管机关有权责令其进行整顿或重组。监管机构应当采取建议撤换高级管理者、帮助筹资和寻找接洽重组方的方式,来指导整顿与促成重组。

第三,监管机构接管受托机构。对于信托经营陷入困境、可能发生信用危机、影响受益人利益的情形,监管机关应当对信托机构的固有财产和经营管理的信托财产实行接收管理或委托其他专业机构代行监管机构的接管职责。我国《信托公司管理办法》第五十五条规定:"信托公司已经或者可能发生信用危机,严重影响受益人合法权益的,中国银行业监督管理委员会可以依法对该信托公司实行接管或者督促机构重组。"《中华人民共和国商业银行法》第六十四条规定:"商业银行已经或者可能发生信用危机,严重影响存款人的利益时,国务院银行业监督管理机构可以对该银行实行接管。接管的目的是对被接管的商业银行采取必要措施,以保护存款人的利益,恢复商业银行的正常经营能力。被接管的商业银行的债权债务关系不因接管而变化。"关于接管人(监管机关或代管人)的职责,可以借鉴美国伊利诺伊州的立法规定:"接管人应当用合理的时间来调查所有信托账目、遗嘱执行情况、财产管理状况、保管或其他受信任职责,以便确定受托人进行相应投资的情况:是否符

---

[1] 李勇:《信托业监管法律问题研究(博士学位论文)》,中南大学,2006年,第190页;王阳:《我国信托监管体制完善(硕士学位论文)》,西南政法大学,2008年,第17页。

合管理合同、资金投资的谨慎规则或其他类似资金投资的法律。并形成清算报告。"①接管本身是一种法律行为,实际上是受托机构的经营管理权被强制转移到作为公权力主体的监管机关或其代理机构的名下,并不涉及受托机构债权债务的改变,其任务主要是保全信托机构财产和经营状态、维护金融机构和信托行业的公信力、扭转其经营不佳的局面。②此外,接管人必须将调查结果形成清算报告。

第四,撤销。对于违法经营或经营状况恶劣可能危害金融市场稳定的信托公司,监管机关有必要强制取消其经营资格,命令其终止营业并解散。撤销也是解散的一种,不同的是,解散一般是金融受托机构自行申请,而撤销是监管机关的强制性措施,具有惩罚性质。我国《信托公司管理办法》第五十六条、第五十八条、第六十一条也规定了撤销和取缔的情形,具体包括:在申请设立、变更过程中,申请材料有隐瞒、虚假的情形,可以责令改正或撤销批准;未经监管机构批准,擅自设立信托公司的;信托公司有违法经营、管理不善等情形,不予撤销将严重危害金融秩序、损害公众利益的。《中华人民共和国银行业监督管理法》第三十九条和《金融机构撤销条例》第五条规定撤销的条件是"金融机构有违法违规经营、经营管理不善等情形,不予撤销将严重危害金融秩序、损害社会公众利益的"。国外还规定了未缴纳储备金的金融机构,应被注销,如美国《弗吉尼亚州商业信托法》第54条的规定:"如果在12月31日前仍未缴纳年度维持费,信托证书即自动失效。依照本法信托证书被注销的商业信托因为信托证书的注销而解散,该商业信托应该依照本法停止其经营活动。"③

---

① Corporate Fiduciary Act. §6-2(a).
② 罗志华:《信托在我国金融分业体制下的定位研究》,重庆:西南财经大学出版社,2012,第33页;文杰:《信托法专题研究》,北京:社会科学出版社,2012年,第183-184页。
③ Virginia Business Trust Act(2003). §54.

笔者认为，金融受托机构进入整顿和重组、接管、撤销和破产清算后，信托事务管理的职责也应终止，监管重点是信托财产损益及清算，以及受益人权利的保护。值得注意的是，资源类国有资产证券化和投资信托中，在资产支持证券尚未清偿完毕的情况下，SPT不能进行清算、解体、兼并以及资产销售；即使清偿完毕后，SPT除非处于资不抵债的情况，并且经过全体董事的同意，SPT才能提出自愿破产申请。任何相关信托受益人（投资人）都可以到法院查询清算报告副本。①

此外，国有企业、私营和合资企业、非营利性组织等非金融机构担任受托人时，并不由信托业金融监管部门监管，而应当由受益人、委托人、信托监察人、资源类国有资产公益信托监管部门作为监管主体，承担监管职责。当出现合并、分立、改制、解散、申请破产等重大事项，应变更受托人的，监管主体应着重对退出程序的合法合规性监管，资源类国有资产和信托资金评估和清算、剩余信托财产的归复的监管、对受益人利益分配的监管。此外，还包括监管机构对变更受托人的程序合法性的审核，公益信托则由公益信托监管机构指定新受托人。慈善信托由委托人指定新的受托人。

2. 信托终止的监管

（1）资源类国有资产私益信托的终止

资源类国有资产信托终止的事由一般包括：因为信托文件规定的终止事由出现，或存续期限届满而终止；受益人大会一致决议解散，通过申请当地法院可以判令信托终止。②资源类国有资产信托的受托人在信托终止后，应当依照信托文件的约定做出处理信托事务的清算报告，并提交资源类国有资产监管机构，其中还应包括受益人或者信托财产的权利归属人、资源类国有资

---

① 黄亮：《我国不动产证券化法律制度研究（硕士学位论文）》，暨南大学，2007年，第28页。

② 参见美国《弗吉尼亚州商业信托法》第34条和35条的相关规定。

产信托监察人对清算报告等财务报告无异议的报告书,监管机构在对信托财产评估后、对清算报告及相关文件审核后,无异议的,受托机构就清算报告所列事项解除责任。

资源类国有资产证券化和投资信托的清仓回购也可能导致信托的终止,清仓回购也必须符合监管机构颁布的相应规定:清仓回购由发起人(委托人)自行决定;清仓回购只有在资产池或以资产池为基础发行的资产支持证券化余额降低至 10% 或者 10% 以下时,才能进行清仓回购。[①]

(2)资源类国有资产公益(慈善)信托的终止

对于公益(慈善)信托终止后,信托财产有明确归属的情形,受托人应清算信托财产,按照公益信托合同约定交付信托财产。对于信托财产没有明确归属的情形,经公益事业管理机构批准,受托人应根据类似(近似)原则,将信托财产用于有近似的公益目的的公益项目,或者将信托财产转移给具有近似目的的公益组织。[②]

笔者认为,我国资源类国有资产信托中,监管机构应当发挥其在受益人保护中的作用,为受益人主张权利、获取救济提供证据支持。在受托机构提出退出申请或在发现信托机构问题严重之处,监管机构应以保障受益人利益为目标,要求受托机构和接管机构提交详尽资料,包括清算报告,或委托专业审计机构进行审计调查;受益人和委托人与监管机构查询清算报告的副本,并可以针对特定经营情况,要求监管机构进行调查取证。清算应该对信托业务和其他非负债业务,以固有资产开展的负债业务进行全面审查核算。清算报告中应包括信托财产运营状况、受托人机构义务的履行状况、是否有重大违规或侵害受益人权利的行为等。

[①] 查民:《我国资产证券化交易结构及市场实践研究(硕士学位论文)》,南京理工大学,2006年,第34-35页。

[②] 韩敏:《促进我国公益信托发展的思考》,《法制与社会》,2007年,第12期,第65-67页。

第三节 资源类国有资产信托的配套法律制度

一、资源类国有资产信托配套法律制度的空缺

(一) 信托重复征税问题

在英美信托法的实务中,通过信托税收政策,为商业主体避免组织层面上的税收提供了极大的灵活性。[①] 美国亚利桑那州的《税法修正案》规定:"信托应税所得的纳税义务属于信托,且应由受托人负责缴纳";"如因任何原因应税信托所得到期未缴纳税款,且当该所得在可分配给受益人时仍未纳税,或该所得在应税期限前已可分配给受益人,而在到期时仍未纳税,则在该所得可分配给受益人时,可向受益人课税"。[②]《中华人民共和国信托法》和信托业的相关立法对信托的税收难题一直悬而未决,信托的税收制度不健全,一定程度上阻碍信托业的发展。实践中,简单套用现有针对一般经济业务的税收政策,一定程度上也必然损害信托对资源类国有资产经营管理的积极作用,挫伤改革者、投资者的热情。在信托业务中,现行税制的问题主要有:(1) 我国目前的信托税制体系并没有建立。现有对信托业征税的规定集中的证券投资基金的税收问题上,且此类规定只是财政部和国家税务总局以通知或批复的形式明确的,立法级次较低,缺乏必要的稳定性和系统性。这些不稳定的

[①] Schwarcz Steven L., *Commercial Trusts as Business Organizations: Unraveling the Mystery*, The *Business Lawyer*, 2003, 58(2): pp.559–585.

[②] Hoffman Willian H., *West's Federal Taxation*, New York: West Publishing Co, 1982, p.654.

政策，使得信托当事人对信托收益无法准确预期。（2）信托业务环节的重复征税，表现在两个方面：一是信托设立和终止时，针对信托财产转移产生的纳税义务是重复的；二是信托计划在存续过程中，由信托收益产生了所得税的纳税义务，而信托计划终止或信托收益分配时，再次产生所得税的纳税义务，二者也是重复的。重复纳税可能导致受益人的信托收益低于委托人亲自经营管理信托财产所产生的收益。[①]（3）证券投资基金税收规定与信托税制现有规定相冲突。我国目前对证券投资基金的税收规定，有些出于避免重复征税的考虑，有些为了促进证券投资基金发展的给予的特殊和照顾性的优惠税制，如对基金、基金管理人、法人投资者免收企业所得税。[②]虽然证券投资基金相关立法刻意回避了本身的信托属性，但实际上也产生了现有证券投资基金的税收规定与其他信托业务和其他证券投资活动，尤其是混业经营的资源类国有资产证券化业务的税收政策冲突、不平衡。信托公司与证券投资基金极其类似，信托收益实际上是一种风险投资性质的收益，具有极大的不确定性，未必有收益。[③]（4）税收主体、客体不明确。而我国具有"类信托"属性的"证券投资基金"则明确了纳税主体、代扣代缴主体。[④]（5）缺乏公益（慈善）信托税收优惠可操作性的规定。利他的公益和慈善，仅仅依靠道德和善心是不稳定的，有效的激励机制是良好的裨益，因此，不少国家都给予公益慈善事业税收优惠。如日本公益信托可以免除的国家税包括：法人税、继

[①] 戴海峰：《信托公司集合资金信托若干法律问题研究——以其业务规则障碍为导向（硕士学位论文）》，华东政法大学，2004年，第9页。

[②] 参见《财政部、国家税务总局关于企业所得税若干优惠政策的通知》（财税〔2008〕1号）文件规定；《关于证券投资基金税务问题的通知》。

[③] 国家税务总局信托税制研究课题组：《关于建立中国信托税制的研究报告》，转引自李青山：《信托税收政策与制度研究》，北京：中国税务出版社，2006年，第9页；高卉、孟元：《税负问题束缚信托业手脚》，http://business.sohu.com/20080115/n254656116.shtml，2013年1月20日。

[④] 参见《证券投资基金法》第八条。

承税、赠予税、存款利息股票所得等收入应缴纳的税、消费税的非课税经营免税、登记许可税、地价税；可以免除的地方税包括：法人事业税、固定资产税、城市规划税、事业所得税、不动产购置税、特别土地所有税、地方消费税的非课税经营免税。[①] 中国银行业监督管理委员会办公厅《关于鼓励信托公司开展公益信托业务支持灾后重建工作的通知》（银监办发〔2008〕93号）中第二条规定："信托公司开展公益信托业务，可以争取公益事业、税收等管理部门的支持。"这一文件并未给予公益信托税收优惠的规定。《中华人民共和国慈善法》第四十五条规定备案的慈善信托享有税收优惠，《慈善信托管理办法》第四十四条明确委托人、受托人和受益人享有税收优惠，但实践中，在现行税制中公益、慈善信托的税收优惠仍缺乏可操作性的规定，仍需借助享有税收优惠的慈善组织实现税收优惠。

（二）缺少企业（包括资源类国有企业）的社会责任体系的立法

一般来说社会公益事业的资金有三大来源，即政府资助、企业捐赠和社会公众的个人捐赠，政府主要通过税收等宏观调控手段调节社会资源的利用和管理，投入社会公益的资金数额有限；社会公众的捐赠能力有限，一般都是小额捐赠；企业是目前社会财富的主要创造者，也是公益事业捐赠的重要支柱。缺乏企业对资源类国有资产公益信托参与，谈论资源类国有资产公益信托，无异于是构筑"空中楼阁"。

在世界范围内，企业的社会责任主要体现在对社会公益事业的捐赠上，世界100强企业中，福特汽车、通用电气、大众汽车、三星电子、雀巢、丰田汽车、荷兰国际集团、埃克森美孚、日立，在20世纪30年代到80年代

[①] 安体富、李青玉：《英、日信托税制的特点及对我们的启示》，《国际税收》，2004年，第1期，第39-43页。

均设立了慈善和公益基金会。2011年美国捐赠数目最大的企业基金会是赛诺菲北美基金会（Sanofi Foundation for North America），捐赠款达到497,491,467美元，在美国基金会网站的统计数据显示，2011年全美捐赠款（数目）前100名的企业基金会中，全球500强的企业基金会也榜上有名，包括：富国银行、沃尔玛基金会、可口可乐基金会等。① 日本的三菱集团设立的"三菱基金会"是日本首个公益基金会，截至2004年，日本的企业基金会每年提供5亿美元的捐赠。②

长期以来，相对发达国家的企业而言，我国企业承担的社会责任则轻得多。2005年11月，国家发改委经济研究所利用与消费研究所主任陈新年透露，国内工商注册登记的企业超过200万家，但有过捐赠记录的不超过20万家，99%的企业从来没有参与过捐赠；③ 以我国数目庞大的国有企业为例，我国的国企上缴10%的利润，法国国企税后利润上缴国家的比例是50%，瑞典、丹麦、韩国等国国企利润需上缴三分之一甚至三分之二；我国国企在上缴利润后，政府又把这些利润以各种形式返还给企业，如2010年国企一共上缴了440亿元红利，但是，财政返还了858.56亿元，其中，45亿元用于支持新兴产业发展，40亿元纳入公共财政预算，用于支持社保等民生事业发展，50亿元用于补充社保基金，其余723.56亿元则以中央企业兼并重组专项资金、国有经济和产业结构调整支出等各种名目投入央企及其相关领域。④ 我国不着手企业的社会责任的法律规制，资源类国有资产公益信托的实施，仅仅倚赖企

---

① 《美国基金会网站统计数据》，http://foundationcenter.org/findfunders/topfunders/top50giving.html，2013年12月1日。

② 《国内外企业基金会的运作和启示》，http://doc.mbalib.com/view/6a8881b75b772b31f8aa3a7679c77b95.html，2013年11月30日。

③ 王玲：《经济法语境下的企业社会责任研究》，北京：中国检察出版社，2008年，第255页。

④ 郎咸平：《央企利润何时才能转化为全民福利？》，http://blog.sina.com.cn/s/blog_4ab6654901013h04.html，2013年1月23日。

业偶然的善心，最终只能是缥缈的空想，资源类国有资产私益信托所追求的经济效率与生态效益协调发展的价值取向，也只能是立法者的一厢情愿而已。

同时，我国1999年颁布的《中华人民共和国公益事业捐赠法》对慈善捐赠仅从受赠人的角度加强对捐赠财产的管理，以平衡捐赠者和受赠者的利益，但是并没有对捐赠企业的股东和管理层之间的内部主体的利益加以协调。[①] 根据一份上海企业捐赠的调研报告，大多数企业没有经过制定规范的捐赠决策体系，被调查企业中61%的企业由企业下设的部门处理捐赠事务，如办公室、工会等；37%的企业由公关部门处理捐赠事务。[②]

二、资源类国有资产信托配套法律制度的构建

（一）信托税收制度的构建

信托业的纳税难题在我国早已为业界所不断反映，我国目前对信托公司的双重征税，以及对公益信托缺乏相应的税收优惠等问题也成为阻碍信托业发展的一个重要原因。资源类国有资产信托的运营也同样遭遇税收问题，对信托当事人的财产利益的得失、对信托业务品种的创新均有一定的阻碍。

1. 资源类国有资产私益信托税收制度的构建

信托是向受益人分配信托利益的"管道"，信托主体之间相互转移财产的行为实际上并不具有经济意义，也并不创造新的价值，为此，也不应该把信托作为普通交易行为进行课税。[③] 按照美国的税法，信托被拟制为独立实体，

[①] 李领臣：《公司慈善捐赠的法律规制》，《法学杂志》，2007年，第1期，第147-149页。
[②] 企业与公司捐赠研究课题组：《上海企业捐赠社会公益性研究报告》，转引自马伊里、杨团：《公司与社会公益》，北京：华夏出版社，2002年，第2页。
[③] 徐孟洲、席月民：《论我国信托税制构建的原则和设计》，《税务研究》，2003年，第11期，第6-13页。

就信托收益，对信托机构不征收所得税而只对信托实体征收所得税，并且在征税时可以按规定扣除以下项目：资本利亏；已缴纳的州资本利得所得税；按税法规定计提的折旧（摊销），计提的折旧额根据受益人分配的净收益与信托实体净收益总额间的比例确定；经营亏损，当期不能抵扣完毕的部分可无限期往后结转，在计算净经营亏损额时，慈善捐赠额和分配给受益人的所得额不得扣除；为避免重复征税，在计算信托实体收益所得时必须扣除已经分配给受益人的所得。① 笔者认为，我国信托业税收立法可以在避免现行税制大改动的前提下，结合信托原理做出相应的规定。

其一，明确纳税主体对信托受益人征收（个人或企业）信托所得税，但对于信托财产因信托成立、受托人变更、信托关系消灭、信托不成立（无效、解除或撤销）的转移，不应课所得税；对受托人只征收受托报酬的所得税。受益人纳税的原则。信托只是受益人获取收益的导管，本着"谁受益，谁纳税"的征税原则：受托人取得、管理和运用信托财产时发生应税项目，应视同受益人亲自运用该信托财产时发生的应税项目。因此，我国信托收益所得税应以受益人为纳税义务人。受益人纳税义务在应税项目发生时产生，所需税金可以直接由受托人从信托财产中代扣代缴。我国《证券投资基金法》也采取了"谁受益，谁纳税"的原则，该法第八条明确规定："基金财产投资的相关税收，由基金份额持有人承担，基金管理人或者其他扣缴义务人按照国家有关税收征收的规定代扣代缴。"应允许信托公司行使代交代扣的权力。

其二，对信托文件征收印花税。应税项目包括：合同或具有合同性质的凭证；股权、使用权的产权证书；证券交易；许可证照；营业账簿等。但印花税也应避免重复征税，如果在信托设立时已缴纳印花税，则信托终止时就

---

① 李鹏、李丕东：《信托所得课税的国际比较与经验借鉴》，《财会研究》，2004年，第3期，第56-58页。

应免征。根据我国《关于上市公司国有股权无偿划拨征收证券（股票）交易印花税问题的通知》（国家税务总局 国税发〔1999〕24号）规定了无偿划拨免征交易印花税，免征理由为企业改制和盘活国有资产，资源类国有资产信托运营应具有相同性质——盘活国有资产，可免征印花税。因此，前文所述对"信托文件增收印花税"一项，笔者认为可以免征。

其三，信托经营中，涉及房地产开发的需要征收土地增值税、契税、房产税。土地为信托财产时，在信托设立和终止时，并未产生收入，也不会发生土地增值税，在信托关系人之间转移，不征收增值税。而信托经营管理阶段，受托人可能有偿转让房产，产生土地增值税，受益人应为纳税义务人。契税实质上是土地使用权转让、房产交易等的契税，纳税环节主要在信托设立和管理阶段，但也应避免前述的重复征税。在信托设立时，涉及土地使用权转移的，不宜征收契税；如果以投资者的信托资金购进不动产的，则应缴纳契税。[①]

其四，资源类国有资产证券化和投资信托的税收优惠。我国的资源类国有资产证券化和投资信托，正是为了解决资源类国有资产融资问题，流动性小、建设和培育周期长的资源类国有资产产业建设资金紧缺，制约了相关产业的发展，尤其是具有环境保护价值的产业，更关系民众的生活条件改善。资源类国有资产证券化和投资信托的税收将直接影响其融资成本，因此，应该给予一定的税收优惠。对不动产证券化和不动产投资信托给予税收优惠，在其他国家和地区均有规定。例如，美国在1961年的《国内税务法则》中给予REIT一定的税收优惠，并且确认了受益人作为所得税的纳税主体，REITs只要符合以下要求，就可以享受税收优惠：一是资产要求，REITs资产价值

[①] 王方琪：《信托业期盼"税改"》，《北京现代商报》，2002年8月6日；《信托税制》，http://baike.baidu.com.，2013年4月20日。

75%以上必须由房地产资产现金和政府发行的有价证券构成等；二是收入要求，REITs总收入的95%以上必须由股息、利息、租金或者销售特定资产的收益要求，至少75%以上总收入必须来源于租金、抵押贷款担保债务的利益、销售特定资产收益或向其他REITs投资所获得的收入等；三是分配要求，分配给受益人的金额必须大于等于REITs应纳税总收入的95%。[①] 此外，资源类国有资产证券化和投资信托模式中，信托资产转移并不涉及直接的转让、交易、权益重组，且信托结束后资产所有权具有回复性，因此也不应纳入流转税和契税的税收体系中，应适用信托业税收法律制度。笔者认为，实际上资源类国有资产证券化和投资信托在客观上解决了政府对资源类国有资产开发的融资问题，一定程度上促进了基础设施、能源等建设，并减少了融资的交易成本，因此我国对资源类国有资产证券化和投资信托也可以采取相应的税收优惠，笔者认为可以有两种路径选择：其一，借鉴美国的经验，制定"有条件的税收优惠"条款。其二，以发行基金方式募集资金不征收所得税、印花税等优惠；土地等不动产应变更登记的，免缴纳登记费；SPT的收入，应扣除成本和受益人所得，按利息课税后，不计入SPT的营利所得，以避免双重征税。

2. 公益（慈善）信托税收优惠

目前，各国对公益信托（慈善信托）的税收均有优惠措施，我国国家税务总局也就该问题进行了较为详尽的调查研究。根据英国、新西兰、印度、爱尔兰、日本、瑞士等国的相关资料和统计数据，均对公益（慈善）信托规定了减免税政策，主要体现在遗产赠予税、个人所得税、公司所得税和资本

[①] 威廉姆·B. 布鲁格曼，杰弗瑞·D. 费雪：《房地产金融与投资》，李秉祥译，沈阳：东北财经大学出版社，2000年，第695页。

利得税等主要税种上。[①]

公益（慈善）信托是一种利他行为，利他行为也需要必要的激励。实际上，税收优惠政策对公益捐赠的影响相当大，以美国为例，美国税法规鼓励个人和组织向慈善组织赠予财物，美国大多采取累进税制，为了从较低税率和总计应税本金中获益，降低应税所得是有利的，正好激励了这种利他行为。根据美国相关的研究结论，一旦公益捐赠丧失其税收上的优势，人民公益捐赠的热情也会显著降温。[②]《中华人民共和国公益事业捐赠法》第四章也规定了捐赠者享有所得税、增值税方面的优惠。但是公益信托并不完全等同于公益捐赠，是否适用《中华人民共和国公益事业捐赠法》也有待明确。

从另一个角度看，我国的资源类国有资产公益（慈善）信托客观上也承担和履行了政府的一些社会职能，因为国家税收收入中的相当部分要投入社会公益事业的支出。委托人向公益（慈善）信托受托人交付信托财产时，就可以视为委托人已经将相应财产实际捐赠给了公益事业，因此委托人交付的信托财产应当从委托人的所得税税前列支。[③] 以股权设立慈善信托的税收优惠并未明确，建议以股权作为慈善信托财产时，应参照企业股权捐赠的税收优惠政策。除此之外，不动产、知识产权等财产设立公益（慈善）信托时，亦应参考这一优惠政策，在完成信托登记的基础上，减免税费。其次，在公益（慈善）信托运营过程中给予税收优惠待遇，明确受益人为纳税主体。公益（慈善）信托成立后，由国家税务总局统一认定的公益（慈善）信托的受托人，在经营管理信托财产时，也可以享有公益团体所应享有的各项税收优惠。

---

① 国家税务总局信托税制研究课题组：《中国税收政策前沿问题研究》，北京：中国税务出版社，2003年，第17页。

② 亨瑞.J.《艾伦，威廉姆.G》.盖尔：《美国税制改革的经济影响》，郭庆旺，刘茜译，北京：中国人民大学出版社，2001年，第280-282页。

③ 姒建英：《信托税制的国际比较和借鉴》，《企业经济》，2004年，第7期，第146-148页。

公益（慈善）信托运作过程中，信托财产的增值可能产生纳税义务，但只要公益（慈善）信托财产和收益全部用于慈善目的，即可对慈善信托运营过程中的收益全额免税。此外，有必要参照《慈善法》第79、81条关于慈善组织和慈善捐赠受赠人的税收优惠，对受托人收取公益（慈善）信托报酬、受益人接受慈善信托收益的行为，给予税收优惠。最后，公益（慈善）信托终止环节的税收优惠。信托文件如明确剩余财产归委托人，或转移给具有近似目的的公益慈善组织或慈善（公益）信托，不应征收所得税。如信托文件明确剩余财产归属委托人以外的第三人（组织），应视作赠与行为。

（二）企业的社会责任规范的法律规制

一般认为，企业就是创造利润的，利润最大化或股东财富最大化是企业发展的唯一目标，社会责任是政府的事情，与企业无关。然而企业作为重要的市场主体，如果不顾一切地追逐利润而不履行社会责任，并不符合科学发展观与建设和谐社会的要求。实际上在经济发达国家，企业履行社会责任的义务更加普及和规范，越来越多的企业实践充分证明，在企业社会责任和企业绩效之间存在正向关联度，企业社会责任可以转向实在的竞争力。[①]

2006年生效的《中华人民共和国公司法》第五条第一次引入了企业的社会责任，为企业的社会责任提供了法律依据，但并没有具体的实施细则和相关规定。直至我国财政部等五部委于2010年颁布的《企业内部控制应用指引第4号——社会责任》（以下简称《指引》）中关于企业的社会责任指引，明确了企业的环境保护与资源节约责任，要求企业：实现清洁生产和循环经济；着力开发利用可再生资源；建立完善监测考核体系。资源类国有资产信托的

[①] 财政部会计司解读《企业内部控制应用指引第4号——社会责任》；赵曙明：《和谐社会构建中的企业慈善责任研究》，《江海学刊》，2007年，第1期，100-105页。

受托人以及合作开发经营者,在资源类国有资产的占有、使用、处分过程中,承担的社会责任应侧重环境保护和资源高效利用以及社会捐赠。其中资源类国有资产经营企业及其他相关企业的社会捐赠也应针对自然资源开发的生态补偿展开,包括对资源类国有资产公益基金等慈善基金会的捐赠,以及对周边居民和所在地的捐赠等。值得庆幸的是,根据《中国企业基金会发展报告》(2011)显示,我国企业基金会有258家,企业基金会的资产数额也颇具规模,根据披露原始基金的284家基金会的数据显示,其中超过一亿元的有10家,5000万~1亿元之间的有14家,2000万~5000万元之间的有12家,500万~2000万元之间的有49家,200万~500万元之间的有163家。根据这一报告公布的统计数据显示,服务于环境公益项目的企业基金会有18个;根据2010年公布公益项目支出数额的133家企业基金会的数据显示,企业基金会投入环境公益项目的资金达17 591 026元。[1]2018年中国企业36%的CSR活动投入了环境保护公益领域。[2]同时,我国国有企业慈善(公益)基金会也陆续建立,包括南航十分关爱基金会、宝钢教育基金会、中远慈善基金会、国网公益基金会、中国移动慈善基金会、招商局慈善基金会、华润慈善基金会等。

实际上,美国、英国、德国等发达国家都在立法中要求企业履行社会责任,并鼓励企业定期公布社会责任报告,法国甚至通过立法强制企业发布社会责任报告。[3]法律与政策对企业的强制性要求对于促进银行业践行社会责任还是起到了关键性的作用。我国五部委的《指引》对企业并没有实质上的强

---

[1] 基金会中心网,明善道管理顾问有限公司.中国企业基金会发展报告(2011)[R]. http://www.npi.org.cn/uploads/magazines/npo/2_1000_194848.pdf,2013-10-20.

[2] 胡润研究院.2020年中国企业社会责任白皮书[EB/OL],https://baijiahao.baidu.com/s?id=16672731509113249 90&wfr=spider&for=pc,下载日期2021.11.25.

[3] 刘志云:《银行业践行社会责任的域外发展及借鉴》,《甘肃政法学院学报》,2012年,第5期,第87-94页。

制力。笔者认为，应修改《中华人民共和国公司法》《中华人民共和国环境保护法》、国有企业和资源类国有资产经营管理的相关法律的相应条款，将践行社会责任的法律义务嵌入企业的经营流程。这些条款涉及的内容包括，建立与完善董事会结构与监事会制度，明确董事等高级管理人员在决策过程中应考虑利益相关者利益的法律义务，明确社会责任目标，构建有效的内部监督机制，完善信息披露制度，设立内部的企业社会责任部门，健全严格的问责机制，定期发布社会责任报告等。[①] 此外，政府也应通过相关立法明确和规范对企业履行社会责任的表彰和奖励；政府鼓励企业承担捐赠和公益信托等社会责任，应该给予一定的免税优惠，以激励企业的公益信托。《中华人民共和国企业所得税法》第九条规定："企业的公益性捐赠支出，在年度利润总额12%以上内的部分，准予在计算应纳税所得额时扣除。"但是由于申请减免税收的手续多、程序繁杂，许多企业放弃申请，也在一定程度上影响了企业捐赠的热情。因此，减免税收的程序还应更加明晰和简化。

同时，有必要明确企业社会责任和政府社会责任的边界，《中华人民共和国宪法》明确规定了政府的社会责任，包括社会保障、文化教育、公关物品的提供等。由于我国现阶段的经济发展水平，政府的社会责任仅能满足社会生活的基本要求，随着社经济的发展，企业在社会经济生活中的作用也愈发显著，企业承担一定的社会责任是社会发展的必然。但是，区分二者的界限，防止企业社会责任的滥用和扩大化，企业承担的社会责任应该与企业本身的性质、能力和行业等有所区别。例如从事资源类国有资产运营的企业，有承担环境保护、污染治理、捐赠等社会责任，但是也应根据其能力承担相应的责任。因此，有必要建立企业捐赠或公益（慈善）信托的决策和监督机

---

① 刘志云：《银行业践行社会责任的域外发展及借鉴》，《甘肃政法学院学报》，2012年，第5期：第87-94页。

制，公司捐赠或公益（慈善）信托的决策权应由股东大会行使，但是股东大会并非常设机构，捐赠或公益（慈善）信托的决策权难于行使，决策成本也较高，因此决策权可以由董事会和经理行使，股东大会对重要、大额捐赠或公益（慈善）信托享有决定权，并对董事会和经理享有监督权。捐赠或公益（慈善）信托的数额也应在公司章程中予以规定，一般可以明确规定每年捐赠或公益（慈善）信托的数额和每笔捐赠或公益（慈善）信托的限额，或确定一个浮动的基数标准数额后取其中确定比例的资金为捐赠或公益（慈善）信托的限额。[①]

本章小结

灵活而瞬息万变的市场，资源类国有资产与信托工具交易的复杂性和风险性，足以使资源类国有资产管理和金融市场面临种种不稳定因素，而任何因素都可能具备"牵一发而动全身"的魔力。对信托业和资源类国有资产运营的监管，是对资源类国有资产信托运营的主动干预和控制。此外，本章还探讨了资源类国有资产信托的税制、信用制度等配套法律制度的缺陷和完善。

[①] 孙鹏程、沈华勤：《论公司捐赠中的社会责任——以现行法为基础的制度设计》，《法学》，2003年，第4期，第84-93页。

结　语

在西方资本主义国家尤其是英美法系国家，信托业相对成熟发达，信托的精神和精髓在信托立法中得到完满的继承和发展。然而这些国家的国有资产信托，乃至资源类国有资产法律问题并不是一个突出、迫切的问题，甚至绝大多数的自然资源也为私人所有，国有自然资源的数量和种类相当有限，对此展开的专门性研究也并不多见，立法更难见涉及，可供借鉴的资料也相当有限。然而，我国资源类国有资产数目大、分布广、种类多，可以说，作为生产要素投入生产经营，作为公益用途的自然资源，绝大多数都是资源类国有资产，在市场和社会中，资源类国有资产承担了支撑国民经济、提供公共产品的重大责任。资源类国有资产的经营管理、公益用途的设计安排，与其他国有资产的经营管理一样，成为摆在法律学人面前的一道理论难题。随着国有资产管理体制改革的逐渐深入，各种经营理论被应用于改革实践，资源类国有资产在国有企业改革中，也被折成股本投入国有企业；信托业也在经过五次清理整顿后，焕发出了勃勃生机。深入研究资源类国有资产信托运营的相关法律问题，合理构建我国资源类国有资产法律制度，对于推动资源类国有资产改革的深入、对资源类国有资产信托业务的开展，乃至实现经营性资源类国有资产的保值增值、非经营性资源类国有资产提供更充足、更高质量的公共产品无疑意义深远。

信托由最初的财产管理的工具被推广到世界各国，逐渐发展为现代金融业的支柱产业，信托观念突破将于开始不断扩张和衍化，衍生出一个个新兴信托品种的同时，信托的传统财产管理功能、新兴的融资功能都发挥得淋漓尽致，正如学者所断言的，信托足以媲美人类的想象空间。信托与资源类国有资产的融合，应该也会如同信托与我国社会主义公有制经济的亲密接触那样，通过信托制度法律机制，不断延伸财产权人控制和利用财产的自由空间。国家所有权并不排斥实现形式的多样化，甚至在市场经济条件下依赖于实现形式的多样化，国家所有权对信托并不具有天生的排斥力，相反二者的结合可能使国有资产焕发出新的生命力。长期的计划经济体制形成了国有资产的"主体缺位"状态，从根本上改变这一状况，是市场经济建设的重要目标。[1] 信托工具的使用，解决了传统资源类国有资产经营管理中的诸多弊端，通过受托人的角色，解决了"主体缺位"的问题；凭借委托人和受益人"没有财产的权利"与受托人"没有权利的财产"，实现了受托人财产处分的自由和无限制的扩张，实现了理论界探索多年的"政企分开"。

"传统民法法系国家面对信托在商业领域的广泛运用，已经或多或少地引进或发掘信托理念。与此同时，信托制度内在的扩张力导致过度的处分自由，对固有的制度造成相当程度的冲击和破坏。如何在财富所衍生的权利与处分自由之间寻求一种平衡的控制机制，是21世纪信托法所追求的价值目标。"[2] 我国庞大得不可轻言经济价值和生态价值的资源类国有资产，是我国社会主义事业发展、繁荣的强大物质基础，也是国家财政收入的主要来源，更是我国经济社会可持续发展的重要保障。加强和改善资源类国有资产的管理，维护国家权利不受侵害，必须借助法律手段的强制力。在借助信托的核心价值——财产权人控制和利用财产的自由，完成资源类国有资产运营的各类目标的同时，怎样控制过度地处分自由、怎样寻求权利义务的平衡、怎样维护

---

[1] 钱明星、李富成:《公有制财产的物权法构造》,《法商研究》,2002年,第5期,第25-29页。
[2] Gunningham Nell, Sinclair Darren: *Regulation and the Role of Trust: Reflections from the Mining Industry, Journal of Law and Society*, 2009, 36(2): pp.167-194.

资源类国有资产不受侵害，是我国资源类国有资产信托运营中无可回避的问题，也是资源类国有资产信托运营法律制度追求的价值目标。当然也只有借助法律的强制力，才足以使资源类国有资产信托运营畅行于市场经济的同时，资源类国有资产强大的经济、生态和社会价值也得以维护。

本书在论证了国有所有权行使方式多样化的基础上，探求国家所有权实现形式与信托互动。旨在通过产业资本与金融资本的有机结合，实现资源类国有资产的效用。书中分析了资源类国有资产信托运营的法律关系主体的权利义务平衡机制，在资源类国有资产出资人职能和监管人职能分开的前提下，探求资源类国有资产信托监管制度的建构和完善。论证的结论表明信托与资源类国有资产运营的契合。我国目前尚无资源类国有资产信托立法，笔者认为在修改和完善《中华人民共和国信托法》《信托公司管理办法》《信托公司集合资金信托计划管理办法》等相关立法和配套立法的基础上，应制定资源类国有资产信托的专门立法。

1929年，哈佛法律评论中的一篇文章写道："除了合同这种普遍使用的工具以及公司这种标准的组织形式之外，信托关系适用于任何由于其微妙性和新奇性以至于合同和公司由于其简单的涉及而无法应用的场合。"[①] 信托制度无疑成就了公有制实现形式多样化的创新，并将在我国资源类国有资产运营中绽放其独特的魅力。

---

① Isaacs Nathan. : *Trusteeship in Modern Business*, *Harard Law Review*, 1929, 42（8）: pp.1048-1061.

参考文献

一、中文资料

［1］艾伦，盖尔:《比较金融系统》，王晋斌等译，北京：中国人民大学出版社，2002年。

［2］陈少英:《中国税法问题研究》，北京：中国物价出版社，2000年。

［3］程合红、刘智慧、王洪亮:《国有股权研究》，北京：中国政法大学出版社，2000年。

［4］陈泽宪:《经济刑法新论》，北京：群众出版社，2001年。

［5］曹钢、王中新主编:《中国国有资产管理体制改革构想》，北京：经济科学出版社，2001年。

［6］初晓凯:《不动产证券化法律问题研究（硕士学位论文）》，厦门大学，2006年。

［7］操小娟:《美国联邦土地管理中公共信托原则的运用》，学习与实践，2009，第8期。

［8］D. J. 海顿:《信托法》，周翼、王昊译，北京：法律出版社，2004年。

［9］邓宇:《政府监管国有资产能力研究（博士学位论文）》，中国政法大学，2007年。

［10］弗里德利希:《自由秩序原理》，邓正来译，北京：北京三联书店，1997年。

[11] 冯彦明，程都:《关于林业金融问题的国内研究综述》，经济师，2010年，第10期。

[12] 盖永光:《信托业比较研究》，济南：山东人民出版社，2004年。

[13] 何宝玉:《英国信托法原理与判例》，北京：法律出版社，2001年。

[14] 化国宇，郭欣欣:《法学视域下当前开展房地产信托（REITs）研究的意义》，山东青年政治学院学报，2012年，第2期。

[15] 江平，周小明:《论中国的信托立法》，《中国法学》，1994年，第6期。

[16] 匡国建:《香港房地产投资信托基金的运作模式及启示》，《南方金融》，2009年，第7期。

[17] 赖源河，王志诚:《现代信托法论》，北京：中国政法大学出版社，2002年。

[18] 李璇、冯金朝、丁望:《生态资源保护新模式》，《中国水利》，2003年，第11期。

[19] 李冬霞:《国有资产信托法律问题研究（硕士学位论文）》，东北财经大学，2005年。

[20] 李青山:《信托税收政策与制度研究》，北京：中国税务出版社，2006年。

[21] 李晓云:《公司向信托的回归（博士学位论文）》，西南政法大学，2006年。

[22] 李勇:《信托业监管法律问题研究（博士学位论文）》，中南大学，2006年。

[23] 刘瑜娜:《国有资产信托运营法律制度构建（硕士学位论文）》，西北大学，2007年。

[24] 刘红梅、石方、王克强:《环境保护中的融资方式研究》，《开发研究》，2007年，第3期。

[25] 刘毅，于薇:《美中商业银行分业及混业经营的经验教训与我国未来经营模式的理性选择》,《现代财经》,2010年,第5期。

[26] 梁桂莲:《中国信托财产所有权规制的缺失及其完善》,《湖南农业大学学报：哲学社会科学版》,2012年,第2期。

[27] 慕丹:《国家股权信托制度研究（硕士学位论文）》,中国政法大学,2008年。

[28] 倪受彬:《国有资本信托运营法律问题研究（博士学位论文）》,华东政法学院,2005年。

[29] 沈达明:《衡平法初论》,对外经济贸易大学出版社,1997年。

[30] 盛学军:《中国信托立法缺陷及其对信托功能的消解》,《现代法学》,2003年,第6期。

[31] 孙从海、罗志华、李勇、翟立宏:《中国市场发展报告》,北京：中国财政经济出版社,2010年。

[32] 三菱日联信托银行:《信托法务与实务》,张军建译,北京：中国财政经济出版社,2010年。

[33] 欧阳卫民:《中外基金市场与管理法规》,北京：法律出版社,1999年。

[34] 潘瑜:《经营性国有资产信托法律研究（硕士学位论文）》,厦门大学,2008年。

[35] 王苏生:《论基金受托人的监督职能》,《中山大学法学评论》,2000年,第1期。

[36] 王礼平:《中外信托制度问题研究（博士学位论文）》,东北财经大学,2003年。

[37] 王连洲:《中国信托制度发展的困境与出路》,《法学》,2005年,第1期。

[38] 王卓:《不动产证券化的法律问题研究（硕士学位论文）》,东北财经大

学，2006年。

[39] 吴茂见：《国有控股公司信托法律问题研究（博士学位论文）》，重庆大学，2007年。

[40] 肖永洁：《混业趋势下的我国信托业发展研究（硕士学位论文）》，上海社会科学院，2009年。

[41] 肖泽晟：《自然资源特别利用许可的规范与控制——来自美国莫诺湖案的几点启示》，《浙江学刊》，2006年，第4期。

[42] 肖泽晟：《社会公共财产与国家私产的分野——对我国"自然资源国有"的一种解释》，《浙江学刊》，2007，第6期。

[43] 席涛：《复杂的市场 细致的变法 漫长的改革——美国66年金融体制演变的启迪》，《国际经济评论》，2005年，第9-10页。

[44] 岳意定，王琼：《我国农村土地信托流转模式的可行性研究及构建》，《生态经济》，2009年，第3期。

[45] 于海涌：《论信托财产所有权的归属》，《中山大学学报：哲学社会科学版》，2010年，第2期。

[46] 张淳：《信托法原论》，南京：南京大学出版社，1994年。

[47] 张淳：《投资信托关系法律调整研究》，《江海学刊》，1995年，第2期。

[48] 张静琦：《金融信托学》，重庆：西南财经大学出版社，1998年。

[49] 周小明：《信托制度比较法研究》，北京：法律出版社，1999年。

[50] 周玉华：《投资信托基金法律应用》，北京：人民法院出版社，2000年。

[51] 张先治：《国有资本保值增值研究》，北京：中国财政经济出版社，2000。

[52] 张天民：《失去衡平法的信托：信托观念的扩张与中国〈信托法〉的机遇和挑战》，北京：中信出版社，2004年。

[53] 朱崇实：《金融法教程》，北京：法律出版社，2005年。

［54］张军建:《论信托受益人的撤销权》,《河南省政法管理干部学院学报》,2006 年,第 4 期。

［55］中野正俊、张军建、姜雪莲:《中国信托法具体修改建议》,《河南省政法管理干部学院学报》,2006 年,第 6 期。

［56］张军建:《论中国信托法中的委托人的撤销权——兼评中国〈信托法〉第 22 条》,《法学家》,2007 年,第 3 期。

［57］赵锡军,郭宁:《国际金融业综合经营的历史演变及中国的选择》,《中国金融》,2007 年,第 8 期。

［58］赵磊:《公益信托法律制度研究(博士学位论文)》,西南政法大学,2007 年。

［59］周汉华:《政府监管与行政法》,北京:北京大学出版社,2007 年。

［60］朱大旗:《金融法》,北京:中国人民大学出版社,2007 年。

［61］张军建:《信托法视角下的"合作托管造林"》,《河南省政法管理干部学院学报》,2008,第 2 期。

［62］朱工宇:《我国台湾地区房地产金融证券化立法的启示》,《黑龙江省政法管理干部学院学报》,2009 年,第 5 期。

［63］翟立宏、孙从海、李勇:《银行理财产品:运作机制与投资选择》,北京:机械工业出版社,2009 年。

［64］赵俐:《完善我国公益信托制度的法制环境》,《中共中央党校学报》,2012 年,第 4 期。

［65］张桂玲:《公租房房地产信托投资基金融资模式构建》,《对外经贸》,2012 年,第 4 期。

二、英文文献

[1] Arrow K. J. : *Social Choice and Individual Value*, New York: Wiley, 1951.

[2] Averill Lawrence H., Radford Jr. Mary F. : *Uniform Probate Code and Uniform Trust Code in A Nutshell*, New York : Thomson West, 2004.

[3] Acharya Viral V., Richardson Matthew. : *Restoring Financial Stability*, New York : Jonh Wiley&sons, 2009.

[4] Ashok., Robert., Desmond. : *Global Financial Integration and Real Estate Security Returns*, http://ssrn.com/abstrace=905313, 2012.

[5] Richard Brewer. : *Conservancy: the land trust movement in America*, London : Dartmouth College Press of England, 2003.

[6] Cumyn Madeleine Cantin : *The Trust in a Civilian Context : The Quebec Case*, Journal of International Trust and Corporation Planning, 1994, (2).

[7] Canals Jordi : *Universal Banking : International Comparisons and Theoretical Perspectives*, Oxford : Oxford University Perss, 1997.

[8] Corcuera Elisa, Steiner Frederick : *Potential use of land trust mechanisms for conservation on the Mexican-U.S. border*, Journal of Borderlands Studies, 2000, 15 (2).

[9] Chalmers James P. : *Trusts : Cases and Materials*, New York : W.Green and Son Ltd, 2002.

[10] Settlements B. : *Macroprudential Instruments and Frameworks : a Stocktaking of Issues and Experiences*, Committee on the Global Financial System Paper, No. 38, May 2010.

[11] Durrett A. Overton : *Real Estate Investment Trust : a New Medium for Investors*, William and Mary Law Review, 1961, p.3.

［12］Doonan Elmer：*Equity and Trusts Textbook*, 14th edition, London：HLT Publications, 1992.

［13］Dyer A.：*International Recognition and Adaptation of Trusts：the Influence of the Hague Convention*, Vanderbilt Journal of Transnational Law, 1999, p.32.

［14］Ferrara Ralph C., Thomas Herbert C., Nagy Donna：*Ferrara on Insider Trading and the Wall*, New York：Alm Properties, Inc., Law Journal Press, 2006.

［15］FSB：*Effective Resolution of Systemically Important Financial Institutions*, FSB report, 2011–07.

［16］Goodman Amy L.：*The Investment Company Regulation*, Aspen Law &Business, 1998.

［17］Gengatharen Rasian：*Derivatives Law and Regulation*, Hague：Kluwer Law International, 2001.

［18］Group of Thirty：*Regulatory Reforms and Remaining Challenges*, G30 Occasional Paper, No. 81, 2011.

［19］Harman Thomas S.：*Emerging Alternatives to Mutual Funds：Unit Investment Trusts And Other Fixed Portfolio Investment Vehicles*, Duke Law Journal, 1987.

［20］Hall P. A., Taylor R.：*Political and the Three New Institutionalisms*；Karol Soltan, Virginia I. Haufler, Eric M. Uslaner（eds）：*Institutions and Social Order*, Ann Arbor：University of Michigan Press, 1998.

［21］Hayton D.J.：*Modern International Developments in Trust Law*, Hague：Kluwer Law International, 1999.

[22] Kelley William A.: *Real Estate Investment Trusts after Seven Years*, The Business Lawyer, 1968, 23 (4).

[23] Kaplan A.: *Trusts in Prime Jurisdictions*, Hague: Kluwer Law International, 2000.

[24] Lynn Theodore: *Real Estate Investment Trust: Problems and Prospects*, FordhamLaw Review, 1962, p.31.

[25] Lupoi M.: *The Civil Law Trusts*, Vanderbilt Journal of Trustees, 1995, 32 (1).

[26] Mckillop Jame: *Illinois Land Trust in Florida*, University of Florida Law Review, 1960, p.13.

[27] Macdonald John K.: *Real Estate Investment Trusts under the Internal Revenue Code of 1954: Proposals for Revision*, The George Washington Law Review, 1963, p.32.

[28] Malloy Michael P.: *Banking Law and Regulation*, Boston: Wolters Kluwer Law & Business, 2013.

[29] Moffat Gram., Bean Gerry., Dear John.: *Trusts Law Text and Materials*, New York: Cambridge University Press, 2005.

[30] Oakley A.: *Trends in Contemporary Trust Law*, Oxford, Clarendon Press, 1996.

[31] Peaslee James M.: *Investment Trusts in the Age of Financial Derivatives*, New York University Tax Law Review, 1994, p.49.

[32] Pettit Philip H.: *Equity and the Law of Trusts*, London: Butterworths, 2001.

[33] Riddall J. G.: *The Law of Trust*, London: Butterworths, 1987.

[34] Meakin Robert: *The Modern Law of Charitable Status*, New York:

Cambridge University Press, 2008.

[35] Shimada Yoshiki., Itoh Shinji., Kaieda Hikaru. : *Regulatiory Frameworks for Pooled Investment Funds : A comparison of Japan and the United States*, Virginia Journal of International Law, 1997, p.38.

[36] Shin H. : *Macroprudential Policies beyond Basel III, Princeton University Paper*, November 2010.

[37] Tod Paul., Lowrie Sarah. : *Textbook on Trusts*, Oxford : Oxford University Press, 2003.

[38] Vos R. : *Migration of Trusts and Change of Proper Law, Trusts and Trustees*, 2001,（7）.

[39] Williams K. : *Trusts and the Hague Convention, Comapny lawyer*, 1986,（7）.

[40] Wang Wallace Wen Yue: *Corporate Versus Contractual Mutual Funds : An Evaluation of Structure and Governance, Washington Law Review*, 1994, p.69.

[41] Westerheinde Peter : *Cointegration of Real Estate Stocks and Reits with Common Stocks Bonds and Consumer Price Inflation –an International Comparison*, http://papers.ssrn.com/sol3/papers.cfm?abstract_id=927712, 2012-12-30.

三、相关法律法规

[1] 日本《信托法》。

[2] 韩国《信托法》。

[3]《中华人民共和国信托法》。

[4]《中华人民共和国合同法》。

[5]《基金会管理条例》。

［6］《中华人民共和国所得税法》。

［7］《中华人民共和国个人所得税实施条例》。

［8］《中华人民共和国野生保护法》。

［9］《中华人民共和国物权法》。

［10］英国《1960年慈善法》。

［11］美国《统一信托法典》。

［12］英国《1993年慈善法》。

［13］英国《2006年慈善法》。

［14］《基金会管理条例》。

［15］英国《1990年法律改革法》。

［16］英国《1986年公司董事资格法》。

［17］英国《1986年破产法》。

［18］《信托公司管理办法》。

［19］美国《国内税收法典》。

［20］加拿大《所得税法》。

［21］澳大利亚《2001年公司法》。

［22］澳大利亚《1936年所得税评估法》。

［23］英国《2006年财政法》。

［24］德国《投资法》。

［25］韩国《房地产投资公司法》。

［26］马来西亚《房地产投资信托准则》。

［27］日本《投资信托与投资法人法》。

［28］新加坡《集合投资计划守则》。

［29］新加坡《证券与期货法》。